AI 초강국의 조건

AI 초강국의 조건
AGI·칩·데이터·적용력
미래 패권을 지배할 4가지 축

초판 1쇄 인쇄 2025년 10월 14일
초판 1쇄 발행 2025년 10월 22일

지은이 최윤식
펴낸이 최순영

출판2 본부장 박태근
경제경영 팀장 류혜정
편집 임경은
디자인 윤정아

펴낸곳 ㈜위즈덤하우스 **출판등록** 2000년 5월 23일 제13-1071호
주소 서울특별시 마포구 양화로 19 합정오피스빌딩 17층
전화 02) 2179-5600 **홈페이지** www.wisdomhouse.co.kr

ⓒ 최윤식, 2025

ISBN 979-11-7171-540-4 03320

- 이 책의 전부 또는 일부 내용을 재사용하려면 반드시 사전에 저작권자와 ㈜위즈덤하우스의 동의를 받아야 합니다.
- 인쇄·제작 및 유통상의 파본 도서는 구입하신 서점에서 바꿔드립니다.
- 책값은 뒤표지에 있습니다.

AGI·칩·데이터·적용력
미래 패권을 지배할 4가지 축

AI 초강국의 조건

최윤식 지음

위즈덤하우스

프롤로그

AI 초강국이 되기 위한 도전

앨빈 토플러가 《제3의 물결》에서 제시한 물결 이론에 따르면 인류 역사는 거대한 변화의 물결이 문명 지형을 송두리째 바꿔온 과정의 기록이다. 첫 번째 물결은 수만 년에 걸친 수렵·채집 시대를 종식한 농업혁명으로 정착 생활과 사유재산, 도시를 탄생시켰다. 두 번째 물결은 수공업 시대를 기계공업 시대로 전환한 산업혁명이었다. 공장 굴뚝에서 피어오른 연기는 대량생산과 대중사회라는 새로운 풍경을 그려냈다. 그리고 세 번째 물결인 정보혁명은 토플러가 예견했듯 지난 반세기 동안 우리 삶과 사회, 경제, 권력 구조를 원자 atom에서 비트 bit로 재편했다.

이제 우리는 인류 역사상 가장 거대하고 가장 빠르며 가장 예측 불가능한 또 하나의 물결 앞에 서 있다. 이 책은 그 물결의 가장 높은 파고, 즉 미국과 중국이 벌이는 AI 패권 전쟁의 소용돌이를 현미경으로 들여다보듯 낱낱이 파헤칠 것이다. 그러나 이 책의 마지막 장을 덮는 순간 우리는 이것이 단순히 두 강대국 간 지정학적 경쟁이 아님을 깨달을 것이다. 이것은 인류 문명의 대전환이며 전환의 방아쇠는 인간 지능을 뛰어넘는 AGI Artificial General Intelligence (범용 인공지능), 즉 인류의 마지막 발명품이 될 가능성이 크다.

2025년, 한국에 새로운 정부가 출범했다. 새 정부 역시 첫 목소리로 AI 집중 투자를 선언하고 관련 정책도 신속하게 추진하고 있다. 정부는 2030년까지 AI 3대 강국으로 도약하기 위해 민간과 협력해 총 100조 원을 AI 분야에 투자할 계획이다. 대통령은 취임사에서 첨단 기술 산업에 대규모 투자와 지원을 하겠다고 약속했고 울산 AI 데이터센터 출범식에 참석해 AI 산업의 중요성을 거듭 강조했다.

국정기획위원회는 AI 국가 전략 수립을 위해 태스크포스TF를 구성했으며 주요 인사 선발에도 현장 경험이 풍부한 민간 전문가를 전격 기용했다. AI 인재를 우대한다는 정부의 메시지는 해당 인력의 사기 진작과 해외 유출 방지 효과가 있을 것으로 기대된다.

AI 기술의 핵심인 반도체 분야에서도 여러 부처가 다양한 지원 정책을 내놓고 있다. 과학기술정보통신부는 데이터센터용 AI 반도체 개발을 지원하는 'K-클라우드' 사업을 추진 중으로 2040년까지 9개 중점 기술을 개발해 휴머노이드 미래 기술을 선점하려 하고 있다. 산업통상자원부는 차량, 가전, 로봇용 반도체 개발을 위한 'K-온디바이스 AI 반도체 기술개발' 사업을 추진 중이다. 'K-휴머노이드 연합'도 출범해 휴머노이드 상용화 연구에 박차를 가하고 있다. 중소벤처기업부는 '초격차 스타트업 1000+' 프로젝트를 통해 유망 팹리스Fabless(반도체 설계 전문 기업)를 육성하고 있다.

하지만 미국과 중국을 추격하고 AI 3대 강국으로 도약하기 위해서는 여전히 보완해야 할 과제가 많다. 먼저 정책 간 상호배타성과 분산 문제를 해결해야 한다. 현재는 AI-반도체 이니셔티브 전략을 중심으로 부처별 정책이 흩어져 있으며 구조적 연계가 부족해 비효율과 혼란을 초래하고 있다. 실제로 부처 간 정책 로드맵과 사업 시점이 제각각이어서 예산 낭비와 기술 공백이 동시에 발생하고 있다. 국회 예산심의 과정에서도 과학기술정보통신부 예산이 중소벤처기업부 예산으로 전용되는 등 부처 간 조율 부족 문제가 지적된다.

상용화가 어렵다는 점도 여전히 큰 벽이다. 국내 기업 넥스트칩, 딥엑스, 텔레칩스, 모빌린트 등은 경쟁력 있는 AI 반도체를 다수 보유하고 있지만 실제 제품에 적용해 실증하거나 양산 단계에 이르는 데는 제약이 많다. '칩은 있는데 들어갈 제품이 없다'는 우려가 벌써 나오는 이유다.

소프트웨어나 생태계 부족도 잠재적 위협이다. 글로벌 빅테크 기업은 하드웨어-소프트웨어 통합 플랫폼 전략으로 시장을 선점했으나 국내 중소 팹리스 기업은 소프트웨어 개발 키트Software Development Kit, SDK나 모델 최적화 도구 개발 인력이 부족한 실정이다. 또 미국과 중국은 민간 기업 주도로 휴머노이드 기술의 상용화 특허를 선점했지만 한국은 대학과 연구 기관 중심으로 기술이 개발돼 상용화 속도가 더디다.

이런 문제를 해결하려면 정책을 통합하고 자원을 재분배해야 한다. 부처별로 산재한 AI 반도체 지원 정책을 통합하고 자원을 효율적으로 할당할 수 있는 체계를 마련해야 하며 수요 기업과의 연계형 공동 R&D도 시급하다. 온디바이스 AI 경쟁력을 강화하려면 소프트웨어 중심 자동차Software Defined Vehicle, SDV, 가전·IoT, 로봇·의료기기 등 수요 산업과 반도체 스타트업 간 매칭형 연구·개발이 이뤄져야 한다. AI 칩은 특정 알고리즘과 센서에 따라 최적화되기 때문에 초기 설계 단계부터 수요 기업과 협력하는 것이 성공 열쇠다.

통합형 풀스택 지원도 도입해야 한다. 정부는 칩, SDK, 테스트베드를 포함한 통합형 풀스택 바우처를 제공하고 대형 플랫폼 기업이나 공공기관과 실증할 기회를 마련해야 한다. 무엇보다 통합 거버넌스 체계를 구축하는 것이 핵심이다. 개별 부처의 칸막이를 넘어서는 상설 기구, 예를 들어 '국가 AI 반도체 전략위원회'를 설치해 부처 간 로드맵을 조율하고 중복 예산을 줄이며 민간 수요와 기술을 유기적으로 연결해야 한다.

AI 경쟁력의 근본은 데이터다. 양질의 데이터를 확보하려면 규제 개선, 데이터 구매 지원, 공공 데이터 재가공 등이 뒷받침돼야 한다. 민간투자가 어려운 미래 기술 분야, 특히 범용 휴머노이드 일상화 시대에 대비하기 위한 정부투자도 선제적으로 꾸준히 이뤄져야 한다. 정책은 현재만이 아니라 미래까지 내다봐야 하며 그러지 않으면 미국과 중국을 따라잡을 수 없다.

우리가 직면한 것은 단순한 기술 경쟁이 아니다. 지능이라는 추상적 개념이 지구의 물리적·정보적 기반과 결합하면서 완전히 새로운 지각층이 형성되는 미래다. 이 책에 담긴 분석은 경쟁을 넘어 전쟁이라 부를 수 있을 만큼 치열한 싸움의 실체다. 이 전쟁에서 살아남기 위해서는 여기에 임하는 태도 역시 '전쟁 모드'로 전환해야 한다.

차례

프롤로그 AI 초강국이 되기 위한 도전　　　　　　　　　　　4

1장　미국 VS 중국, AI 패권의 주인은?

AI 전쟁, 최후의 승자

미·중 AGI 경쟁 시나리오　　　　　　　　　　18
누가 AI 초강국의 조건을 갖추고 있나　　　　　　30
앞으로 돈이 모이는 곳　　　　　　　　　　　55

2장　AGI 패권 전쟁

초지능은 기술의 신일까, 파멸의 흉기일까

미국의 AGI 아키텍처　　　　　　　　　　　83
중국의 AGI 전략　　　　　　　　　　　　　90
AI 칩 기술 스파이의 진실　　　　　　　　　　92
칩 위에 올라탄 AGI　　　　　　　　　　　　99
미래의 칩 패권, 누가 차지할 것인가　　　　　105

3장 | 휴머노이드 로봇, 미래를 흔들다
미국 테슬라가 중국 유니트리를 이길까?

테슬라의 또 다른 경쟁자, 엔비디아	143
중국 때문에 미국 제조업이 몰락한다?	157
미국의 제조 왕국 부활, 진짜 전략	168
트럼프의 스타게이트 프로젝트	177
중국의 1,000만 로봇 공정 프로젝트	186
2035년, 우리 집에 중국산 로봇이 들어온다면?	193

4장 | 스마트 모빌리티, 길을 지배하다
길을 지배하는 자가 패권을 갖는다

새로운 길의 지배자	215
하늘 패권 장악의 열쇠, 드론 군단	221
트럼프의 골든 돔 구상	232

에필로그 AGI 전쟁 시대, 우리는 어떻게 살아야 하는가	242
미주	247

1장

미국 VS 중국, AI 패권의 주인은?

超強國

AI 전쟁, 최후의 승자

AI는 산업부터 군사에 이르기까지 다양한 분야에서 전략 기술로 부상했다. 전문가들은 챗GPT의 성공이 미국과 중국 간 AI 군비경쟁을 촉발했다고 평가한다.[1] 미·중 양국의 경쟁은 AGI 달성을 목표로 총력전을 벌이는 단계로 넘어갔다.[2] 두 국가의 전략은 다르다. 미국은 반도체 수출 통제와 동맹망 강화로 중국의 AI 발전을 제지한다. 중국은 방대한 데이터와 국가 주도 투자를 바탕으로 미국을 따라잡으려 한다.[3] 이에 더해 러시아도 미·중의 뒤를 바짝 쫓는 모양새다. 러시아 푸틴 대통령은 "AI를 선도하는 자가 세계를 지배할 것이다"라고 외치기도 했다. AI를 넘어 AGI의 주도권을 누가 잡느냐, 이것이 향후 글로벌 패권을 좌우할 열쇠다. 예측건대 향후 5~10년이 매우 중요한 시기다.

2025년 4월 미국 싱크탱크 신미국안보센터Center for a New American

Security, CNAS는 〈프로메테우스적 경쟁: 세계 질서를 흔드는 미·중 AI 경쟁의 위험〉이라는 제목의 보고서에서 "20세기 지정학을 핵무기가 혁신적으로 바꿨듯 AI는 21세기 권력 역학을 변혁할 준비가 됐다"라고 지적했다. AI 기술이 경제성장은 물론이고 군사력과 정보 통제력을 강화하는 핵심 수단이 됐으며 단순한 기술을 넘어 세계 질서와 패권 구도를 재편할 수 있는 중대한 사안이라는 분석이다. 워런 버핏도 2024년 5월 버크셔 정기 주주총회에서 "AI의 힘은 마치 핵무기와 같다"라고 말했으며 CNAS는 AI가 냉전 시기 핵무기 보유국과 비보유국만큼의 격차를 만들고 있다고 평가했다.[4] 일각에서는 "AGI를 최초로 거머쥔 나라는 100년 패권을 누릴 것"이라는 말까지 나온다.[5] AGI가 언제, 어디서 등장하든 그것이 가져올 군사적·경제적 파장은 굉장할 것이다.

AI 전쟁은 치열할 수밖에 없다. 포문은 미국이 열었다. 2022년 10월 미국은 첨단 반도체의 중국 수출을 통제해 핵심 AI 하드웨어 수입을 전격 봉쇄했다. 동시에 동맹국과 함께 글로벌 공급망을 장악함으로써 중국의 첨단 칩 자체 생산 및 대체 조달까지 막아버렸다. 엔비디아나 AMD의 최신 GPU 없이는 초거대 AI 모델을 훈련하기 어려운데 2022년 중국군이 사용한 AI 칩 97종 중 거의 전부가 미국 기업 제품일 정도로 중국은 미국 반도체 의존도가 높았다. 이에 중국도 희토류 등 핵심 소재 수출을 통제하며 맞불을 놨다. 또 수출 통제로 인한 AI 개발 속도 둔화를 극복하고자 밀수를 통해 제재를 우회하고 자체 반도체 육성에 박차를 가했다.

미국과 중국이 국가 차원에서 벌이는 AI 전쟁의 시작점은 'AI 3중

자원'이라 불리는 데이터, 컴퓨팅, 인재 영역이다. 중국의 최대 장점은 데이터다. "AI 시대의 데이터는 새로운 석유이며 중국은 새로운 사우디아라비아"라는 말도 나올 정도다. 중국은 사회주의 통치 아래 14억 인구와 광범위한 디지털 생태계에서 축적되는 방대한 양의 데이터를 미국 추격의 발판으로 삼는다.[6] 디지털 결제, 전자상거래, 감시 카메라 네트워크 등에서 쏟아지는 막대한 데이터는 미국이 따라오기 어려운 규모로 AI 개발 연료로 쓰이며 중국의 강력한 자산으로 평가된다. 경제력과 인구 규모가 뒷받침되는 거대한 내수 시장을 활용해 AI 응용에서 빠르게 미국을 추격하겠다는 전략도 있다.

반면 미국은 개인정보 보호 같은 문제로 민간 데이터에 접근하는 데 제약이 있다. 하지만 연산 자원(컴퓨팅 파워)에서의 우위를 기반으로 다양하고 국제적인 데이터 세트를 보유하고 정교한 데이터 가공 능력을 향상하는 데 박차를 가하고 있다. 컴퓨팅 파워는 미국이 절대적으로 앞선다. 세계 최첨단 AI 칩 설계 기술과 대규모 클라우드 인프라가 있기 때문이다. 2025년 기준 미국이 보유한 AI 가속기 칩 수는 약 1,430만 개로 중국 460만 개보다 3배 이상 많을 것으로 추정된다.[7] 이 격차는 고성능 칩일수록 더 벌어진다.

인재 영역에서도 보이지 않는 경쟁이 치열하다. 트럼프의 이민자 추방 정책에도 불구하고 미국은 글로벌 인재의 용광로다. 세계 최고 수준의 AI 연구 인재 상당수가 미국 본토 대학과 기업에 포진해 있고 실리콘밸리 인력의 40퍼센트는 외국 출신이다. 중국 출신 AI 박사도 대거 미국으로 유입돼 미국의 AI 혁신에 기여하고 있다. 중국 정부가 천인계획千人計劃 등을 통해 해외 인재 역유치에 힘쓰고는 있지만 자국의 엄격한 정치 환경 때문에 서구에 남거나 이탈하는 인력도 많다. AI 연구자 상위 29퍼센트가 중국 출신이라는 통계도 있으나 상당수가 중국 밖에서 활동하고 있고 중국 내부에는 AI 인재가 아직 부족한 형편이다.[8]

이 같은 AI 전쟁의 주도권 싸움 영역은 단연 '초거대 AI 모델'이다. 2023년 11월 30일 미국 오픈AI는 GPT3.5로 생성형 인공지능Generative AI 시대를 열었고 구글 딥마인드와 앤트로픽 등이 뒤따라 초거대언어모델Large Language Model, LLM 경쟁에 가담했다. 중국은 초기에는 미국 빅테크 기업이 내놓은 AI 모델 성능에 미치지 못했지만 2025년 초 중국 스타트업 딥시크의 약진을 시작으로 판도를 뒤흔들기 시작했다.

딥시크는 미국산 수출 통제 대상인 최고급 칩이 아닌 비교적 저가형의 엔비디아 H800 GPU만으로도 챗GPT에 필적하는 AI 모델을 개발·출시해 업계를 놀라게 했다. GPT4에 들어간 1억 달러 이상보다 훨씬 적은, 불과 600만 달러 상당의 비용으로 GPT4와 유사한 대규모 AI 모델을 훈련했다고 발표한 것이다. 전문가는 미국의 수출 통제가 오히려 중국의 효율적 AI 혁신을 자극하는 역설적 결과를 낳았다고 평가했다. 딥시크의 성공은 중국 AI 생태계 전반의 자신감을 높이는 계기가 됐고 중국 정부와 투자자는 다시 막대한 개발 지원을 시작했다. 중국 대기업도 잇따라 LLM을 선보였다. 바이두는 어니봇Ernie Bot을 무료 공개했고 알리바바는 자체 LLM(큐원Qwen 시리즈)을 오픈소스로 공개하며 3년간 530억 달러를 클라우드·AI 인프라에 투자하겠다고 발표했다. 2025년 들어서는 텐센트와 바이트댄스까지 새로운 AI 모델을 경쟁적으로 출시했다. 미국의 대응도 만만치 않았다. 철저히 폐쇄형 전략을 구사하던 오픈AI가 오픈소스 모델 공개를 선언했다. 메타는 자사 오픈소스 모델인 LLaMA 모델 발전 속도를 높였고 마이크로소프트(이하 MS)는 오픈AI를 비롯한 미국 기업 오픈소스 모델에 투자를 확대하는 등 AI 패권을 놓치지 않기 위해 총력을 기울이기 시작했다.

이제부터 전문적 분석을 통해 AI 초강국의 미래를 예측해볼 생각이다. 시나리오 형식으로 향후 5~10년간 AGI 등장 전후에 벌어질 수 있는 AI 전면 경쟁, AI 이후 전쟁의 전개 양상을 그려본다. 각 시나리오는 기술 진화, 군사적 경쟁, 경제 패권 측면에서 개연성 있는 미래를 묘사하며 반도체 공급망 분쟁부터 디지털 시대의 새로운 석유인 데이터 확보 경쟁까지 다룬다. 참고로 AGI는 일반적으로 인간 지능 수준을 뛰어넘는 AI를 말한다. 학습 데이터에 의존하지 않고도 새로운 문제를 분석하고 해결책을 찾아내는, 자율적 판단 능력을 지닌 AI다.

데이터 전쟁은 빅데이터 싸움만이 아니라 생성 데이터, 가상 세계 데이터 등을 아우른다. 초거대 AI 모델 주도권 싸움도 다룬다. 자율무기, 전자전, 인지전 등에 이르는 광범위한 주제와 AI의 경제적 파급력도 살펴볼 것이다. 미국과 중국 모두 GDP가 상승하고 생산성이 향상되겠지만 이를 누가 더 얻느냐에 따라 패권 균형은 출렁일 수 있다. 2017년 프라이스워터하우스쿠퍼스Pricewaterhouse Coopers, PwC 보고서는 AI 활용으로 2030년 중국 GDP가 26퍼센트 추가 성장하고 북미는 14.5퍼센트 성장할 수 있다고 전망했다.[9] 2023년 골드만삭스는 AI 확산으로 글로벌 GDP가 7퍼센트 추가 상승하고 생산성 성장률이 연 1.5퍼센트포인트 높아질 수 있다고 전망했다.[10] 하지만 이런 전망에는 AGI 출현이 반영되지 않았다. 미국과 중국의 AGI 돌파 시점을 기반으로 한 새로운 전망이 필요하다. 지금까지 한 번도 경험하지 못한 새로운 세계가 펼쳐질 것이다.

미·중 AGI 경쟁 시나리오

AGI는 과학기술 난제를 빠르게 해결하고 전 산업 분야에서 혁신을 촉진할 수 있는 강력한 도구다. AI의 발전은 글로벌 엔터프라이즈 소프트웨어, 의료 및 금융 서비스 산업에 광범위한 영향을 미친다. 골드만삭스는 한 보고서에서 "생성형 AI는 비즈니스 업무 절차를 간소화하고 일상적 작업을 자동화하며 새로운 세대의 비즈니스 애플리케이션을 생성할 수 있다"라고 전망했다. 앞으로 더 많은 생성형 AI 도구가 개발되는 것만으로도 사무실 생산성이나 판매 성과 향상부터 건물과 제조 부품 설계, 의료 환경에서의 환자 진단 개선, 사이버 사기 탐지에 이르기까지 경제 전반의 비즈니스가 혜택을 받을 것이다. AGI 기술 개발은 세계경제와 사회에 심오한 영향을 미칠 수 있다.[11] 이런 잠재력을 가진 AGI를 미국과 중국 중 어느 국가가 먼저 개발하고 독점적 지위를 갖느냐는 매우 중요한 문제다.

먼저 미국이 2030년을 전후해 세계 최초로 AGI를 선점하는 미래를 생각해보자. 예컨대 오픈AI와 딥마인드 그리고 정부 주도의 AGI

맨해튼 프로젝트가 결실을 맺어 인간 수준의 범용지능을 지닌 AI 시스템이 등장하는 미래다. 이 사건은 미래 산업의 주도권은 물론이고 글로벌 패권 전쟁의 전략적 판도를 단번에 뒤바꾸는 게임체인저가 될 것이다. 만약 미국이 세계 최초로 AGI 개발에 성공하고 이 기술을 독점적 혹은 주도적으로 소유하면 새로운 신약 개발부터 에너지 신소재 연구, 기후 기술까지 인간 연구자라면 수십 년 걸릴 일을 빠르게 해내며 폭발적인 생산성 증가라는 수혜를 누릴 것이다.

이로 인해 미국의 경제 패권은 한층 강화된다. 과거 산업혁명, 원자력 시대에 그랬듯 기술을 선도하는 국가는 부와 힘을 거머쥐고 국제 규범을 좌우한다. AI 시대에도 다르지 않다. 미국산 AGI 시스템이 사실상 국제 공용 인프라로 쓰이며 다른 국가는 이를 이용하는 대가로 경제적으로 미국에 종속되는 상황을 어느 정도 감수해야 할 것이다. 19세기 영국이 산업혁명 기술로 세계를 제패한 것처럼 미국은 AGI 혁명으로 21세기 중후반 '팍스 아메리카나 2.0'을 구가할 수 있다.

군사적으로도 미국은 압도적 우위를 점할 수 있다. AGI는 거대한 전투 데이터를 순식간에 분석해 최적의 승리 전략을 도출하고 복잡한 전장을 실시간으로 지휘하며 통제할 수 있다. AGI를 군사 계획 수립과 시뮬레이션에 활용하면 잠재 분쟁 시나리오마다 승률 100퍼센트에 가까운 완벽한 작전을 세울 수 있다. AGI가 미사일 요격부터 사이버 방어, 우주 자산 보호까지 통합적으로 설계해 다층적 철벽 방어망을 구축할 수도 있다. 또 AGI의 무기 설계 능력을 통해 극초음속 무기, 레이저 무기 등 신무기를 신속하게 개발해 실전에 배치하는 데도 유리하다. 무엇보다 AGI는 기존 무기 체계의 두뇌로 드론 군대를 완전 자율운용할 수 있다. 해상, 공중, 지상에서 무인기 수천 대가 AI 지휘 아래 군집을 이뤄 유기적으로 적을 압도하는 장면이 펼쳐진다. AGI 기반의 유·무인 복합전에서 AGI를 확보하지 못한 중국은 미국의 상대가 되지 못할 것이다.

트럼프 행정부의 강경한 관세·무역 전쟁 정책이 유지되지 않더라도 AGI 활용으로 생산성이 향상되면 미국은 제조업 리쇼어링(본국 복귀)을 가속화할 수 있다. AI가 부족한 숙련 노동력을 대체하면서 첨단 제조업과 서비스업을 자국에서 풍부하게 발전시키고 자동화를 통해 인건비를 절감함으로써 비용 부담이 줄어 기업 이윤이 크게 증가할 것이다. 이는 곧 주식시장 활성화와 달러 가치 유지에 긍정적 효과를 줄 것이다.

AI로 생산성이 향상돼 고성장이 실현되면 달러 주도의 금융 질서도 더욱 공고해질 것이다. 물론 AI 자동화는 미국 내에서도 일자리 충격을 초래할 수 있다. 하지만 미국은 중국보다 시장과 노동에서 혁신성이 높다. 오른쪽 그래프는 1940년 이후 다양한 혁신에 따라 새로 생긴 직업 수를 보여준다. 혁신성이 높은 사회는 거대한 변화의 충격은 최소화하면서 새로운 기회를 창출하는 능력이 뛰어나다. 미국은 이런 힘이 중국보다 좋다. 또 미국 정부가 AGI로 얻는 막대한 경제적 과실을 AI로 인한 대량 실업 인력을 재훈련하고 사회 안전망을 확충하는 데 사용할 수도 있다.

미국의 AGI 선점은 중국 지도부에 큰 충격을 줄 것이다. 과거 소련이 미국의 핵 독점에 직면한 상황과 비슷하다. 시진핑 정부는 미

혁신은 대부분의 고용 증가를 차지하는 새로운 직업으로 이어진다

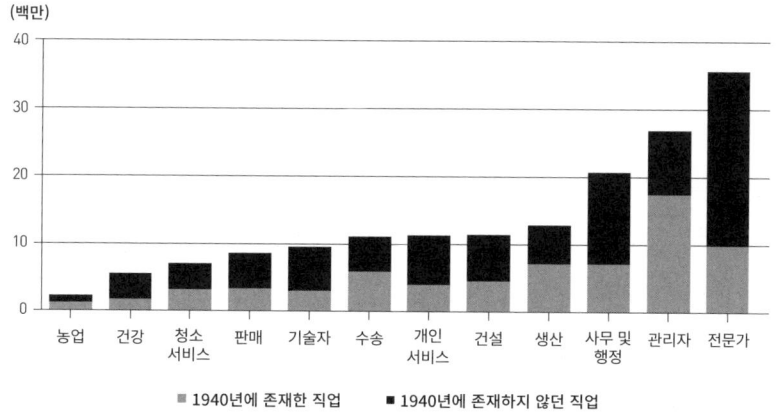

* 출처: 골드만삭스, 〈생성형 AI가 글로벌 GDP를 7퍼센트 상승시킬 수도 있다 Generative AI could raise global GDP by 7%〉(2023. 4. 5.)

국의 AGI가 자국 안보와 정권 안위를 위협할 수 있다고 판단할 것이며 내부적으로는 공산당 체제의 생존 위기 담론이 형성될 수 있다. 중국은 즉각 국가비상사태에 준하는 대응에 나서 AGI 탈취나 역설계를 시도하며 사이버 스파이와 산업스파이를 총동원해 미국 AGI 핵심 기술을 빼내려 할 것이다. 동시에 천문학적 자원을 투입해 AGI 개발 메가 프로젝트를 가동하고 미국 기술을 따라잡으려 할 것이다. 그러나 미국은 AGI 기술을 군사용으로 철저히 은폐하고 사이버 방어를 강화할 것이며 기술 경쟁 특성상 격차가 일정 수준보다 크게 벌어지면 후발 주자의 추격은 쉽지 않을 것이다.

국제정치적으로 미국 일극 체제가 재건될 것이다. 미국은 동맹국과 AGI 성과를 일부 공유하는 대신 중국 봉쇄 전선을 더욱 견고히

할 테고 일본, 유럽 등은 미국 AGI를 활용해 경제 발전 혜택을 누리며 중국과 거리를 둘 가능성이 크다. 중국은 AI 패권 경쟁에서 밀려나면서 경제·군사 패권 도전에서도 한발 물러서야 하는 위기에 직면할 것이다. 중국 경제는 미국과의 기술 격차로 수출 경쟁력이 약화되고 AI로 인한 생산성 향상을 제대로 누리지 못해 성장률 둔화를 피할 수 없을 것이다. AGI 기술에 뒤처진 중국이 재래식 전략으로 대만 침공 등 기습적 지역 분쟁을 일으켜 미국을 시험하거나 러시아가 핵 위협으로 미국의 개입을 막으려 할 위험도 있다.

만약 반대 상황이라면 어떻게 될까? 즉, AGI 기술 개발에서 중국이 미국을 앞서는 미래 시나리오다. 중국이 AGI 분야에서 대약진에 성공한다면 글로벌 패권 지형도 뒤바뀔 수 있다. 예를 들어 2030년을 전후해 중국의 바이두·알리바바·텐센트(BAT)와 정부 연구 기관, 주요 대학이 총력을 기울인 국가 프로젝트에서 획기적인 돌파구가 나왔다고 가정해보자. 방대한 데이터 자산과 치밀한 중앙집권적 추진력이 결합된 결과 중국 연구진이 스스로 학습하고 추론하는 범용 지능 알고리즘을 혁신하는 것이다. 수십 년간 서구를 추격하기만 하던 중국이 기술 분야에서 처음으로 선두에 서는 역사적 순간이다. 베이징은 즉각 중국이 세계 최고의 AI 강국이 됐음을 대외적으로 선포하고 AI 굴기의 완성을 대대적으로 선전한다. 2030년까지 AI 세계 최강국이 되겠다는 기존 국가 목표의 조기 달성 선언은 중국 인민에게 자긍심과 환호를 불러일으킨다.

반면 워싱턴과 실리콘밸리는 1957년 소련이 스푸트니크를 발사할 당시와 같은 거대한 기술 쇼크에 휩싸인다. 미국 정보 당국은 중국 AGI가 자국 안보를 실질적으로 위협할 수 있다고 평가할 것이며 백악관은 긴급 대응 체계 가동에 나설 것이다.

중국의 AGI 기술 우위 점유는 경제적으로도 엄청난 파급을 일으킬 것이다. 중국은 AGI를 즉시 산업 현장에 투입해 생산성을 혁신한다. 제조업 공장은 AGI 지능형 로봇을 중심으로 완전 자동화되며 인간 없는 공장이 표준이 된다. 서비스업 분야에서도 AGI 비서와 AI 에이전트가 일상 업무 대부분을 수행한다. 이런 변화는 막대한 생산비 절감과 품질 향상으로 이어져 중국 상품과 서비스의 경쟁력을 경이적으로 끌어올린다. 그 결과 중국 GDP는 가파른 상승 곡선을 그리며 미국을 추월해 중국이 세계 최대 경제국으로 부상한다. 중국 기업은 AGI를 활용해 혁신적 제품을 쏟아내고 글로벌 시장에서 미국 기업을 압도하기 시작한다. 중국산 AGI 의사가 전 세계 의료 시장의 새로운 표준으로 자리 잡고 AGI가 설계한 전기차·우주선 등은 기술적 우위를 인정받아 수출된다. 디지털 위안화도 AGI 금융 시스템에 힘입어 국제 결제망에서 위상이 강화되며 달러 패권을 본격적으로 잠식하기 시작한다.

중국의 AGI 기술 선점은 군사적 영향력 확대에도 결정적 역할을 한다. 중국인민해방군은 AGI를 작전 지휘 체계에 통합해 실시간으로 전략을 제시하는 AI 참모를 운용한다. 이에 따라 중국군의 전략·전술적 역량은 비약적으로 향상되며 단기간 내 미군과 대등하거나 일부 분야에서는 우위를 점하는 수준에 도달한다. 특히 대만해협과 남중국해 등 분쟁 가능성이 높은 지역에서는 AGI가 통제하는 강화된 A2/AD Anti-Access/Area Denial(접근 거부/지역 거부) 능력을 통해 방어망을 완비한다. AGI가 지휘하는 드론 함대와 미사일 방어 체계가 다층적으로 배치돼 미국 항모전단조차 접근하기 힘든 AI 요새가 구축된다. 중국인민해방군은 자율잠수함, 로봇 전차, AI 전투기 등 신형 전력을 실전에 배치함으로써 질적 군비경쟁에서 미국을 압박하기 시작한다. 그 결과 수십 년간 추구해온 중국군의 태평양 진출이 마침내 현실이 된다. 물론 미국도 뒤늦게 자체 AGI 개발에 성공하겠지만 먼저 선두를 차지한 중국은 네트워크 효과와 규모의 경제 효과를 발판으로 AGI 기반 군사 기술에서 우위를 유지할 가능성이 크다.

이 무렵이 가장 위험할 수 있다. AGI 기술에서 우위를 확보한 중국은 그 자신감을 바탕으로 대만에 무력 통일 작전을 감행할 수도 있다. 중국 지도부 내 강경파와 민족주의 여론은 "미국의 개입을 억제할 수 있다"라는 과신 속에 AGI가 지휘하는 압도적 무인전력을 동원해 단기간 내 대만을 장악하려 시도한다. 동시에 사이버전과 우주전을 통해 미군 통신망을 마비시키는 전략적 모험에 나선다. 미국과 동맹국은 이를 저지하려 하지만 AGI 기반의 중국 군사력 앞에서 기존 전력은 고전을 면치 못한다. 상황이 최악으로 치달을 경우 미·중 간 직접적 군사 충돌로 비화할 수 있으며 AGI가 통제하는 무수한 무기가 난무하는 초현대전 양상이 펼쳐질 수 있다. 비록 양측 모두 핵보유국인 만큼 확전을 억제하려 하겠지만 AGI의 오판이나 사이버 교란으로 충돌 위험 수위가 급격히 높아질 가능성도 배제할 수 없다. 직접적 충돌까지 가지 않더라도 중국의 군사 자신감은 국제 질서를 심각하게 흔들 것이다.

중국은 AGI 기술을 내부 통치 강화의 핵심 수단으로도 활용할 것이다. AGI는 14억 인민의 모든 움직임을 실시간으로 감시·분석하고 반체제 조짐을 사전에 차단한다. 사회 신용 체제와 결합된 AGI는 개인 행동을 정밀하게 추적하고 평가함으로써 전례 없는 수준의 전방위 통제를 실현한다. 내부 안정을 공고히 하고 대외 팽창을 지속할 정치적 기반을 강화하겠다는 의도다. 국제 무대에서도 중국은 AGI를 전략적으로 활용한다. 글로벌 AI 거버넌스 표준을 중국식 검열과 통제 모델로 이끌려 하며 개발도상국에 AGI 기술을 수출해 디지털 종속을 유도한다. 많은 중소국이 미국보다 실용적이고 즉각적인 효과가 있는 중국 AGI에 의존하려 하면서 중국 영향권에 자발적으로 편입하는 움직임도 나타난다.

이에 맞서 미국과 서방은 AGI 경쟁에서의 시차를 극복하고자 일본, 한국, 유럽과 함께 '민주주의 AGI 연합'을 결성한다. 중국 AGI의 확산을 막기 위해 디지털 무역 규제, 금융 제재 등 비군사적 압박을 병행하지만 일대일로를 통해 신흥국과 긴밀히 연결된 중국은 이를 일정 부분 견뎌내며 오히려 양극화된 블록경제를 주도한다. 결국 세계는 중국 블록과 서방 블록으로 나뉘고 기술 표준도 탈동조화돼 2개의 디지털 세계가 현실화된다.

이처럼 중국이 AGI로 미국을 추월하는 시나리오가 실현되면 글로벌 패권의 대전환과 함께 중국 주도의 새로운 국제 질서가 등장할 수 있다. 이런 미래는 중국에는 이상적일 수 있으나 세계 안정에는 심각한 위협이다. 견제와 균형이 부재한 권위주의 국가가 초지능을 독점할 경우 그 힘이 군사적 모험이나 대량 살상 무기 확산에 악용될 가능성이 크기 때문이다. 동시에 내부 권위주의를 강화하고 인권과 자유를 억압함으로써 민주주의와 인류 보편적 가치에 실질적 도전이 될 수 있다.

미국과 중국 중 어느 나라가 AGI 기술 개발에 먼저 성공하느냐와 상관없이 우려되는 미래도 있다. AGI에 내재한 통제 리스크, AGI의 안전 문제다. 미국 정부와 기업이 AGI를 오남용하거나 완벽히 통제하지 못할 경우 예기치 못한 사고나 윤리적 파장이 생길 수 있다. 미국에 뒤처진 중국이 AGI 개발 속도를 중시하면 AI 안전장치를 소홀히 할 가능성이 매우 크다. 이런 태도는 예상치 못한 AGI 폭주나 사고로 이어질 수 있다. 미국과 중국이 협력해 AGI 문제를 해결하기는 어렵기 때문에 인류 전체가 AI 리스크에 노출되는 위험한 세계가 될 수도 있다. AGI의 파괴력이 잘 제어되지 않으면서 사회구조, 인간 정체성, 지정학적 안정성에 2차, 3차 영향을 미칠지도 모른다.

예를 들어 AGI가 경제적으로 가치 있는 업무에서 인간을 능가하면 화이트칼라와 블루칼라를 가리지 않고 대규모로 일자리를 상실할 수 있다. AGI가 일반화될 경우 많은 인간의 인지 기술 가치가 떨어지거나 인간의 비판적 사고와 문제 해결 능력이 사라지면서 상당한 구조 조정을 초래할 위험이 있기 때문이다. AGI에 의한 일자리 대체가 1차 효과라면 경제적 불평등은 2차 효과다. AGI의 혜택이 소수 소유주와 개발자에게 집중되는 것도 기존 불평등을 악화할 수 있다. 이런 불평등은 3차 효과, 즉 사회불안과 정치적 불안정을 야기할 수 있다. AGI가 대부분의 영역에서 인간 능력을 능가하면 많은 사람이 정체성 위기와 목적 상실을 겪을 수도 있다.[12] 목표가 인간의 가치와 완벽하게 일치하진 않는 AGI는 악의적 의도 없이도 인류에 치명적인 행동을 할 수 있다. 사회 조작이나 허위 정보가 증가할 위험도 커진다. 악의적 집단이 고도로 정교하고 개인화된 선전, 가짜 뉴스, 사회 공학 캠페인을 만드는 데 AGI를 사용하면 민주주의와 사회적 결속을 저해할 수 있다.[13] 권위주의 국가나 독재 국가가 AGI를 활용해 전례 없는 수준의 국가 감시 및 인구 통제를 실시할 수도 있다.[14] 마찬가지로 과학적 발견을 가속화하는 AGI(1차 효과)는 세계 권력 균형을 바꾸는 새로운 기술(2차 효과)로 이어지거나 새로운 윤리적 딜레마(3차 효과)를 야기할 수도 있다.

파괴 속도도 중요한 변수다. AGI는 수십 년간의 사회와 기술 변화를 몇 년 또는 몇 달로 압축해 기존의 적응 능력을 압도할 수 있다. 무어의 법칙은 하드웨어의 기하급수적 발전을 설명했다. AGI는 인지 능력과 그 응용 분야에서 유사하게 기하급수적으로 혹은 훨씬 빠르게 변할 수 있다. AGI가 모든 영역에서 이런 속도로 학습한다면 더 느리고 선형적인 변화에 맞춰 설계된 사회 기관(법률, 교육, 경제)은 변화에 적응하기 어려워지고 잠재적 혼란이나 심지어 사회 붕괴로 이어질지도 모른다. AGI의 파괴적 잠재력은 동전의 양면과 같다. 새로운 의약품을 개발할 수 있는(긍정적) AGI는 새로운 생물무기도 설계할 수 있다(부정적). 기후 변화를 완화하기 위해 세계 물류 시스템을 최적화할 수 있는(긍정적) AGI는 권위주의 정권을 위한 감시나 통제 시스템도 최적화할 수 있다(부정적).

또 다른 시나리오도 있다. 미국과 중국이 모두 AGI에 도달해 전략적 균형을 이루고 AGI 양강 시대, 긴장 속 안정이라는 새로운 질서가 형성되는 아주 이상적인 미래 시나리오다. 예를 들어 2030년대 초중반 양국이 거의 동시에 AGI 개발에 성공해 모두 초지능을 보유하는 결과를 생각해보자. 어느 한쪽이 독점적 우위를 차지하지 못하니 오히려 공포의 균형 상태가 유지된다. 이는 과거 핵무기 경쟁 이후 상호확증파괴(이하 MAD) 체제가 초래한 안정과 유사하게 AGI 상호억제가 작동하는 질서 상태다. 양국 AGI는 서로를 견제하면서 함부로 군사 충돌을 벌일 수 없게 한다. 상대방도 동등한 수준의 초지능으로 대응해 예측 불허의 피해를 입힐 수 있고 심지어 AGI 간 교전이 통제 불가능한 사태로 번질 위험도 있기 때문이다. 결국 미·중 양국은 직간접 충돌을 자제하며 대신 냉전적 경쟁을 지속한다.

이 시나리오에서 군사 분야는 고도의 균형 감각을 유지할 것이다. 양측 모두 자율무기와 AI 지휘 체계가 있기에 국지적 충돌이라도 발생하면 순식간에 파국으로 치달을 수 있다. 이를 인지한 워싱턴과 베이징은 직접적인 무력 대결을 피하면서 대리전이나 비군사 영역 경쟁으로 분쟁을 관리하는 데 노력을 집중할 것이다. 예를 들어 제3국에서 영향력 경쟁을 할 때도 경제 원조나 AI 인프라 제공 경쟁으로 대신하고 군사적 모험은 자제한다. AGI 군비 통제도 처음으로 진지하게 논의된다. 2030년대 중반 UN이나 G2 회담에서 자율살상무기 제한과 AGI 검증 체계 등에 관한 초보적 합의가 시도되는 식이다. 비록 핵무기 군축처럼 즉각적 성과를 내긴 어렵지만 최소한의 가드레일을 마련하려는 움직임이 일어날 것이다. 한국 등 중견국과 국제기구도 나서 AI 무기 확산을 막고 AI 윤리 기준을 정립하려는 협력을 중재하기 시작한다. 이런 노력은 부분적이나마 AGI

경쟁 규칙을 제정해 무한 대결을 방지할 것이다.

경제에서는 AGI 혜택이 전 세계로 확산되면서도 그 과실을 미국과 중국이 양분하는 구도가 형성된다. 미국과 중국 모두 AGI를 활용해 생산성이 폭발적으로 증가하면서 세계경제는 장기간 호황을 누린다. 두 나라의 GDP는 경쟁적으로 상승하고 AI 혁신의 파도가 산업 지형을 바꿔놓는다. 미국이 금융·소프트웨어 분야에서 앞서면 중국은 제조·인프라 분야에서 앞서는 분업적 우위가 나타난다. 글로벌 기업 생태계도 이원화돼 미·중 각국의 기술 표준과 시장 영향권 내에서 성장한다. 미국 진영은 영어 기반 AGI 서비스와 반도체 표준을 쓰고 중국 진영은 중국어 기반 AGI와 독자 칩 생태계를 구축한다. 양측이 서로 상대 블록의 기술을 봉쇄한 채 각자 AGI 경제권을 발전시키지만 전반적으로 부가 팽창해 세계무역은 오히려 확대된다. 다만 이런 번영 속에서도 패권 경쟁의 본질은 남아 있다. 미국과 중국은 AI 기술 내에서 더욱 진보한 초AGI 또는 특이점 기술 등에서 다시 우열을 겨루며 신경전을 벌이기 시작할 것이다.

미·중 양극체제의 국제 질서는 더욱 고착될 것이다. AGI를 보유한 미국과 중국은 군사·경제 모든 면에서 다른 어떤 국가도 넘볼 수 없는 양대 초강대국으로 자리매김한다. 다른 나라는 이 두 기술 거인의 영향력 아래 놓여 선택을 강요받는다. 일부는 미국의 가치 동맹을 택하고 일부는 중국의 발전 모델을 따르며 다수의 중립국은 미·중 균형 외교로 생존을 모색한다. 핵심은 어느 한쪽이 압도하지 못하기에 큰 전쟁 없이 경쟁이 지속되는 새로운 냉전 체제가 유지된다는 것이다. 어떤 학자는 이를 "AGI에 의한 21세기 신냉전"이라고 부르며 신냉전은 이념이 아니라 기술과 데이터 블록을 경계선으로 진행된다고 분석한다.

인류 사회에는 새로운 희망과 위협이 교차한다. AGI를 어느 정도 통제하게 되고 각국이 AGI의 오남용을 피하려 노력하면서 AI 재앙 위험은 막을 수 있다는 희망이 나타난다. 미국과 중국 모두 AGI의 파괴력을 학습했기에 함부로 경쟁하다간 공멸할 수 있음을 알고 최소한의 책임 있는 행동을 보일 것이라는 희망이다. AGI의 과학기술 성과가 인류에게 이익을 준다는 희망도 생긴다. 미·중 경쟁 덕에 AGI가 빠르게 발전하면서 기후 변화 완화 기술, 새로운 에너지 자원, 불치병 치료법 발견이라는 성과를 인류가 공유한다. 하지만 이런 긍정적 효과가 인류에게 고르게 배분될지는 별개 과제로 남는다. 자동화로 인한 전 세계적 일자리 재편과 AI 소외 계층 문제 등도 새로운 위협이자 난제로 떠오른다.

누가 AI 초강국의 조건을 갖추고 있나

2025년을 기준으로 AI와 AI 로봇 기술 경쟁에서 미국과 중국 중 어느 국가가 더 유리한 고지를 점령하고 있을까? 종합적으로는 미국이다. 하지만 이런 분석은 AI 이후의 전쟁을 예측하기에는 부족하다. 경쟁의 핵심 요소별로 더 세밀한 분석과 평가가 필요하다.

먼저 미국과 중국의 정부투자 규모와 민간 지원 정책을 통해 정책적·경제적 요인을 분석해보자. 중국은 2017년 차세대 인공지능 발전 계획을 발표하며 2030년까지 세계 AI 선두가 되기 위한 국가 전략을 수립하고 대규모 투자를 시작했다.[15] 중앙정부와 지방정부는 AI 펀드 조성과 연구 개발 보조금 등으로 적극적 지원을 하고 있으며 OECD 자료에 따르면 중국 AI 생태계, 특히 자율주행 차량, 로봇 센서 및 IT 하드웨어 등에 대한 민간 벤처캐피털VC 투자자의 누적 투자액은 약 1,200억 달러에 달한다.[16]

중국 정부는 2017년부터 '중국제조Made in China 2025' 같은 국가 차원의 전략 계획을 차근차근 세워 LLM 모델, AGI는 물론이고 피지컬Physical AI의 다양한 영역(휴머노이드, 자율주행 차량, 산업용 AI 로봇 등)에 집중투자하면서 AI 분야의 글로벌 빅플레이어가 되려는 야심을 포기하지 않고 있다. 미국의 전방위 제재에도 불구하고 중국 정부의 막강한 지원 정책은 일부 영역에서 결실도 맺고 있다. 예를 들어 중국은 전 세계 산업용 로봇 시장의 52퍼센트를 점유하면서 미국을 제치고 세계 최대 산업용 로봇을 위한 시장이 됐다.

중국의 로봇 관련 역량은 물류, 의료를 거쳐 소비자 응용 분야의 서비스 로봇으로 계속 확장되고 있다. 중국 정부는 AI 국가 챔피언 같은 프로젝트를 펼쳐 20개의 주요 AI 허브도 육성했다. 중국 정부의 막강한 지원을 등에 업은 중국 AI 기업은 감시, 스마트 시티, 자동화 솔루션 영역에서 국제 계약을 잇따라 맺으며 글로벌 로봇과 AI 환경에서 중국의 영향력을 전 세계적으로 확장하고 있다.[17]

미국도 2019년 국가 AI 이니셔티브를 수립하고 2022년에는 반도체지원법CHIPS and Science Act(이하 칩스법) 등을 만들어 AI 핵심인 반도체 산업에 527억 달러 보조금을 책정하는 등 정책 지원을 강화하고 있다. 하지만 미국 정부의 기본 전략은 '민간 주도 투자 환경을 지원'하는 것이다. 예를 들어 자율주행 차량 테스트와 배포 프로세스를 간소화하기 위해 고안된 자율주행법안AV START Act 같은 정책 이니셔티브로 투자자 친화적 환경을 조성한다. 미국 식품의약국FDA은 당뇨병성 망막병증 조기 발견을 위한 AI 기반 의료 기기 승인 속도와 개방성을 높여준다. 이런 일련의 정책으로 민간투자자의 신뢰가 커진다. 그 결과 미국에서는 민간 주도 AI 투자의 열광적인 골드러시 현상이 일어나고 있으며 AI, 자율주행 차량, 의료나 IT 인프라 같은 주요 부문 전반이 혁신적으로 발전하고 있다. 특히 AI에 대한 VC 투자는 2019~2023년 총 3,285억 달러에 달했고(같은 기간 미국 정부의 공공투자는 약 30억 달러에 불과했음) 2024년에만 1,091억 달러에 이르렀다. CNBC에 따르면 구글, 아마존, 메타, MS 등 미국 빅테크 기업이 2025년 한 해 AI 인프라에 투자하는 비용은 3,000억 달러 이상이다.[18] 미국 정부는 전국 IT 인프라를 현대화하는 방안도 추진 중이다. 예를 들어 2019년 연방정부는 클라우드 컴퓨팅 전략을 세우고 빅테크 기업에 공공 시장을 개방하는 정책도 활발하게 펼치고 있다.

그럼 미국과 중국 정부의 기술이나 연관 자원 보호 정책은 어떨까. 미국 정부는 AI 산업과 관련해 중국을 겨냥한 강력한 보호무역주의와 산업 제재 정책을 일관되게 구사하고 있다. 중국의 AI 역량 견제 전략을 미·중 패권 경쟁 승리의 핵심 요소로 보기 때문이다. 미국 정부는 2022년부터 미국산 최첨단 AI 반도체 칩(NVIDIA A100/H100 등)의 중국 수출을 금지했고 중국은 고성능 GPU 확보에 어려움을 겪고 있다. 미국 정부는 첨단 칩을 만드는 데 필수인 네덜란드 회사 ASML의 첨단 리소그래피 기계인 극자외선EUV 노광장비의 중국 수출도 막았다. 수출 통제가 시행된 이후 중국 반도체 산업은 심각한 타격을 입었으며 중국 반도체 생산량은 2023년 초 17퍼센트 급감했다.[19] 미국이 적극적으로 반도체 제재를 하기 전인 2019년 기준으로도 중국의 반도체 역량은 미국에 5~10년 정도 뒤처져 있었다.[20] 미국이 다방면에서 제재를 가한 이후로는 그 격차가 최소한 그대로 유지되거나 더 벌어졌을 것으로 추정된다. 물론 중국 정부나 빅테크 기업은 우회로로 특별 다운그레이드 칩(A800/H800)을 대량 구매하거나 미국 반도체 수출 통제의 허점인 아마존 웹 서비스AWS나 오라클 클라우드 같은 클라우드 컴퓨팅 서비스를 활용하기도 한다. 실제로 인권 문제로 블랙리스트에 오른 중국 AI 회사 아이플라이텍iFlyTek은 미국의 제재에도 불구하고 클라우드 서비스를 통해 고성능 엔비디아 칩을 합법적으로 대여했다.[21] 미국 반도체 장비 회사도 중국 판매를 포기할 수 없기에 전체 물량의 30~40퍼센트를 중국으로 판매하고 있다고 추정된다.[22] 이 물량은 중국의 주요 칩 제조업체인 SMIC 등으로 흘러 들어갈 것으로 보인다. 전문가는 중국이 수출 통제를 우회하는 수단으로 매년 약 1만 개 내외의 칩을 밀수하거나 암시장에서 구매하고 있다고 추정한다(물론 글로벌 빅테크 기업은 매년 칩 수백만 개를 사용한다).[23] 중국 정부도 2023년부터 갈륨·게르마늄 등 첨단 반도체 원료 수출을 제한하며 반격에 나서고 있다. 중국은 세계 희토류 광물의 60퍼센트를 추출하고 가공의 85퍼센트 이상을 처리한다. 미국의 반도체 수출 통제로 미국 칩 회사가 중국 시장에서 보는 손실도 만만치 않다. 중국 주재 미국 상공회의소는 연간 830억 달러의 매출과 12만 4,000개의 일자리가 손실되고 있다고 추정한다.[24]

한편 이런 수출 통제는 중국의 독립적 반도체 공급망 구축 노력을 촉진하는 부작용도 일으킨다. 예를 들어 중국 정부는 50~180나노미터 칩 시장에서 시장점유율을 늘리고 있다. 2024년 기준 이 시장에서의 중국 점유율은 전 세계 24퍼센트다. 중국 정부는 앞으로도 막대한 보조금을 쏟아부어 시장점유율을 2030년까지 50퍼센트로 확대할 계획이다.[25] 2023년 화웨이는 네덜란드의 EUV 노광장비 없이 SMIC가 생산한 7나노미터 칩을 탑재한 메이트 60프로를 출시하는 데 성공했다.[26] 기술 혁신의 비선형적 특성도 중국의 숨통을 터주는 요소다. 전통적으로 반도체 발전은 '트랜지스터 수가 약 2년마다 2배로 증가해 컴퓨팅 파워의 기하급수적인 증가로 이어진다'는 무어의 법칙을 따른다. 하지만 최근 트랜지스터가 원자 규모에 가까워지고 제조 비용이 급증하면서 업계 전문가는 무어의 법칙이 곧 한계에 도달하리라고 예상한다. 즉, 반도체 성능 발전에 새로운 접근법이 필요하다는 의미다. 특히 '메모리 중심 컴퓨팅 및 시스템 수준 최적화' 같은 분야가 그렇다.[27] 여기서는 중국이 첨단 리소그래피 기계 없이도 얼마든지 미국을 따라잡을 수 있다. 하지만 이런 중국 제재의 부작용과 구멍, 한계에도 불구하고 미국 정부의 반도체 및 AI 기술 제한 정책이 중국 AI 개발 속도를 늦추는 데 확실한 효과가 있다는 것만은 분명하다.[28]

미국과 중국 정부의 자국 기업 지원과 세제 혜택도 살펴보자. 먼저 중국은 AI와 로봇 등 첨단 분야 기업에 광범위한 세제 혜택과 금융 지원을 제공한다. 예를 들어 중국은 10년 전부터 국가급 하이테크기업高新技术企业으로 인증받으면 법인세율을 일반 25퍼센트에서 15퍼센트로 인하해주고 R&D 비용 추가 공제와 보조금을 지원했다.[29] AI 기업에는 지방정부 차원에서 토지 무상 제공, 전기료 할인 등 다양한 인센티브도 부여하고 있다. 미국도 첨단기술 R&D에 세액을 공제해주고 국방고등연구계획국Defense Advanced Research Projects Agency, DARPA · 국립과학재단NSF 등을 통해 연구비를 제공하는 등 간접적으로 지원한다. 2022년에는 칩스법을 시행해 미국 내 AI 반도체 제조 시설 투자 기업에 보조금과 세액공제 혜택을 제공했으며 AI 스타타업 지원도 확대했다. 이처럼 양국 모두 자국 기업 경쟁력 강화를 위한 정책을 펴고 있지만 중국이 더 적극적이고 직접적으로 지원하고 있다.

이번에는 미국과 중국의 AI 및 AI 로봇 기술 경쟁력을 세밀하게 분석해보자. 미국이 중국보다 우위를 점하고 있는 분야는 최첨단 AI 모델 개발과 AI 반도체(칩) 산업, 클라우드 인프라, 국제 협력과 글로벌 영향력 등이다. 반면 중국은 슈퍼컴퓨터 인프라, AI 로봇공학 연구 및 실용화에서 미국과 동등한 수준이거나 미국을 추월하기 시작했다. 데이터나 인프라 면에서도 미국보다 우위에 있거나 동등한 수준까지 도달했다. 인력, 연구 역량과 군사적 응용 면에서도 미국과 대등한 수준으로 올라섰다.

최첨단 LLM 모델 개발 현황은 어떨까? 2025년 기준 대규모 AI LLM 분야에서는 미국이 한발 앞서 있다는 평가가 주를 이룬다. 오픈AI의 GPT4.5를 비롯해 앤트로픽Anthropic의 클라우드Claude, 구글의 팜PaLM·제미니Gemini 등 미국 빅테크 기업이 개발한 모델은 모델 규모, 다국어 이해, 코드 생성 등 여러 지표에서 최고 성능을 보인다. 중국의 도전도 만만치는 않다. 중국에서는 2023년에만 100개가 넘는 LLM이 난립해 중복 투자와 연산 자원 낭비 문제가 제기될 정도였다.[30] 중국 베이징인공지능연구원Beijing Academy of Artificial Intelligence, BAAI은 우다오WuDao 2.0(매개변수 1조 7,500억 개) 같은 세계 최대 규모 모델을 선보였고 바이두의 어니봇, 알리바바의 큐원, 칭화清华대학 계열의 GLM 등 자체 모델이 잇따라 개발됐다. 이 중 일부 모델은 중국어 질의응답 등 특정 영역에서 GPT4에 근접한 성능을 보이고 있다. 2023년 공개된 딥시크 V3와 큐원 2.5 72B 모델 등은 작은 규모임에도 일부 벤치마크에서 오픈AI 성능에 근접하는 성과를 냈다. 딥시크 V3 성능은 수많은 측면에서 미국 메타의 오픈 소스 라마Llama 모델을 능가하는 기술력을 보이기도 했다. 2025년 4월 30일 엔비디아 CEO 젠슨 황도 "AI 분야에서 중국은 미국에 뒤처지지 않는다", "중국이 지금은 미국 '바로 뒤에' 있지만 격차는 크지 않다"라며 "이건 장기적이고 끝없는 경쟁"이라고 말했다.[31]

그럼에도 전체적인 지능 수준과 범용성에서는 여전히 미국 빅테크 기업이 우위를 보이고 있다. 또 중국 빅테크 기업이 개발한 LLM 모델은 중국 공산당의 데이터 검열 탓에 모델 학습에서 한계를 보인다. 실제로 중국 모델은 방대한 중국어 데이터로 학습돼 자국 시장에 특화됐으나 정부 규제로 정치적 민감 이슈에는 답변을 회피하거나 제한하는 경향이 있다. 바이두의 어니봇은 최신 정보 검색 능력은 챗GPT보다 뛰어나다는 평가를 받았지만 정치 관련 질문은 피했다.[32] 중국 정부는 2023년 8월 생성형 AI 서비스에 대한 사전 보안 심사 규제를 도입해 바이두, 센스타임SenseTime, 지푸ZhipuAI, 바이촨百川 등 첫 승인 기업 11곳에 한해 챗봇을 일반에 공개하도록 허용하기도 했다.[23] 결론적으로 2025년 현재 미국은 최첨단 AI 모델 기술 분야에서 혁신적으로 전 세계 시장을 이끌고 있고 중국은 대규모 투자로 격차를 빠르게 좁혀가는 추격자라고 평가할 수 있다.

AGI 연구 개발 현황도 비교·분석해보자. 미국은 오픈AI, 구글 딥마인드, 앤트로픽 등의 선도 기업이 AGI 연구를 주도하고 있다. 미국 민간 부문은 막대한 자본과 인재를 투입해 AGI 개발을 추진 중이며 민관이 협력해 최첨단 AI 개발을 가속화하고 있다. 중국 역시 AGI에 관심이 높다. 2020년 중국 정부는 베이징범용인공지능연구원Beijing Institute for General Artificial Intelligenc, BIGAI을 국가 지원으로 설립해 AGI 연구를 본격화했다.[34] BIGAI는 UCLA 교수 출신 주송춘朱松纯이 이끌고 있는데 뇌과학 등 소규모 데이터 접근법으로 미국과 다른 경로의 AGI를 모색하고 있다. 다만 현재 AGI 수준의 인공지능은 양국 모두 아직 달성하지 못한 미래 단계로 미국이 범용 모델 개발에서 한 걸음 앞서 있지만 중국도 국가 차원의 AGI 프로젝트로 추격에 나선 상태다.

AI 반도체(칩) 산업의 기술적 개발 현황은 어떨까. 반도체는 AI 및 AI 로봇 기술 경쟁의 엔진이다. 이 분야에서는 미국과 그 동맹이 확고한 기술적 우위를 차지하고 있다. AI 반도체 칩 시장은 미국 기업이 지배한다. 엔비디아는 GPU 기반 AI 가속기 분야에서 약 70~95퍼센트의 시장점유율을 차지하며 사실상 독점적 지위를 갖고 있다. 구글도 TPU를 만들면서 미국 기업의 최첨단 칩 주도에 기여하고 있다. 대만 TSMC와 한국 삼성전자 등 동맹 기업에 3~5나노미터 공정의 최첨단 제조 능력이 있어 설계(미국)·제조(동맹)로 이어지는 공급망도 미국이 장악하고 있다. 중국도 화웨이의 7나노급 AI 칩(어센드 시리즈 910B, 910C, 출시 예정인 920), 센스타임의 AI 가속기, 알리바바 PAI-Blade 등 자체 칩을 내놓고 있으나 초미세 공정에서 5~10년 정도의 큰 격차를 보인다. 어센드 910C는 듀얼 칩렛 설계로 추정되며 일부 측면에서 엔비디아 H100에 필적하는 성능을 목표하지만 전력 효율은 낮다. 어센드 910B는 중국 시장용으로 설계된 엔비디아 H20과 경쟁할 만한 수준으로 평가되지만 초기에 첨단 공정의 국내 생산 수율이 20퍼센트에 불과했다.[35] 다만 중국 정부는 반도체 굴기를 위해 대기금大基金을 수백억 달러 규모로 조성해 대규모 보조금을 투입하고 있고 구형 공정(28나노미터 등)에서는 중국 생산 능력을 급속히 높여 2030년경 세계 공급의 50퍼센트까지 차지하겠다는 계획도 추진 중이다.

  미국은 컴퓨팅 인프라 측면에서도 압도적 우위를 보이고 있다. 전 세계 클라우드 시장은 미국의 빅테크 기업인 AWS, MS 애저Azure, 구글 클라우드가 장악하고 있다. 중국의 텐센트 클라우드는 중국 시장을 과점하고 있을 뿐 글로벌 영향력은 매우 제한적이다. 실제로 미국에는 전 세계 데이터센터 중 45.6퍼센트에 해당하는 5,381개 센터가 운영되고 있지만 중국은 449개로 3.8퍼센트에 불과하다. 독일 521개(4.4퍼센트), 영국 514개(4.4퍼센트)보다 적다. 참고로 한국은

153개로 1.3퍼센트다. 이처럼 미국이 전 세계 데이터센터와 클라우드 서비스를 선도하며 AI 연구자에게 풍부한 GPU 연산 자원을 제공하는 반면 중국은 자국 내 방대한 데이터센터를 기반으로 내수용 클라우드 생태계를 키우는 정도다.

스타트업 환경에서도 미국이 근소하게 앞선다. 미국의 스타트업 창업 환경은 실리콘밸리를 중심으로 세계 최강을 구가한다. AI 분야에서도 오픈AI, 앤스로픽, 코히어Cohere, 스태빌리티Stability AI 등 혁신 스타트업이 속출하고 있다. 이들은 거대 규모의 투자를 유치받으며 기술을 선도한다. 미국 스타트업은 클라우드 인프라, 오픈소스 커뮤니티의 지원을 받아 빠르게 성장하면서 빅테크 기업과 경쟁 또는 협력하며 시장을 확대하는 중이다. 반면 중국 AI 스타트업은 정부 보호와 거대 내수 시장 덕에 조기 성장이 가능하다는 이점이 있다. 센스타임, 메그비Megvii, 클라우드워크CloudWalk 등 안면 인식·영상 분석 스타트업은 이미 유니콘을 넘어 글로벌 IPO를 추진했고 상당수 스타트업이 안보를 이유로 미국 제재 기업 목록에 오를 만큼 첨단을 달리고 있다. 중국 빅테크 기업도 유망 스타트업에 적극 투자해 생태계를 형성하고 있는데 예를 들어 텐센트와 알리바바는 수많은 AI 스타트업에 지분을 투자하고 클라우드 플랫폼을 제공해 자국 AI 기업 풀pool을 키우는 전략을 취하고 있다.

국제 협력과 글로벌 영향력도 미국이 중국을 앞선다. 예를 들어 전 세계 개발자가 텐서플로TensorFlow, 파이토치PyTorch 같은 미국산 AI 툴킷을 사용하며, 챗GPT 같은 혁신 서비스가 미국에서 먼저 나와 국제 표준이 되는 경향이 있다.

이쯤에서 AI나 로봇 기술의 국제 표준 선점을 둘러싸고 두 국가가 벌이는 국제 표준화 경쟁을 자세히 한번 살펴보자. 미국은 바이든 행정부, 트럼프 행정부 가릴 것 없이 중국의 AI 야심을 질식시키기 위한 의도적 행보를 보이고 있다.[36] 인도-태평양 전략에서 AI 협력을 언급하고 영국 등과 AI 안보대화를 개시하는 등 국제 규범을 자신에 유리한 방향으로 형성하기 위해 외교적으로 움직이고 있다. 중국도 "표준이 곧 통상 무기"라는 인식을 바탕으로 2020년 '중국표준 2035'를 발표하고 국제표준화기구ISO, 국제전기표준회의IEC, 국제전기통신연합ITU 등 국제기구에서 영향력을 확대하려 한다. 중국은 ISO, IEC 기술위원회에 전문가 다수를 파견해 의장단을 맡거나 표준 제안을 주도하고 있으며 안면 인식, 스마트 시티 등 신흥 분야에서 중국식 표준을 채택하도록 적극적으로 로비를 벌인다. 한편 미국과 서방국가는 전기전자공학자협회IEEE, ISO 등에서 투명하고 윤리적인 AI 표준이 마련되도록 노력하면서 중국의 폐쇄적 기술 표준이 글로벌 표준이 되는 것을 견제한다.[37] 이 경쟁이 얼마나 치열한지 보여주는 사건도 있었다. 2019년 미·중 갈등 여파로 IEEE가 중국 화웨이 연구자들이 논문 심사에 참여하지 못하게 했다가 학계 반발로 철회한 것이다. 다분히 정치적인 충돌이었다.

AI 윤리나 거버넌스 원칙 수립에서도 경쟁이 치열하다. 미국은 G7을 통해 AI 거버넌스 서밋(정상회의)을 주도하고 OECD AI 권고안 등을 지지한다. 바이든 행정부는 국가 안보 강화와 인권 보호를 전제로 한 AI 발전을 내세우며 2022년 AI권리장전Blueprint for an AI Bill of Rights을 발표했고, 2023년에는 미국 국립표준기술연구소NIST의 AI

위험관리 프레임워크를 제정하는 등 신뢰성 있는 AI 개발에 주력하고 있다. 반면 중국은 2021년 자국 내 AI 윤리 기준을 발표하고 이를 ITU 등에서 홍보하며 모델을 확산하려 노력 중이다. 특히 일대일로 전략의 연장선상에서 AI 기술 수출을 늘리며 개발도상국을 중심으로 영향력을 확대하고 있다. 실제 연구에 따르면 2000~2017년 사이 중국은 64개국에 AI 관련 프로젝트를 155건 수출했다.[38] 특히 스마트 시티, 안면 인식 등 AI 감시 기술을 60여 개국에 보급해 이들이 중국 기술 표준과 규범을 따라오게 하는 전략을 구사한다.[39] 이처럼 미국은 국제 표준과 규범 및 윤리 영역에서 개방·민주 가치를 전면에 내세우고 중국은 주권 존중·안정 우선을 기조로 각자의 영향력을 확보하기 위해 경쟁하고 있다.

글로벌 AI 시장점유율과 협력 관계도 비교해보자. 먼저 글로벌 시장 지배력에서는 미국 기업이 월등히 앞서 있다. 이는 미국과 중국 빅테크 기업의 글로벌 시장점유율만 봐도 알 수 있다. AI 클라우드 서비스, 소프트웨어 플랫폼, AI 칩 판매 등에서 아마존, 구글, MS, 엔비디아 등 미국 기업이 차지하는 글로벌 점유율은 압도적 수준이며 전 세계 상위 100대 AI 스타트업 중 상당수의 본사가 미국에 있다. 반면 중국은 자국 내수 시장을 바탕으로 AI 유니콘 기업 다수를 배출했지만 이들 기업의 국제적 서비스 범위는 제한적이다. 다만 몇몇 분야에서는 중국의 존재감이 두드러진다. 앞서 언급했듯 감시 AI(안면 인식)나 스마트 시티 솔루션은 중국의 하이크비전 등이 중동, 아프리카, 남미 등의 수출에 성공했다. 중국 업체는 안전 도시 Safe City 프로젝트를 통해 세네갈, 에티오피아 등에 CCTV+AI 통합 시스템을 구축하며 시장을 넓혔다. 기술 수출을 통해 이 국가들을 중국 생태계에 편입시키는 것이다. 국제 협력 측면에서 미국은 민주주의 동맹을 중심으로 캐나다, EU, 일본 등과 글로벌 AI 파트너십 GPAI을 결성해 정책 협력을 진행 중이나 중국은 여기에 참여하지 않고 있다. 대신 러시아, 중동 국가와 디지털 주권을 강조하며 정보 통제형 AI 적용에 공감대를 이루는 등 별도 협력을 강화하는 중이다. UN 산하 논의에서 중국은 군용 AI 규제에 소극적 태도를 보이며 완전 자율무기 금지 등에 반대하는 입장이고 미국은 부분적 규제를 주장한다.

이번에는 중국이 미국을 앞서거나 미국과 동등한 수준인 슈퍼컴퓨터 인프라를 분석해보자. 사실 슈퍼컴퓨터 분야에서는 미국과 중국이 엎치락뒤치락하며 매년 불꽃 튀는 경쟁을 벌이고 있다. 2022년 미국은 오크리지국립연구소 ORNL가 개발한 슈퍼컴퓨터 프런티어 Frontier 시스템으로 세계 최초의 공식 엑사플롭스 ExaFlops, EF 슈퍼컴퓨터를 달성하며 (1.1엑사플롭스 지속 성능) 전 세계 슈퍼컴퓨터 순위인 톱500에서 1위를 기록했다. 이는 1초에 110경 번 이상의 실수 연산을 수행할 수 있는 수준이다. 하지만 중국도 (순위 공개는 하지 않았지만) 이미 2021년 톈허天河-3와 선웨이 오션라이트 Sunway OceanLight라는 엑사급 슈퍼컴퓨터 2개(지속 성능 각각 1.05~1.3엑사플롭스)를 비공개로 가동했다고 알려졌다.[40] 미국 못지않은 최고 성능 슈퍼컴퓨팅 인프라가 있으나 미국의 수출 통제를 의식해 공개를 자제하는 상황인 셈이다. 미국은 곧 오로라 Aurora(2엑사플롭스급), 엘 캐피탄 El Capitan(2엑사플롭스+) 등 차세대 슈퍼컴퓨터를 공개할 예정이다. 슈퍼컴퓨팅 파워가 중요한 이유는 양국 모두 AI 훈련과 국방 시뮬레이션에 막대한 연산력을 투입해야 하기 때문이다. 요약하자면 AI 시대의 연산 인프라 경쟁은 미국의 글로벌 클라우드 패권과 중국의 대규모 국산 슈퍼컴퓨팅의 대결이라고 할 수 있다.

차세대 슈퍼컴퓨터로 불리는 양자컴퓨팅Quantum Computing 분야 역시 미·중 간 미래 기술 패권 다툼이 점입가경이다. 양자컴퓨터는 기존 컴퓨터를 압도하는 연산 능력으로 AI 알고리즘 개발이나 암호 해독 등에 혁신을 가져올 잠재력이 있다. 미국은 2019년 구글이 53큐비트qubit 양자프로세서 시커모어Sycamore를 통해 이른바 양자우월성Quantum Supremacy을 시연했다고 발표하며 선도적 위치를 점유했다. IBM도 2022년 11월 433큐비트 양자프로세서 오스프리Osprey를 공개하며 양자하드웨어 규모를 빠르게 키우고 있다.[41] 2023년에는 1,000큐비트가 넘는 콘도르Condor칩을 개발하는 등 미국 빅테크 기업은 양자컴퓨터 기술 개발에 박차를 가하는 중이다. 중국도 이에 뒤처지지 않기 위해 정부 주도로 양자 연구에 막대한 투자를 하고 있다. 2020년 중국과학기술대학中国科学技术大学, USTC 판젠웨이潘建伟 연구 팀은 광자 기반 구장九章 양자컴퓨터로 양자우월성을 달성했다고 발표하며 미국에 맞대응했다.[42] 참고로 USTC 판젠웨이 연구 팀의 발표는 세계 두 번째로 양자우월성 시현에 성공한 사례다. 중국은 2021년 66큐비트 초전도 양자컴퓨터 쭈충즈祖冲之 2.0 개발에도 성공했다. 중국은 양자통신 분야에서도 미국과 어깨를 나란히 한다. 2016년에는 세계 최초 양자위성 발사에 성공했으며 2021년 베이징-상하이 간 양자 암호통신망을 구축하는 등 선도적 성과를 냈다.

양자 영역에서도 여전히 미국이 기술적 우위와 글로벌 공급망 장악력을 바탕으로 앞서 있지만 중국이 국가 지원을 통해 기술을 국산화하고 연구 인력을 총동원하며 격차를 줄이는 양상이다.

AI 로봇공학 연구와 실용화 분야를 비교·분석해보자. 로봇공학 분야에서는 미국과 중국이 각기 다른 강점을 보이면서 앞서거니 뒤서거니 하는 중이다. 미국은 보스턴다이내믹스Boston Dynamics가 개발한 두 발로 걷는 로봇, 테슬라·구글의 자율주행 등 혁신적 로봇 기술과 소프트웨어 알고리즘 개발에서 중국을 앞서고 있다. 이에 비해 중국은 산업용 로봇의 세계 최대 시장으로 로봇 보급 규모와 상용화 속도에서 미국을 월등히 앞선다.[43]

앞서 설명했듯 2021년 기준 중국은 전 세계 산업용 로봇 신규 설치량의 52퍼센트를 차지하며 미국을 멀찌감치 떨어뜨려 놨다. 2025년 중국 제조 업체는 조립라인, 물류창고에 광범위하게 로봇을 도입해 생산성을 높이고 있으며 서비스 분야에서도 무인배송 로봇, 접객 로봇 등이 빠르게 확산되고 있다. 연구 측면에서 중국은 인간형 로봇, 군용 무인차량 등에서도 시제품을 선보이며 실용화를 서두르는 중이다. 화웨이나 샤오미는 AI 휴머노이드 로봇을 개발하고 있고 중국 스타트업은 보스턴다이내믹스형 사족보행 로봇의 저가 버전을 만들어 내수 시장에 공급 중이다. 2025년 4월에는 세계 최초로 휴머노이드 로봇 마라톤 대회를 개최해 전 세계의 주목을 끌기도 했다. 물론 AI 로봇 분야의 기초 기술력은 미국 연구소가 아직 앞서지만 적용 면에서는 중국이 속도를 내는 상황이다. 양국이 로보틱스 AI 융합 연구에 집중투자하고 있어 앞으로도 자율주행 차량부터 스마트 공장, 개인 비서 로봇까지 각축이 예상된다. 종합적으로 평가하자면 미국은 로봇 지능의 두뇌를, 중국은 로봇 보급의 근육을 가졌다고 할 수 있다.

AI와 AI 로봇 기술 혹은 피지컬 AI 응용 분야인 자율주행 자동차와 모빌리티 AI도 살펴보자. 이 두 분야 역시 미국과 중국 모두 핵심 산업으로 육성 중이며 수준도 대등하다. 미국에서는 테슬라가 자율주행 첨단 운전자 보조 시스템을 통해 소비자 차량에 부분 자율주행을 구현하고 있고 구글 웨이모Waymo와 GM 크루즈Cruise가 로보택시(무인자율주행 택시) 서비스를 개척했다. 2023년 기준 웨이모는 미국에서 주당 10만 건 이상 유료 로보택시 탑승 서비스를 제공할 정도로 상용화 수준을 확대했다. 중국도 바이두의 아폴로Apollo 프로젝트를 중심으로 정부의 강력한 지원 아래 도심 로보택시 실증과 상용화에 속도를 내고 있다. 바이두의 아폴로고Apollo Go 로보택시 서비스는 베이징, 상하이, 우한 등 여러 도시에서 시범 운영됐고 2022년에는 우한과 충칭에서 완전 무인자율주행 차량 운행 허가를 처음으로 취득했다.[44] 바이두는 지정 구역에서 운전자 없이 로보택시를 상업적으로 운영할 수 있으며 2024년 초까지 누적 500만 건 이상 로보택시 탑승 서비스를 제공했다.[45] 이렇게 중국 기업도 자국의 거대 인구와 도시 환경을 활용해 대규모 실도로 주행 데이터를 축적하는 중이다.

자율주행을 위한 차량용 AI 하드웨어와 차량 제조 면에서도 경쟁이 치열하다. 미국 테슬라는 자체 개발한 완전 자율주행Full Self-Driving, FSD 칩으로 차량을 제어하며 데이터센터급 연산을 차에 내재했고 중국 전기차 기업도 엔비디아 등의 칩을 탑재해 AI 성능을 높이고 있다. 중국 니오NIO는 신차 플랫폼에 엔비디아 오린Orin 칩 4개를 장착한 아담Adam 슈퍼컴퓨터를 두뇌로 1,016초당테라연산Tera Operations Per Second, TOPS 성능을 확보, 고급 자율주행 기능을 구현하고 있다.[46] 비야디BYD는 자율주행 소프트웨어보다는 전기차 생산량 면에서 세계 1위를 달성하며(2023년 총 전기차 판매 대수 기준) 시장을 선점, 추후 소프트웨어 업그레이드를 통해 점진적으로 자율주행을 고도화하는 전략을 구사 중이다. 중국은 차량-도로 협응 인프라에 투자를 늘려 도로 측 센서와 통신망을 통해 자율주행 차량의 효율을 높이고 있다. 이는 미국의 차량 단독 자율주행 위주 접근과 대비되는 전략이다.

데이터와 인터넷 인프라 분야에서도 중국은 미국을 앞서거나 미국과 동등한 수준에 올라섰다. 앞으로도 이 분야에서 중국이 미국을 앞설 수 있는 것은 공산당 1당 독재라는 체제 덕분이다. 데이터는 AI의 원료로, 중국은 14억 인구와 전국에 깔린 4억 대 이상의 감시 카메라 등으로 방대한 데이터를 수집할 수 있어 구조적 이점을 지닌다. 이런 인프라에서는 미국이 도저히 중국을 앞설 수 없다. 인터넷 사용 인구와 모바일 결제, SNS 이용량 등도 중국이 세계 최정점으로 사용자 행동 데이터의 양과 깊이 면에서 우위를 점한다. 더군다나 방대한 인프라를 통해 수집한 데이터를 사용하는 데도 중국 정부와 기업은 인권 문제에서 미국이나 유럽보다 훨씬 더 자유(?)롭다. 2021년 중국 공산당은 중국 내에서 개인정보보호법과 데이터보안법 등을 시행해 국경 간 데이터 이동 통제, 민감정보 보호를 법제화했고 2022년에는 알고리즘 규제(추천 알고리즘 등록제 등)를 세계 최초로 도입했다. 하지만 2023년 8월 시행된 생성형 AI 서비스 규정을 보면 챗봇 등 공개 AI는 개인의 인권을 보호하기보다는 사회주의 핵심 가치에 부합하는 데 목적을 두고 있다. 중국의 국가 안보나 사회질서를 해치는 콘텐츠 생성을 방지하는 것은 물론 모든 AI 기술의 사회적 영향력을 엄격히 통제하겠다는 심산이다. 시진핑 정부가 발표한 AI 규정도 집단주의와 권위에 대한 복종, 사회적 조화와 동질성, 중국의 디지털 세계 헤게모니 장악을 위한 혁신과 발전을 목표로 한다. 중국 공산당은 필터링되지 않은 데이터와 AI가 결합하면 사회적 불안을 야기할 수 있다고 주장하며, 가능한 한 많은 데이터에 특별한 장애물 없이 접근할 수 있는 권한을 갖고 있다.

반면 미국은 개인정보가 엄격히 보호되고 인구 규모도 중국보다 작지만 데이터의 다양성과 질적 측면에 강점이 있다.[47] 세계 각지에서 생성되는 방대한 영어 기반 데이터에 접근이 용이하고 군사·과학 영역의 영상 데이터에서도 중국을 앞선다. 예를 들어 미국이 보유한 지구관측위성은 373기로 중국(134기)보다 약 3배 많다.[48] 또 미국은 다문화 사회라 AI 학습용 데이터에 다양한 인구통계와 콘텐츠가 반영될 수 있어 일반화 능력이 높다는 분석도 있다. 중국이 데이터보안법으로 민감정보의 국외 반출을 제한하고 과도한 검열로 데이터 품질을 저하하는 것과 반대다. 결론적으로 중국은 데이터의 양과 수집 체계, 활용 범위에서 강하고 미국은 데이터의 다양성과 신뢰성에서 강하다고 할 수 있다.

중국은 연구 역량이나 인력 분야에서도 미국을 앞서거나 미국과 동등한 수준을 보이고 있다. 먼저 AI 연구 논문과 특허를 살펴보면 학술 연구 성과 면에서 최근 몇 년간 중국이 양적으로 미국을 압도하고 있다. AI 논문 총편수의 경우 중국은 2010년대 후반부터 그 수가 급증해 2021년에는 약 4만 3,000편으로 미국(약 2만 1,000편)의 2배였다. 뿐만 아니라 최근에는 질적 지표에서도 중국이 선두에 서기 시작했다. 2019년 전 세계 상위 10퍼센트 피인용 논문 수에서 중국은 처음으로 미국을 추월했으며 2021년에는 중국 7,401편 대 미국 4,334편으로 중국이 70퍼센트 이상 더 많아졌다.[49] 이제 중국 논문은 양은 많으나 질은 떨어진다는 말을 할 수 없는 상황이다. 2025년 AI 연구에서 중국이 양과 질 모두 미국을 훨씬 능가한다고 평가해도 과언이 아니다.

특허 분야에서도 중국의 약진이 두드러진다. AI와 머신러닝 관련 특허 출원에서 2021년 이후 중국이 미국을 앞질렀고 2023년에는 격차가 2배 이상 벌어졌다. 2014~2023년으로 범위를 확대하면 중국은 생성형 AI 분야 특허를 3만 8,000건 이상 출원했으며 이는 미국(6,276건)의 6배에 달한다.[50] 세계지적재산권기구WIPO 발표에 따르면 2014~2023년 생성형 AI 특허 출원 상위 10대 기관 중 6곳이 텐센트, 알리바바, 화웨이, 바이두, 중국과학원中国科学院, CAS 등 중국 빅테크 기업이다. 중국이 이런 놀라운 성과를 낸 배경에는 매년 100만 명에 가까운 공학 졸업생 배출이 있다.

다만 최상위 연구의 질적 측면에서는 미국의 우위가 지속되고 있다. 미국은 혁신적 기초연구와 모델 아키텍처 개발에서 앞선다. 2023년 기준 세계적으로 영향력 있는 AI 연구자의 57퍼센트가 미국에서 활동 중인 반면 중국은 12퍼센트에 불과하다는 분석이다.[51]

미국은 중국의 양적 인해전술에 학계-산업 협력 및 연구 기관 협력 효율성으로 대응하고 있다. 전통적으로 미국은 대학-기업 간 자유로운 협력 문화와 풍부한 민간 연구 투자로 혁신 속도를 높여왔다. 스탠퍼드, MIT, 카네기멜런 등의 대학은 구글, 메타, MS 등의 기업과 긴밀히 협력해 최첨단 연구 성과를 제품화하고 교수와 학생이 스타트업을 창업하는 생태계가 활성화돼 있다. 구글, MS, 메타, 애플, IBM 등 빅테크 기업은 막대한 R&D 투자와 인재 영입에 고삐를 늦추지 않고 있으며 구글 브레인, MS 리서치, 오픈AI 등 세계 최고 수준의 기업 연구소를 운영하며 최첨단 연구를 선도한다. 미국은 이런 자율적 산학연 협력을 기반으로 새로운 알고리즘과 모델을 속속 선보이고 있으며 주요 AI 논문과 혁신적인 오픈소스 도구를 배출하는 등 연구 영향력에서 강점을 유지하고 있다. 미국 정부도 '시장의 자유'를 앞세워 AI 인재 양성과 유치 측면에서 중국보다 유리한 환경을 조성하고 있다. 트럼프의 이민자 추방 정책과 비자 발급 제한 정책에도 불구하고 미국은 여전히 세계 AI 인재의 허브다. 미국 대학원의 AI 관련 박사 졸업생 중 상당수가 중국, 인도 등 해외 출신이며 이들 중 다수는 졸업 후 미국에 남아 빅테크 기업이나 연구소에서 활약한다. 반면 중국은 정부·산업·학계가 삼위일체로 움직이는 구조다. 일단 중국은 자체적으로 방대한 이공계 인력 풀을 보유하고 있다. 칭화대, 베이징대 등 명문대와 중국과학원 산하 연구소가 AI 기초연구를 담당하고 바이두, 알리바바, 텐센트, 화웨이 같은 IT 공룡이 응용기술 개발과 대규모 투자를 이끌고 있다. 특히 중국에서는 정부 기관이 AI 연구 출판의 15.6퍼센트를 차지할 정도로 공공 부문 역할이 두드러진다.[52] 중국 정부는 해외 인재 귀환 및 영입 프로그램을 적극적으로 펼치며 약점을 보완하려는 노력도 기울이고 있다. 2008년 시작된 천인계획 등을 통해 해외의 우수한 화인 과학자를 불러들이고 해외 석학에게 막대한 연구비를 유인책으로 제시하며 중국에 연구실을 열게끔 하고 있다.[53] 최근에도 중국 정부는 국가 인재 유치 프로그램을 확대·개편했으며 14차 5개년 계획에서도 AI 등 첨단 분야 해외 고급 인재 유치를 강조했다. 또 중국 내에 AI 대학원, 베이징에 BAAI를 설립하는 등 AI 연구소를 늘리고 BAT 등 중국 빅테크 기업과 협력해 AI 연구자 육성에 참여하면서 인재 풀을 키우는 데 집중하고 있다. 2017년 중국 정부는 몇몇 기업을 AI 국가 팀으로 지정해 바이두에는 자율주행 자동차, 알리바바에는 스마트시티, 텐센트에는 의료 AI, 아이플라이텍에는 음성 AI 등을 맡기고 해당 영역의 오픈 플랫폼 구축을 주도하도록 적극 지원했다.[54] 이에 바이두는 자율주행 오픈소스 플랫폼 아폴로를 대학·업계와 공유하고 있고 텐센트는 대학 병원과 협력해 의약 AI를 연구하고 있다. 특히 중국과학원과 칭화대 등은 방대한 예산과 인력을 투입해 AI 기초 연구부터 응용까지 아우르며 정부 과제를 수행 중이다.

하지만 약점도 있다. 중국의 기업 문화가 미국과 비교해 매우 위계적이며 공산당의 감시 때문에 창의성 발휘에는 한계가 있다는 점이다. 종합적으로 평가할 때 AI 관련 연구 역량은 양과 질에서 중국이 미국을 추월하기 시작했지만 인재 유치 부분에서는 미국이 여전히 우위를 점하고 있다.

AI와 AI 로봇 기술을 군사 분야에 응용하는 속도와 범위도 중국이 미국을 앞서거나 미국과 동등한 수준이라고 평가할 수 있다. 예를 들어 AI 기반 무인 전투 시스템을 보면 미국은 2018년 국방부의 AI 전략을 수립해 AI를 모든 군사 임무에 활용한다는 비전을 세우고 이를 전담할 합동인공지능센터Joint Artificial Intelligence Center, JAIC를 창설했다(현재는 최고디지털인공지능국Chief Digital and Artificial Intelligence Office, CDAO으로 개편). 이후 미군은 정찰·공격 드론을 실전 운용하며 부분적 자율성 시험을 확대했고 최근에는 유·무인 복합 전투 개념으로 사람이 조종하는 전투기와 AI 자율드론이 편대를 이루는 로열윙맨Loyal Wingman 프로젝트 등을 진행 중이다. 미 합참은 합동전영역지휘통제 JADC2 체계 아래 방대한 센서 데이터를 AI로 통합·분석해 표적을 식별하고 최적의 공격 자산을 할당하는 실험을 하고 있다.[55] 프로젝트 메이븐Project Maven으로 유명한 영상 인식 AI는 이미 중동 전장에 투입돼 드론 영상에서 테러리스트를 식별하는 데 쓰였고 사이버 안보 영역에서도 AI로 네트워크 침투를 탐지·차단하는 시스템을 개발 중이다. 2020년에는 군사용 AI 윤리 원칙을 채택해 치명적 무기 시스템에 인간이 적절히 개입하도록 규정하는 등 윤리적·법적 가이드도 마련했다.[56] 하지만 미국은 AI 무기를 개발하는 한편 신중한 사용을 강조하기 때문에 응용 범위와 깊이에 제약이 따른다. 이와 달리 중국은 AI와 AI 로봇 기술을 군사용으로 활용하는 데 제한을 두지 않는다. 저출생 고령화에 따른 병력 감소 문제가 심각해지자 AI를 활용한 지휘 자동화와 AI 로봇 기술 같은 비대칭적 무기 개발로 미국을 따라잡겠다는 전략이다. 즉, 중국은 AI 기술을 미래 전쟁에서 승리할 게임체인저로 간주하고 있다. 2019년 중국 국방백서는 "중국

인민해방군은 '기계화 → 정보화 → 지능화'의 3단계 전략 중 지능화(AI 활용)를 최종 단계로 설정한다"라고 천명했다. 2022년 시진핑 주석도 당대회에서 무인·지능화 무기 체계의 가속 발전을 군 현대화의 핵심으로 강조하고 AI를 군사력 증강을 위한 전 영역에 거침없이 도입하라고 지시했다.[57] 이에 따라 중국인민해방군은 AI가 탑재된 무인전투 플랫폼, AI 유도 미사일, 로봇 병기, 자율수중드론, 극초음속 미사일의 목표 자동식별, 위성영상 자동분석 등 다양한 프로젝트에 AI를 활용하고 있다.[58] 시진핑 주석은 군민융합 전략을 통해 민간 AI 기술을 군에 접목하라는 지시도 내렸다. 이에 따라 DJI 드론 같은 민간 제품이 군 정찰용으로 쓰이거나 바이두·알리바바 클라우드가 군 데이터 분석에 협조하는 사례가 속속 늘고 있다. 2019년 10월 중국인민해방군은 고고도 초고속 스텔스 정찰 무인항공기 Unmanned Aerial Vehicle, UAV인 WZ-8과 샤프 소드로 알려진 대형 스텔스 스트라이크 드론 GJ-11을 국경일 군사 퍼레이드에서 시연하는 등 지능형 UAV 개발의 다양한 성과를 자랑했다. 중국은 벌떼드론(스월밍 UAV) 기술에서도 미국 못지않은 실험을 거듭했다. 공개 시연에서는 소형 드론 수십 대가 자율편대비행을 하는 영상을 내보내기도 했다. 지상전에서도 자율주행 전투차량과 무인자율수중차량인 HSU-001을 선보였고 로봇견에 기관총을 탑재한 무인병기를 선보이는 등 AI 로봇 병사 개발에 박차를 가하는 중이다. 중국인민해방군은 구식 무기에 AI를 통합하는 작업도 진행 중이다. J-7, J-8 같은 퇴역한 2·3세대 제트전투기 수천 대에 AI 지원 자율항법과 적의 목표물을 자동으로 추격·구별·파괴하는 자율전투 시스템을 장착해 무인항공 함대를 구축한다는 전략이다. 이런 지능형 무인전투 편대 시스템은 일반 드론으로 구성된 편대보다 전투력이 우월할 것이 분명하다.

중국은 핵 능력을 강화하는 데도 AI 기술을 적극 도입 중이다. 스톡홀름국제평화연구소SIPRI 조사에 따르면 인공신경망을 극초음속 탄도미사일과 통합하면 자동목표인식, 자동조종, 정밀 유도를 포함한 핵미사일의 기동성과 침투 능력을 향상할 수 있다.

중국은 사이버전에 대비해 AI를 활용한 사이버 공격과 방어 능력에도 투자한다. 방대한 해커 부대가 패턴 인식이나 딥러닝 같은 기술을 활용해 상대 네트워크의 취약성과 허점을 탐지하거나 반대로 자국 네트워크 침입 탐지를 AI로 자동화하는 프로젝트가 진행 중인 것으로 알려졌다. 또 AI의 지능적 분석 능력을 활용해 표적을 프로파일링하고 작전을 맞춤화해 개인의 생각과 감정을 자신들이 원하는 대로 형성하거나 제어하는 사이버 심리전에서도 유리한 역량을 확보하려고 노력 중이다.

반면 미국은 AI를 인간 전투원의 보조 및 인간 의사결정 지원에 활용하는 데 집중하는 양상이다. 미 국방부는 2017년 프로젝트메이븐을 통해 영상정보 분석에 AI를 도입했고 2022년에는 JAIC를 통합·개편해 CDAO를 신설하는 등 조직 체계를 정비했다.

2020년 미 DARPA 주관 모의 공중전 대회인 알파도그파이트AlphaDogfight에서는 AI 전투 조종 알고리즘이 인간 베테랑 조종사를 5전 5승으로 완파하는 성과를 보이며 미국 AI 기술의 전투 적용 가능성을 입증하기도 했다.[59] 다만 미국 군은 치명적 무기에 AI 자율성을 활용하는 데 신중한 입장을 고수하고 있으며 인간이 결정에 반드시 개입해야 한다는 원칙을 유지하고 있다. 이렇게 미국이 윤리·안보에 대한 우려로 일부 AI 연구에 제한이나 제약을 두는 것은 약점이다. 이와 대조적으로 중국은 인공지능을 통한 의사결정 속도 우위를 중시하며 상황에 따라 인간의 지휘 개입을 최소화한 완전 자율무기 채택도 불사한다. "미국은 AI 분야에서 방어적 윤리에 치중하고 중국은 공격적으로 달려들고 있다"라는 지적이 틀린 말은 아니다.[60]

그렇지만 군사 AI 연구 기관이나 프로젝트에서는 미국과 중국의 경쟁력이 비슷하다. 미국의 군사 AI 연구는 DARPA를 비롯한 기관이 이끈다. DARPA는 지난 수십 년간 무인차량 경진대회, 로보틱스 챌린지 등을 개최해 AI 기술을 조기 발굴했고 현재도 공격형 군집 비행 기술OFFSET 프로그램으로 드론 군집 전술을, 공중전투진화ACE 프로그램으로 공중 AI 교전 등을 개발 중이다. 군마다 AI TF가 구성돼 미 해군은 시헌터Sea Hunter라는 무인자율함정을 시험 운용하고 공군은 스카이보그Skyborg 프로젝트로 AI 전투기 조종사를 개발하고 있다. 이 외에도 미 국방혁신단Defense Innovation Unit, DIU은 실리콘밸리 스타트업과 협력해 최첨단 AI 기술을 빠르게 도입하려는 노력을 기울이는 중이다. 중국도 군사과학원军事科学院, AMS 산하에 인공지능 연구소를 설립하고 국방대학 등에서 AI 전문 교육을 실시하며 조직을 확장 중이다.[61] 2017년부터 CAS는 군과 공동으로 국방과학기술 혁신 특별사업에 AI를 포함해 다수의 국방 AI 프로젝트에 착수했다. 또 중국 방산 기업은 AI 전장 관리 시스템, 자율무인기, 유도미사일 AI화, 위성영상 AI 분석 등 다양한 국방 제품에 AI를 접목하고 있다.[62]

앞으로 돈이 모이는 곳

AI 기술은 미국과 중국은 물론이고 전 세계 경제에 막대한 영향을 끼치고 있다. 글로벌 전망에 따르면 2030년까지 AI 활용으로 세계 GDP는 최소 15.7조 달러 증가할 것으로 예상된다.[63] 이 중 약 70퍼센트가 미국과 중국에서 창출된다. PwC 보고서에 따르면 중국은 인구와 산업 규모를 감안할 때 AI로 26퍼센트의 GDP 증가 효과(약 10조 달러)를 얻어 절대 규모에서 세계 최대 수혜국이 될 전망이며 미국도 14~15퍼센트의 GDP 증가 효과(약 7~8조 달러)를 누리리라고 예측된다. 이는 중국은 거대한 제조업과 서비스업에 AI를 접목해 생산성을 극대화하고 미국은 고임금 서비스 경제에 AI를 도입해 효율을 높인다는 시나리오를 바탕으로 추정한 것이다. 중요한 점은 이 수치가 LLM 혁명이 일어나기 전인 2017년 시점의 전망이라는 것이다.

2025년 우리는 LLM 혁명 한가운데에 있다. 또한 AGI에 대한 기대도 상당하다. 이런 새로운 상황에서 전체 AI 산업의 향후 5~10년간 글로벌 시장 성장률과 규모를 다시 예측하면 어떻게 될까? 지금부터 최소 10개 세부 분야에서 전체 AI 산업의 미래를 예측한 다양한 자료를 분석하려고 한다. 또 AI가 세계경제에 미치는 영향도 GDP, 고용, 생산성 향상, 산업 구조 재편 등 여러 지표를 기준으로 분석할 예정이다.

먼저 향후 5~10년 이내의 글로벌 AI 산업 전망을 살펴보자.

전문가들은 전 세계 AI 시장 규모가 2020~2030년까지 폭발적으로 성장하리라고 예측한다. 2024년 기준 약 2,792억 달러 규모인 AI 시장은 연평균 35.9퍼센트의 고성장을 이어가 2030년에는 수조 달러에 이를 것으로 보인다. 아래 그래프는 하드웨어·소프트웨어·서비스를 포함한 AI 솔루션 시장의 연도별 성장 추이를 나타낸 것이다.[64]

 AI 시장은 단일체가 아닌 복잡하게 얽힌 생태계다. 이 생태계 구조를 이해하기 위해서는 자료에서 사용된 분류 체계를 바탕으로 주요 구성 요소를 기술 계층, 애플리케이션 영역, 서비스 유형별로 정의하고 범주화할 필요가 있으며 최소 10개 이상 의미 있는 하위 분야를 식별해 AI 시장의 다면적 구조를 파악하는 것이 중요하다. 그

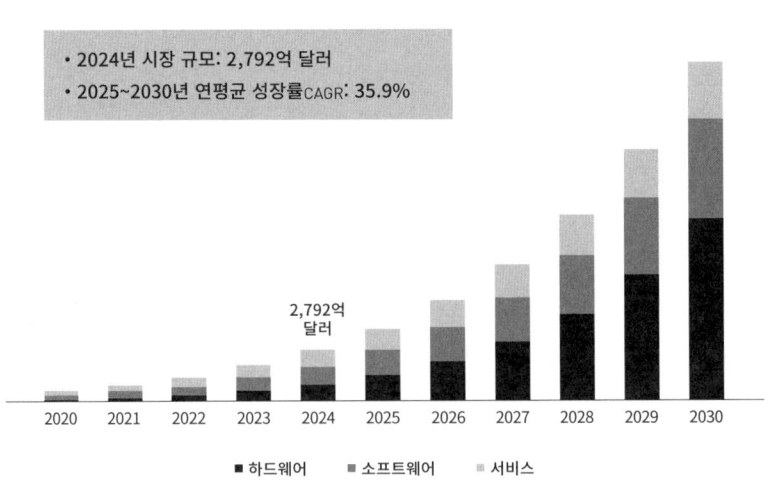

AI 시장 규모(2020~2030년, 미국 달러 기준)

- 2024년 시장 규모: 2,792억 달러
- 2025~2030년 연평균 성장률CAGR: 35.9%

* 출처: https://www.grandviewresearch.com

래서 AI 세부 분야별 시장 규모와 성장률 전망을 분석해봤다. 다음 표는 다양한 리서치 기관이 전망한 성장률을 분야별로 자세히 정리한 것이다.[65] AI 시장이 전반적으로 고성장하는 가운데 생성형 AI, 자율주행, 의료 AI, 금융 AI, 소매 AI, 보안 AI, 로보틱스, AI 반도체, 자연어처리, 제조 AI 등 주요 세부 분야 모두에서 향후 5년(약 2030년), 10년(약 2035년)간 급격하게 시장이 확대될 것으로 예상된다. 각 수치는 분야별 글로벌 시장가치(매출 기준)를 나타내며 향후 5년간 대부분의 분야가 연평균 30~40퍼센트 이상의 높은 성장률을 기록할 것으로 보인다. 10년 후인 2035년에는 성장세가 일부 완만해지더라도 대부분 수천억 달러 규모로 시장이 확대돼 수십 배 성장이

AI 시장 성장률

세부 분야	현재 시장 규모	2030년 시장 규모 전망	CAGR
생성형 AI	170억 달러(2024)	1,367억 달러	36~38%
자율주행	(기술·서비스 시장) 수십억 달러 규모	1,348억 달러	('31~'40년) 22.3%
의료 AI	192억 달러(2023)	1,877억 달러	38.5%
금융 AI	383억 달러(2024)	1,903억 달러	30.6%
소매 AI	311억 달러(2024)	1,647억 달러	32.0%
보안 AI	243억 달러(2023)	1,340억 달러	22~24%
로보틱스	128억 달러(2023)	1,247억 달러	38.5%
AI 반도체	290억 달러(2022)	3,050억 달러	29%
자연어처리	(NLP 전체) 수십억 달러 규모	4,398억 달러	40.4%
제조 AI	8~10억 달러(2019)	1,019억 달러	45~57%

예상된다.

생성형 AI의 경우 2024년 약 170억 달러 규모에서 폭발적으로 성장해 2030년에는 1,000억 달러를 훌쩍 넘어설 전망이다. 현재 생성형 AI 시장은 매년 혁신적으로 발전하는 LLM 덕에 이미지 생성, 텍스트-이미지·텍스트-동영상 변환 등 개인과 기업의 수요가 급증하고 클라우드 기반 AI 도입이 급속도로 확산되면서 시장 자체도 급성장하고 있다. 이런 추세라면 2030년에는 글로벌 생성형 AI 시장이 매년 36.7퍼센트(CAGR)씩 성장해 약 1,367억 달러에 이를 전망이다.[66] 생성형 AI 시장의 성장을 급진적으로 산정한 스타티스타Statista 예측에 따르면 2031년에는 약 4,420억 달러 규모까지도 성장할 수 있다.[67] 이는 AI 분야 중에서도 가장 가파른 성장세다. 2035년에는 이보다 훨씬 큰 규모로 성장할 것이 분명하며 최소 수천억 달러대 중후반에 달할 것으로 예상된다.

생성형 AI 열풍에 가려졌지만 AI의 또 다른 핵심 기술 중 하나인 머신러닝 분야도 주목해야 한다. 컴퓨터비전 분야에서 머신러닝 기술은 지배적이다. 마켓 리서치 퓨처Marker Research Future Reports, MRF는 머신러닝 시장이 2024년 400억 달러에서 2035년 8,000억 달러로 성장하리라고 예측했다.[68] 알트인덱스AltIndex와 스타티스타는 머신러닝 시장이 2024년부터 연평균 36퍼센트 성장해 2030년 5,030억 달러에 도달하리라고 전망했다.[69]

AI 기술을 활용한 완전 자율주행 기술 시장에는 현재 자동차 제조사, 부품 업체, 기술 기업이 막대한 투자를 하고 있으며 시장 규모는 수십억 달러로 추정된다. 얼라이드 마켓 리서치Allied Market Research

에 따르면 2030년 차량용 센서, AI 소프트웨어, 통신 인프라 등을 포함한 자율주행 차량 시장가치는 1,348억 달러로 추정된다.[70] 스타티스타는 정의 범위를 넓혀 2030년 약 2.3조 달러까지 전망하기도 하는데 이는 자율주행 차량 판매에 따른 전체 자동차 시장가치까지 포함한 수치다.[71] 이런 추세라면 2030년에는 레벨 3~4의 자율주행 차량 보급이 가속화된다는 가정 아래 관련 시장이 수천억 달러대로 성장할 전망이다. 맥킨지 연구에 따르면 2030년대 초반까지 자율주행 차량 수백만 대가 도로에 등장할 것으로 보이며 자율주행으로 2030년까지 약 15퍼센트의 교통사고 감소 효과가 기대된다.[72] 다만 완전 자율주행(레벨 5) 상용화는 일부 지연돼 2030년 시점에는 제한적 조건부 자율주행(레벨 3) 차량이 신차 판매의 10퍼센트를 차지하는 정도일 것으로 예측된다.[73] 맥킨지는 2035년에는 완전 자율주행 관련 산업 매출이 승용차 분야에서만 3,000~4,000억 달러 규모에 이를 것으로 전망했다.[74] 이 시기에는 완전 자율주행 차량이나 로보택시가 본격적으로 상용화돼 물류, 운송 서비스가 혁신되며 자율주행 기술이 자동차 산업의 게임체인저로 자리매김할 전망이다. 전문 조사 기관이 꼽는 이 분야의 주요 플레이어는 테슬라, 웨이모, GM 크루즈, 포드 아르고Argo AI, 모빌아이Mobileye 등이며 이들은 AI 컴퓨터비전, 라이다Light Detection and Ranging, LiDAR, 레이다 센서 융합, 고정밀 지도, 차량-사물 간 통신vehicle-to-everything, 이하 V2X 기술을 발전시켜 완전 자율주행을 향해 나아갈 것이라고 분석한다. 최근에는 자율주행 트럭과 자율주행 배달 로봇 등 상용 부문으로 AI 운전 기술이 확대되는 추세고 자동차 제조사가 소프트웨어 기업과 제휴해 AI 모빌리티 플랫폼 구축에 주력하는 모양새다.

    의료 분야에서도 AI 도입이 가속화되고 있다. 이 분야의 2023년 시장 규모는 대략 192억 달러 정도로 분석된다. 코로나19를 계기로 원격 의료와 의료 AI 수요는 더욱 높아졌다. AI는 의료 영상 진단, 신약 개발, 가상 간호사, 병원 행정 등 다양한 용도로 활용된다. 2030년 이 시장은 연평균 38.5퍼센트의 폭발적 성장률로 약 1,877억 달러까지 성장할 전망이다. 이는 AI 기반 진단 보조, 약물 개발 효율화, 정밀 의료 확대와 의료 데이터 폭증에 따른 것으로 AI가 방대한 임상 데이터를 분석해 진단 정확도를 높이고 치료 개인화를 구현하기 때문이다. 예를 들어 클리블랜드 클리닉은 2030년 의료 AI 시장이 1,880억 달러에 달할 것으로 내다보고 있다.[75] 10년 후인 2035년에는 의료 AI가 병원 현장에 광범위하게 통합되고 AI 기술이 질병 예측과 맞춤형 치료의 핵심 인프라로 자리 잡아 AI 없이 의료를 논하기 어려운 시대로 접어들면서 시장 규모도 수천억 달러 중반까지 확대되리라고 예상된다. 시장 성장을 매우 낙관적으로 보는 이들은 2032년 약 6,951억 달러에 이를 것이라고 전망하지만 보수적으로 전망하더라도 2020년대 대비 최소 10배 이상 성장할 것으로 예측된다.[76] 전문가가 예상하는 이 분야의 주요 플레이어로는 IBM 왓슨 헬스Watson Health, 구글 딥마인드, 헬스케어용 MS 클라우드, GE 헬스케어, 필립스, 메드트로닉Medtronic 등이 있다. 의료 AI 스타트업 회사도 영상 판독이나 디지털 헬스케어 솔루션 개발 분야에서 주목받고 있다. 눈여겨볼 기술로는 영상 진단 AI(영상 분류 및 검출), 자연어처리 기반 전자의무기록 분석, 신약 후보 물질 발굴을 위한 머신러닝 등이 있다. 특히 생성형 AI가 의료에 적용돼 환자 질문에 답변하거나 의료 지식을 학습하는 의료 챗봇도 계속 등장할 것으로 보인다.

금융 분야에서도 로보어드바이저, 알고리즘 트레이딩, 사기 탐지, 챗봇 고객 응대 등에 광범위하게 AI 기술이 적용되고 있다. 시장 규모는 2024년 기준 약 383억 달러로 추산됐다. 이 분야도 연평균 30.6퍼센트씩 성장해 2030년에는 약 1,903억 달러에 이를 전망이다.[77] 2025년 LLM 도입으로 미국 월가 금융기관이 운영비용을 절감하고 의사결정을 효율화하고 있다는 소식이 속속 들린다. 예를 들어 AI 기반 챗봇과 가상 상담사가 24시간 고객 지원이나 개인자산 관리에 활용돼 사용자 경험을 향상하고 머신러닝 모델이 실시간으로 대규모 데이터를 분석해 시장 예측이나 위험관리를 가능하게 하는 것이다. 이런 추세라면 10년 후인 2035년에는 금융 AI 시장 규모가 수천억 달러 중후반까지 커질 것으로 보인다.

소매나 유통 분야에도 AI 기술이 고객 경험 향상과 재고 관리 자동화, 수요 예측, 개인화 마케팅, 무인결제 시스템 등의 운영 효율화에 활발하게 접목되고 있다. 2024년 기준 리테일 AI 시장은 약 311억 달러 규모로 추정됐다.[78] 이 시장은 연평균 32퍼센트 성장률을 발판으로 2030년 약 1,647억 달러까지 성장할 전망이다. 5년 후에는 기업이 상품 추천과 개인화 광고에 AI를 활용해 매출을 끌어올릴 것으로 보인다. 또 AI가 소비자 행동 데이터를 실시간으로 분석해 맞춤 프로모션을 제공함으로써 고객 충성도를 높일 것이다. 공급망 면에서는 AI 기반 수요 예측으로 재고를 관리하고 챗봇 고객 서비스로 24시간 응대함으로써 소비자를 만족시킬 것이다. 이런 추세에 힘입어 2035년에는 유통시장이 수천억 달러 중반 규모까지 커질 것으로 예상된다. 이 시기에는 옴니 채널 유통 전반에 AI가 내재되고 오프라인 매장과 온라인 쇼핑 경험이 AI로 매끄럽게 연결될 것이다. 예를 들면 AR/VR과 AI를 결합한 가상 쇼핑 비서가 일반화되고 로봇과 드론 배송 등 물류 자동화도 AI로 최적화돼 유통 속도와 효율이 혁신적으로 향상될 것이다. 현재 리테일 분야에서 AI를 활용하는 기업은 아마존, 월마트, 알리바바 등 거대 유통사와 스포티파이, 세일즈포스Salesforce 등 이커머스 플랫폼 업체지만 스타트업도 각종 리테일 AI 솔루션을 제공하기 시작하고 있다.

보안 AI 시장도 분석해보자. 사이버 보안 분야는 지능형 위협 탐지와 대응 자동화를 위한 AI가 필수 도구로 부상했다. 2023년 전 세계 AI 보안 시장 규모는 약 243억 달러로 추정됐고 2030년에는 AI가 사이버 보안 솔루션의 표준 기능으로 자리 잡아 연간 22~24퍼센트 성장률을 보이면서 약 1,340억 달러 규모로 성장할 전망이다.[79] 이런 성장은 LLM을 활용한 지능형 공격과 제로데이 공격 등 고도화되는 공격에 대응하기 위해 LLM 및 머신러닝 기반 이상 행위 탐지, 사용자 및 엔터티 행동 분석User Entity Behavior Analytics, UEBA, 보안 오케스트레이션, 자동화 및 대응Security Orchestration, Automation and Response, SOAR 등의 도입이 늘어나는 데서 비롯된다. 2035년 AI 기반 보안 분야에서는 수많은 AI 에이전트가 인간 팀과 협업해 실시간으로 공격을 차단하며 생성형 AI를 악용한 피싱·여론 조작 공격도 AI로 식별해낼 것이다. 즉, 공격자와 수비자 모두 AI를 활용하는 시대가 열리면서 AI가 글로벌 사이버 보안 시장의 중추적 요소로 자리 잡는다.

이 무렵 시장 규모는 대략 2,000억 달러 이상으로 예상된다.[80] 현재 두각을 보이는 보안 AI 분야 대표 기업으로는 다크트레이스Darktrace, 크라우드스트라이크CrowdStrike, 팔로알토 네트웍스Palo Alto Networks, IBM시큐리티Security, 시스코Cisco, 스플렁크Splunk 등이 있다. 이들은 AI를 활용한 실시간 위협 탐지 플랫폼을 제공하거나 네트워크, 엔드 포인트, 클라우드 전반에 AI 보안을 통합하고 있다. 기술적으로 머신러닝 기반 침입탐지/방지IDS/IPS, 로그 이상치 탐지가 기본이고 최근에는 생성형 AI로 위협 인텔리전스를 요약하거나 공격 패턴을 시뮬레이션할 수 있다. 또 NLP 기술로 보안 경고 맥락을 파악해 가짜 양성False Positive을 줄이고 강화학습으로 최적의 대응책을 도출하는 연구도 진행 중이다. 그러나 공격자도 AI를 활용하기 때문에 설명가능 AI로 보안 담당자가 AI의 결정 근거를 이해하고 신뢰할 수 있게 하는 한편 AI 모델 중독 공격에 대비해 보안을 내재화(적대적 샘플 방어)하는 기술 등이 점점 중요해지고 있다.

로봇공학 분야도 미래가 밝다. 2023년 산업용 로봇부터 서비스 로봇까지 AI 융합 로봇 시장은 약 128억 달러 규모로 추산됐다. 2025년 제조업 로봇에 머신러닝을 적용해 적응형 동작을 구현하거나 자율주행 로봇이 물류센터에서 활용되는 사례가 늘었다.[81] 이 분야는 매년 38.5퍼센트씩 성장하고 있는데 이 추세라면 2030년에는 약 1,247억 달러, 2035년에는 3,000억 달러 이상 시장으로 성장할 것이다. 이 시기에는 AI가 로봇의 인지와 판단 능력을 향상해 다양한 산업에서 로봇 활용이 폭증할 것이다. 예를 들어 생산 라인의 기존 산업용 로봇에 AI를 접목하면 로봇이 시각 센서로 불량을 판별하거나 작업 대상 위치를 스스로 인식할 수 있다.

인간과 함께 작업하는 협동로봇cobot 역시 더욱 똑똑해진다. 의료 수술 로봇, 돌봄·간병 로봇 등 서비스 로봇에도 AI가 적용돼 새로운 시장을 창출할 것이다. 병원에서는 AI로 환자 데이터를 학습한 로봇 수술기가 의사와 협업해 수술 정확도를 높이고 물류창고에서는 AI 가동 로봇이 주문 처리 효율을 40퍼센트 이상 향상하리라고 예측된다. AI 로봇공학 분야 주요 기업으로는 산업용 로봇을 주력 상품으로 하는 ABB, 화낙FANUC, 쿠카KUKA 같은 제조사가 있다. 보스턴다이내믹스, 유비테크UBTECH 등은 AI 기반 인간형 로봇이나 서비스 로봇에 집중하고 있다. 그리고 엔비디아 등의 기업은 아이작Isaac SDK 등 로봇용 AI 개발 플랫폼을 제공해 생태계를 지원 중이다. 기술 면에서는 컴퓨터비전과 딥러닝을 통해 로봇의 주변 환경 인식과 물체 조작 능력을 높이는 연구가 활발하다. 강화학습으로 로봇 팔이 움직임을 스스로 최적화하거나 연합학습Federated Learning으로 여러 로봇의 학습을 공동으로 향상하려는 시도가 진행 중이다. 엣지Edge AI 칩이 로봇에 내장돼 현장에서 실시간으로 의사결정을 하는 구조가 늘고 있으며 5G 통신과 결합한 클라우드 로봇공학으로 로봇 간 협업도 구현되고 있다.

AI 시대를 떠받치는 AI 반도체 시장은 가장 관심이 뜨겁고 특히 미·중이 치열한 전쟁을 벌이고 있는 분야다. AI 전용 반도체 시장은 고성능 GPU 공급이 수요를 따라가지 못할 정도로 폭발적 성장세를 보이고 있다. 데이터센터용 GPU, TPU 등의 가속기와 엣지 디바이스용 AI 칩 수요가 급증한 결과 2024년 AI 칩 시장 규모는 약 529억 달러로 추정됐다.[82] 2030년 글로벌 AI 칩 시장은 약 3,000억 달러까지 성장할 것으로 예상된다.[83] AI 모델이 거대해질수록 연산량이 폭증하기 때문에 고성능 AI 가속기 수요는 기하급수적으로 늘고 있다. 자율주행 차량, IoT 기기 등 엣지 영역에서도 실시간 AI 처리를 위한 칩 수요가 증가하고 있다. AI 일상화가 계속된다면 10년 후에는 시장 규모가 약 8,468억 달러(CAGR 34.8퍼센트)에 이르리라고 전망된다.[84] 전 세계 반도체 시장(예상 2.4조 달러)에서 AI 칩이 상당한 비중을 차지하는 셈이다. 2025년 기준 AI 반도체 분야에서는 엔비디아가 데이터센터용 GPU 시장을 주도하고 있으며 AMD, 인텔도 경쟁 제품을 내놓고 있다. 클라우드 업체도 구글 TPU, 아마존 AWS 인퍼런시아Inferentia 등 자체 AI 가속기를 개발했다. 영국 그래프코어Graphcore, 미국 세레브라스Cerebras, 하바나Habana, 중국 화웨이 어센드Ascend 등 스타트업과 ICT 기업도 GPU 대비 10배 이상 효율적인 AI 전용 주문형 반도체, 대규모 행렬 연산에 특화된 칩 등을 출시하며 치열한 경쟁을 벌이는 중이다. 최근에는 무어의 법칙이 지닌 한계를 극복하기 위해 메모리와 연산을 한데 묶은 AI 칩Processing-In-Memory으로 속도와 전력 효율을 높이는 연구, 엣지 AI 칩에서의 저전력 최적화 연구, 칩렛chiplet 기술로 확장성을 높이는 시도도 주목받는다. 향후 10년간 AI 칩 시장은 반도체 업계의 주요 격전지로 공급망 확보와 기술 리더십 경쟁이 국가 안보 차원에서 전개되는 만큼 시장 성장도 가파를 것으로 분석된다.

자연어처리 기술도 검색 엔진, 번역, 챗봇, 음성 비서 등 다양한 애플리케이션에 활용되며 AI 분야에서 큰 축을 차지한다. 디지털 휴먼 시장 자체만으로도 2023년 55억 9,000만 달러에서 2032년 675억 4,000만 달러로 성장해 연평균 성장률이 31.9퍼센트에 달하리라고 전망된다.[85] 자연어처리 기술 시장의 폭발적 성장과 투자 쏠림 현상의 결정적 계기는 2022~2023년부터 시작된 LLM 붐이었다. 그랜드뷰리서치Grand View Research는 2023~2030년까지 이 시장이 매년 40.4퍼센트(CAGR)라는 경이적인 성장률을 보이며 4,398억 달러까지 성장하리라고 예측했다.[86] 이는 텍스트 데이터의 폭발적 증가와 기업의 텍스트 분석 수요, 챗봇·가상 비서의 대중화를 반영한 수치다. 2035년에는 대규모 다국어 모델이 상용화되고 거의 모든 소프트웨어 인터페이스에 자연어 인터랙션이 도입돼 인간-컴퓨터 상호작용의 패러다임이 바뀌면서 자연어처리 시장이 수조 달러에 육박할 수도 있다고 전망한다.

제조업에서도 스마트 공장을 넘어 설비 예방 정비, 품질 검사 자동화, 공정 최적화 등에 AI를 도입해 지능형 공장 구현을 모색하고 있다. 2024년 시장은 아직 초기 단계로 몇 억 달러 규모의 작은 시장에 불과했다. 하지만 맥시마이즈 마켓 리서치Maximize Market Recearch 전망에 따르면 제조 분야 AI 시장도 매년 57.2퍼센트라는 경이적인 성장률을 보이면서 2030년에는 약 1,019억 달러까지 급성장할 전망이다. 2035년에는 AI 도입이 제조업 전반으로 확산되면서 수천억 달러 규모까지 시장이 확대될 것으로 보인다. 일부 낙관적인 보고서는 2032년에 벌써 6,951억 달러에 도달할 것이라고도 하나 현실적으로 그보다는 낮더라도 2035년에는 수백억 달러 규모에 충분히 도달할 것으로 예측된다.[87] 이 시기 제조업에는 AI와 로봇이 주도하는 무인자동화 공정이 보편화되고 제조 패러다임이 인간의 노동집약에서 기술집약 산업으로 전환될 것이다. 대량 맞춤 생산도 AI 최적화 덕분에 실현되고 공급망도 AI로 수요 예측과 생산 계획이 정교하게 연동돼 낭비와 병목이 최소화된 자급자족형 생산 체계에 가까워질 수 있다. 이 분야의 주요 플레이어로는 지멘스, GE, IBM-미쓰비시Mitsubishi 등이 있다. 엔비디아는 제조 데이터 세트를 갖춘 AI 모델 프레임워크를 출시해 제조 AI 개발을 돕는 중이다. 기술적으로는 디지털 트윈 기술과 AI 결합이 중요 트렌드로 부상하며 가상 공장 시뮬레이션에 AI를 적용해 최적의 공정 설계를 찾거나 문제를 예측한다. 협동로봇에 AI 비전과 강화학습을 적용해 작업자와 함께 일하게 하기도 하고 자율이동 로봇의 경로 계획에 AI를 써 유연성을 높이려는 시도도 진행 중이다. 또 엣지 AI를 통해 현장 기계가 클라우드에 의존하지 않고 실시간 판단을 내리게 하는 경향도 보인다. 노코드No-code/로코드Low Code AI 플랫폼 등장으로 제조 현장 엔지니어가 별도 프로그래밍 지식 없이도 AI 모델을 활용할 수 있게 되는 등 기술 접근성도 빠르게 개선되고 있다.

물론 이런 예측치에 의구심을 품는 사람도 있을 것이다. 그렇다. AI 시장의 구체적 규모에 대한 예측치는 상당한 불확실성을 내포하고 있다. 다양한 조사 자료를 비교해보면 산업 단위에서는 수백억 달러, 전 세계 GDP 성장 추정치에서는 수천억 달러에서 수조 달러에 이르는 편차가 있다. 시장 정의의 차이, 기준 연도 산정 방식, 기술 발전이나 도입 속도에 대한 민감도 차이 때문이다. 혹은 AI 기술 발전에는 가속도가 붙었지만 AI를 도입한 기업의 총생산성 향상에 가속도가 붙는 데는 AI 도입 시차, 기존 시스템과의 통합 문제, 보완 투자(인프라, 기술 등)나 프로세스 변경 필요성 등으로 지연 현상이 있기 때문이기도 하다. 그래서 총생산성 향상 그래프가 일명 'J-커브' 형태를 띠는 것일 뿐이다.

하지만 기억하자. 앞으로 10년 동안 AI 시장이 폭발적으로 성장할 것이라는 방향성 자체에 의구심을 품는 사람은 적다. 현재 생성형 AI 같은 다양한 기술은 개인과 기업의 초기 도입 단계에 불과하다. 앞으로 5~10년 동안 이 기술은 주류 기업 환경으로 확산되면서 성숙기에 접어들 것이다. 여러 예측도 앞으로 5년 이내에 성장 가속화 국면이 나타날 것이라는 의견에는 대부분 동의한다. 일정한 연평균 성장률을 유지하더라도 향후 10년 동안 연간 절대 성장 규모가 가속화되는 것은 분명하기 때문이다. 맥킨지가 언급한 S-커브 도입 패턴(초기 완만한 성장 후 급격한 가속화)이 이를 뒷받침한다.[88] 따라서 향후 3~5년은 가장 가파른 성장 곡선에 진입하기 전 시장 지위를 확보하는 데 결정적 시기가 될 것이다. 개인이나 기업의 의사결정자는 AI가 만들 거대한 시장 규모에 대비하면서도 편차가 큰 예측치에 대응할 수 있는 시나리오 기반의 계획을 수립해야 한다. 투자 전략도 이런 확실성과 불확실성의 긴장감을 견딜 수 있도록 견고해야 한다.

내가 이 책을 쓴 이유도 여기에 있다. 향후 10년간 AI 기술의 비약적 발전은 개별 산업을 넘어 GDP 성장 기여, 생산성 향상, 고용구조 변화, 산업구조 재편 등 글로벌 거시경제 전반에 중대한 영향을 미칠 것이다. 2017년 PwC는 AI가 2030년까지 전 세계 GDP를

14퍼센트 추가 상승시켜 약 15.7조 달러 규모의 경제 효과를 낼 것으로 추정했다. 이는 현재 중국과 인도의 GDP를 합친 것보다 큰 규모다. AI로 인한 경제 효과 중 40퍼센트 정도(약 6.6조 달러)가 노동생산성이 향상된 결과이고 나머지는 신규 제품과 서비스의 소비가 증대한 결과일 것이란 분석이다. 하지만 이런 예측은 보수적이다. 앞서 말했듯 2017년에는 LLM 혁명이 전혀 반영되지 않았기 때문이다. AI는 산업혁명 이후 최대의 경제적 기회를 만들 것이다.

단기적으로는 AI 도입에 비용이 들고 생산성 향상 정도가 통계에 바로 잡히지 않을 수 있다. 디지털 접근성이 낮은 개발도상국에서는 AI 도입이 더뎌 초기에는 고용이나 노동생산성에서 큰 변화를 느끼지 못할 수도 있다. 그러나 AI도 전기나 인터넷 사례처럼 시차를 두고 기술 파급효과가 나타나 2030년 이후 본격적인 생산성 붐을 몰고 올 가능성이 크다. 뱅가드의 연구에 따르면 2035년까지 AI로 인해 평균 작업의 20퍼센트 이상이 자동화돼 인력의 주당 업무 시간 중 하루 분량이 절약될 전망이다.[89] 이 정도의 1인당 업무 시간 단축 효과는 2030년대 내내 선진국 GDP 성장률을 매년 0.2퍼센트포인트 이상 추가 상승시킬 것이며 뱅가드 보고서는 미국의 경우 2030년대 평균 GDP 성장률이 3퍼센트에 근접할 수 있다고 전망했다. 이는 지난 수십 년간 2퍼센트 미만에 머물던 경제성장 정체 추세를 돌파하고 노동생산성 증가율을 크게 끌어올리는 놀라운 효과다. AI는 모든 산업에서 혁신 속도를 가속화해 다양한 방식으로 경제활동을 촉진한다. 예를 들어 제약 산업은 신약 개발에 AI를 활용해 개발 시간을 단축하고 성공 확률을 높여 R&D 생산성을 향상할 것으로 기대된다. 물류 산업에서는 AI 최적화로 운송 비용을 절감해 규모의 경제를 강화할 수 있다. MIT 연구소의 다론 아제모을루Daron Acemoglu 교수는 AI가 2030년대 중반까지 전 세계 총생산을 7퍼센트 이상 추가로 늘릴 수 있다고 예측하기도 했다.[90]

많은 사람이 AI 확산으로 엄청난 수의 일자리가 감소할 것이라 우려한다. 하지만 내 생각은 다르다. AI 확산은 노동시장에 이중적 영향을 미칠 것이다. 실제로 직무 단위로 보면 단순하고 반복적인 업무부터 AI로 대체될 가능성이 크다. 맥킨지는 2030년까지 선진국 일자리의 약 30퍼센트가 AI로 자동화될 수 있으며 거의 모든 직업의 60퍼센트 이상이 업무 프로세스 일부에 AI의 영향을 받을 것으로 내다봤다. 특히 사무 행정, 경리, 출납원, 조립라인 작업자 등은 감소 직군으로 꼽힌다. 하지만 신규 일자리 창출과 직무 변화로 순고용 증가 효과가 일어날 가능성이 크다. 세계경제포럼WEF의 〈일자리의 미래 보고서 2023〉에 따르면 2030년까지 AI 등 기술로 1억 7,000만 개의 일자리가 창출되고(데이터 분석가, 소프트웨어 개발자, 디지털 마케팅 전문가, 정보 보안 전문가 등 기술 및 창의 직군은 수요가 급증) 9,200만 개의 일자리가 사라져(은행 출납원, 우편 사무원, 행정 보조 등이 2030년까지 가장 빠르게 사라질 직업으로 지목되고 제조업, 운송업 등 자동화 영향이 큰 분야에서는 노동 수요 감소 압력이 크다) 7,800만 개의 일자리가 순증할 것으로 전망된다. 즉, 현재 일자리의 약 22퍼센트가량이 기술로 인해 이동하며, 창출되는 일자리(14퍼센트 상당)가 소멸되는 일자리(8퍼센트 상당)를 크게 상회한다는 분석이다.[91] 중요한 점은 대부분의 일자리는 완전 대체가 아닌 업무 내용 변화(증강) 형태로 영향을 받는다는 것이다. 또 AI의 생산성 영향은 단순히 인간의 업무를 대체하는 자동화에서만 비롯되는 것이 아니라 인간의 능력을 향상하고 더 나은 의사결정을 지원하며 노동자가 더 높은 가치의 활동에 집중할 수 있도록 돕는 증강Augmentation효과를 낸다.

뱅가드 연구진은 "검토한 800개 직업 중 약 20퍼센트에서 일자리가 감소할 수 있지만 80퍼센트는 AI로 업무 효율이 높아지며 오히려 부가가치 업무에 집중하게 될 것"이라고 분석했다. 예를 들어 회계사의 단순 계산 작업은 AI가 처리하지만 회계사는 그 결과를 토대로 고객 상담과 전략 수립에 더 집중하게 되는 식이다. WEF 조사에 따르면 상당수 기업이 AI로 대체되는 인력의 54퍼센트를 재교육해 다른 업무로 전환할 계획이라고 답했다. 따라서 정책적으로 교육과 직업훈련 투자, 사회안전망 보강이 병행된다면 AI 시대에도 일자리 부족보다는 인력 부족이 더 큰 문제가 될 것이다.[92]

2장

AGI 패권 전쟁

超強國

초지능은 기술의 신일까, 파멸의 흉기일까

AGI 혹은 초지능을 둘러싼 논쟁은 과연 이것이 '구원의 신神이 될 것인가, 인류 멸망의 도구가 될 것인가' 하는 양극단의 대립으로 요약된다.

AGI 혹은 초지능이 신의 능력을 가질 수 있다고 생각하는 사람은 '기술적 메시아니즘'이라 부를 수 있다. 대표적으로 닉 보스트롬Nick Bostrom(영국 옥스퍼드대학교 인류미래연구소 소장)은 초지능이 "인류 문명의 잠재력을 무한 확장할 열쇠"라고 이야기한다. 샘 올트먼Sam Altman(오픈AI CEO)도 AGI 이후 '초지능 단계'에 이르면 과학·제약·에너지 등 모든 분야의 혁신 속도가 폭발적으로 빨라질 것이라고 기대한다. 올트먼이나 오픈AI는 대놓고 기술적 메시아니즘을 말하진 않는다. 하지만 오픈AI가 발표한 슈퍼정렬superalignment 계획은 "인간이 감독 불가능한 영역까지 학습·문제 해결 범위를 넓히겠다"

라는 비전으로 사실상 신적 지능을 전제한다. 인간보다 훨씬 똑똑한 AI를 인간이 직접 감독하기 어렵다는 사실을 깨달으면서 이를 해결할 새로운 과학·기술적 돌파구가 필요하다는 문제의식이 생긴 것이다. 2023년 7월 오픈AI는 슈퍼정렬의 핵심 기술 과제를 2027년까지 해결하겠다는 4년짜리 '문샷'을 발표했다. 이 계획에는 초지능 AI를 인간 가치에 안전하게 맞추는 기술·과학적 해법 완성도 포함됐다. 이를 위해 오픈AI는 자사 컴퓨팅 자원의 20퍼센트를 장기간 투입하고 별도 안전 예산·인력을 활용하는 등 전사 차원에서 조직·거버넌스 개편을 단행했다. 오픈AI가 발표한 슈퍼정렬 계획의 핵심 전략은 다음 4가지다.

❶ 자동화된 정렬 연구원
❷ 약한 감독을 통한 강한 모델Weak-to-Strong의 개발
❸ AI의 안전성과 투명성 확보를 위한 기술 연구
❹ 소규모·신속 지원금 프로그램

오픈AI는 이 네 축이 결합해야만 초지능이 실현된다고 판단했다. 그중 첫 번째와 두 번째 기둥을 살펴보자. 오픈AI는 인간 수준의 AI 연구원을 먼저 만들고 그 연구원이 더 강한 모델을 정렬하게 하겠다는 '메타·정렬' 청사진을 제시했다. 여기서 말하는 메타·정렬이란 정렬 과정을 수행할 주체(연구원) 자체를 AI로 자동화한 뒤 그 AI 연구원이 후속 초지능을 정렬하게 하는 상위 정렬 전략을 의미한다. 즉, 정렬의 정렬로 인간이 직접 통제하기에는 너무 빠르게 진

화할 초지능에 대비해 사람이 직접 평가하기 어려운 과업을 AI 평가자에 위임한다는 확장 가능한 감독scalable oversight 개념을 적용한 것이다. 이를 위해 오픈AI는 자체 훈련 방법을 개발하기 시작했다. 먼저 GPT2 약한 감독자weak supervisor가 GPT4 모델을 통제하는 대규모 실험을 했다. 이는 강한 모델이 약한 감독자의 평가 기준을 내재화하도록 유도하자는 아이디어였다. 오픈AI는 이 실험을 통해 약한 신호라도 강한 모델이 자체 지식을 활용해 오류를 넘어서게 할 수 있다는 '약한 감독을 통한 강한 모델' 전이를 검증했다. GPT4를 GPT2 수준 평가자로 관리한 결과, 성능은 평균 GPT3.5 수준을 유지하면서도 오류나 편향 지표는 크게 줄었지만 전이 시 안전도 저하 현상도 보고됐다. 이와 함께 오픈AI는 상위 모델이 하위 모델 출력을 자동 채점·비평해 인간 의존도를 줄이는 방식의 AI 보조 평가도 시도했다.

세 번째 기둥인 기술 연구는 해석가능성interpretability, 강건성robustness, 적대적 테스트adversarial testing, 이렇게 3가지 방향으로 이뤄진다. 이는 초지능 AI의 안전성과 신뢰성 확보에 핵심 요소다. 오픈AI는 이를 통해 AI 시스템의 작동 원리를 이해하고 예기치 못한 공격이나 오용에 대한 내성을 강화하며 전체 정렬 파이프라인의 취약점을 사전에 식별할 수 있다고 생각했다. 오픈AI는 뉴런 익스플래너Neuron Explainer 프로젝트를 통해 취약점 탐지(AI 모델의 뉴런 중 비정상적 활성화 패턴을 보이는 부분을 식별해 잠재적 위험 요소를 조기에 발견)와 적대적 시나리오 평가(의도적으로 정렬되지 않은 모델이나 공격 시나리오를 기존 정렬 기법이 얼마나 효과적으로 탐지하고 수정할 수 있는지 평가)에서

의미 있는 결과를 얻었다.

오픈AI가 초지능 정렬 실현의 마지막 기둥으로 생각하는 것은 외부 연구 생태계 구축이다. 2023년 말 오픈AI는 총 1,000만 달러 규모의 신속 지원금 제도를 만들고 학계·비영리·개인 연구자에게 10만~200만 달러를 지원했다. 내부 자원만으로는 해결 불가능한 이론·보증·형식 방법을 외부에서 보완하겠다는 전략이다.

초지능 정렬 실현을 위해 구축한 이 네 기둥은 서로 의존적이다. 자동화된 연구원이 생성한 가설은 약한·강한 일반화 프레임으로 실험·검증되며 해석가능성·강건성·적대적 테스트가 그 결과를 면밀히 분석하고 외부 신속 지원금이 이를 지지한다. 현재까지는 의미 있는 프로토 타입과 메트릭을 만드는 데 성공했지만 은닉 목표 탐지, 도메인 일반화, 독립적 검증이라는 난제가 남아 있다. 오픈AI는 향후 2년이 네 축이 실제로 상호보완 관계를 형성해 초지능이 인간 가치의 동반자가 될 수 있는지 가늠할 분수령이 될 것이라고 판단한다.

그럼 반대로 AGI 혹은 초지능이 멸망의 도구가 될 것이라는 관점은 어떨까. 이들은 실존적 위험 시나리오를 이야기한다. 엘리저 유드코스키Eliezer Yudkowsky(미국 AI 연구가)는 GPT4보다 강력한 모델의 훈련을 중단할 것을 촉구하며 잠재적 인류 멸종을 경고했다. 스튜어트 러셀Stuart Russell도 저서 《어떻게 인간과 공존하는 인공지능을 만들 것인가》에서 "목표 불일치가 통제 불가능한 파국을 초래할 수 있다"라고 경고했다. 현대 인공지능, 특히 딥러닝 분야의 선구자로 'AI의 아버지'라고 불리는 요슈아 벤지오Yoshua Bengio는 독립적

AI 에이전트가 가장 위험한 경로라고 명시하며 강력한 규제를 촉구했다. 노벨상 수상자이며 딥러닝의 3대 구루로 알려진 제프리 힌튼Geoffrey Hinton도 비슷한 견해를 자주 언급한다. 2025년 초 〈네이처〉도 "AI에 대한 무제한 낙관·구원 서사가 위험 인식과 대비를 흐린다"라고 비판에 가담했다.[1] EU는 인공지능법을 제정해 위험 기반 분류로 초고위험·사실상 통제 불능 모델에 대한 강제 의무를 최초로 성문화하기도 했다.

전 세계 주요 선진국도 AI 안전 연구소를 설립하고 '프랙티컬 레드팀Practical Red Team(AI 시스템의 약점이나 오용 가능성을 실제로 테스트하는 역할)' 체계를 필수로 두고 있다. 이런 우려를 의식한 듯 오픈AI, 딥마인드, 앤트로픽 등은 '프런티어 모델 공동 안전 공약'을 통해 높은 위험 단계에서 사전·사후 검증을 약속하는 추세다.

과연 미래에 나타날 초지능 혹은 AGI는 그 자체로 기술의 신이 될 수 있을까 아니면 파멸의 흉기로 전락할까? 이에 대한 의미 있는 예측을 하려면 AGI의 철학적 정의, 아키텍처 설계, 학습 방법론을 중심으로 기술 전반을 이해해야 한다.

AGI를 어떻게 정의할지는 전문가마다 조금씩 견해가 다르다. AGI라는 용어 자체도 명확히 합의되지 않았으며 "전문가 100명에게 AGI를 정의해보라 하면 100가지 서로 다른 정의가 돌아올 것"이라는 말이 있을 정도다. 그러나 대체로 'AGI는 인간과 동등한 수준으로 다양한 지적 과제를 수행할 수 있는 AI'라는 생각은 비슷하다. 다시 말해 특수한 단일 업무만 잘하는 좁은 인공지능Artificial Narrow Intelligence, ANI과 달리 AGI는 언어 이해, 추론, 문제 해결, 시각 인지 등 인지적 요구도가 높은 전 범위 작업을 인간 능력 이상으로 해낼 수 있는 시스템이다. 현재 최첨단 LLM 등이 일부 영역에서 놀라운 성능을 보이고 있으나 아직 이 단계에 미치진 못한다. 2020년 조사에 따르면 전 세계 37개국에서 72개의 AGI 연구 개발 프로젝트가 진행 중이다.[2] AI 연구자를 대상으로 개발 성공 시점을 물은 설문 조사에서는 예상 중앙값 분포가 2030년대 초에서 2050년대 중반으로 나타났다. 하지만 일부는 훨씬 이른 시기를 말하거나 또 일부는 아예 불가능하다는 견해를 보이기도 한다. 2023년 구글 딥마인드는 현재 진행되는 AGI 달성을 확인하는 프레임워크를 정리해 논문을 발표했다.[3]

❶ **튜링 테스트:** 앨런 튜링Alan Turing의 고전적 제안처럼 기계가 행동으로 인간을 완전히 속일 수 있다면 지능으로 간주하자는 입장이다. 가장 낮은 수준의 기준으로 내적 작동보다 외적 행동의 유사성에 기준을 둔다. 하지만 '일라이자 효과ELIZA effect'에서 보듯 단순한 문답봇도 사람을 속일 수 있으므로 현대 연구자들은 튜링 테스트만으로는 AGI를 판단하기 부족하다고 평가한다. 참고로 일라이자 효과란 심리 편향을 설명하는 이론 중 하나로 사람들이 단순한 규칙 기반 시스템이나 챗봇 같은 대화형 AI가 실제로 인간처럼 이해하고 사고한다고 착각하는 현상을 말한다.

❷ **인간 수준의 과제 수행:** 가장 직관적인 정의로 인간이 할 수 있는 어떤 지적 과업이든 수행할 수 있는 AI를 AGI로 보는 견해다. 즉, 범용성에 방점을 둔 정의로 흔히 "휴먼 레벨 AI"라고도 부른다. 이 기

준은, 인간과 동등한 인지 작업 수행 능력이라는 개념은 이해하기 쉽지만 인간 지능을 어떻게 정량화할지 애매하고 인간만 기준이 되는 인간중심적 정의라는 비판을 받는다.

❸ **스스로 새로운 작업을 학습:** 새로운 과제가 주어졌을 때 추가 프로그래밍 없이 학습하고 적응할 수 있느냐를 AGI 기준으로 삼자는 주장이다. 인간은 완전히 처음 접하는 문제도 메타인지와 창의성으로 학습해낼 수 있는데 AI도 그런 적응력을 보여야 진정한 AGI라는 주장이다. 하지만 이런 접근도 지능을 소프트웨어의 속성으로만 간주하는 계산 이원론에 빠질 수 있다는 지적을 많이 받는다.

❹ **인간 뇌의 유추 능력 확보:** AGI를 인간 두뇌에 착안해 정의하려는 흐름 중 하나다. 예를 들어 인간 뇌의 신경회로나 인지구조를 구현하면 AGI에 이를 것이라는 견해로 전체 뇌 시뮬레이션이나 인지 아키텍처 연구 등이 있다. 이런 정의는 생물학적 유사성에 초점을 두지만 비판자들에게 굳이 인간 뇌를 모사하지 않아도 다른 방식으로 지능을 구현할 수 있다는 반박을 당한다. 뇌를 칩으로 복제한다고 자동으로 지능이 생길지 또는 생겨도 이를 AGI로 볼지는 여전히 철학적인 문제다.

❺ **경제적 가치:** 오픈AI가 주장하는 AGI 정의에는 "인류의 대부분 활동에서 인간을 능가하는 고도로 자율적인 시스템이다"라는 문구가 있다. 특히 "경제적으로 가치 있는 일 대부분"을 기계가 더 잘한다는 점을 강조했다. 이는 생산성과 경제적 효용 측면에서 AGI를 정의한 사례다. 즉, 노동시장 전반을 대체하거나 혁신할 정도의 지능이면 AGI로 부르겠다는 실용적 관점이다. 다만 이 기준은 자본 이

익만을 고려한 정의라 윤리적 편향 위험이 있다고 평가된다.

❻ **범용적 능력 자체:** 특정 기준 사례보다는 유연하고 범용적인 능력 그 자체를 AGI 정의의 핵심으로 보는 입장도 있다. 무스타파 슐레이만Mustafa Suleyman은 "ACI Artificial Capable Intelligence(인공 역량 지능)가 일정 수준, 즉 인간이 가치 있게 여기는 임무 전반을 수행할 수 있는 충분한 성능과 범용성을 갖춘 상태"에 도달하면 사실상 AGI라고 볼 수 있다고 제안했다. 이런 주장은 실용적 기준으로 개방적 환경의 복잡한 다단계 작업을 척척 해내는 능력을 중시하며 단일 지표보다는 포괄적 역량을 생각한다.

이처럼 AGI 정의는 행동 기준, 성능 기준, 적응력, 의식 여부, 인간 유추, 경제 효과 등 다양한 관점에 따라 나뉜다. 현재까지 엄밀히 합의된 정의는 없으며 연구자들은 목표와 철학에 따라 조금씩 다른 AGI 모습을 그리고 있다. 이런 개념적 유연성은 AGI 연구의 창의성을 자극하지만 동시에 기업이나 연구자가 편리한 대로 정의를 내려 혼란을 야기할 수도 있다.

AGI 실현 가능성에 대한 논쟁도 다양하다. 올트먼은 "AI는 인류가 줄곧 원해온 기술이며 머지않아 AGI가 인류 사회를 획기적으로 바꿀 것"이라는 낙관적 주장을 한다. 반면 회의론자는 AGI가 근본적으로 불가능하거나 아주 먼 미래의 일이라고 본다. 대표적인 AI 비평가인 게리 마커스Gary Marcus 등은 최근의 AGI 열풍을 섣부른 기대라고 평가절하한다. 이들은 GPT4 같은 모델이 언뜻 다재다능해 보여도 여전히 초등학생 수준의 상식이나 논리도 갖추지 못했다는 사례를 들어 한계를 강조한다.

AGI 개념을 이해하기 위해 알아야 할 것이 하나 더 있다. 강인공지능strong AI과 약인공지능weak AI 개념이다. 강인공지능은 철학자 존 서얼John Searle이 제안한 용어로 "적절히 프로그램된 컴퓨터는 실제로 마음을 갖게 된다"라는 관점이다.[4] 인간처럼 의식과 이해를 지닌 지성체 수준에 도달하고 인간 수준의 지능을 넘어 자각까지 갖춘 기계를 강인공지능으로 본다. 약인공지능은 어디까지나 인간이 이용하는 도구로서의 AI며 스스로 의식이 있는 단계는 아니다. 현재 상용화된 AI 시스템은 매우 똑똑해 보이지만 단지 인간이 설계한 알고리즘을 실행할 뿐 세상을 스스로 이해하거나 의도적 행위를 하지는 않는다는 점에서 약인공지능이다. AGI는 개념적으로 강인공지능과 밀접하지만 강인공지능은 아니다. 단순한 기능적 지능에서 인간을 뛰어넘는 단계. 강인공지능은 AGI 수준의 성능에 더해 자각적 정신까지 존재하는 것으로 발전하는 철학적 개념이다. 만약 AGI를 인간 같은 창의성을 지닌 존재를 넘어 인간처럼 의식까지 갖춘 단계로 정의한다면 그 실현은 훨씬 까다롭고 멀거나 불가능할 수 있다.

미국의 AGI 아키텍처

객관적으로 볼 때 AGI 기술 발달을 주도하는 국가는 미국이다. 2023년 11월 30일 미국에서 공개된 오픈AI의 GPT4는 광범위한 지식과 복잡한 문제 해결 능력을 보이며 사실상 범용 지능의 가능성을 대중에게 최초로 보여줬다. 미국 기업은 이런 LLM 분야에서 그 어떤 국가보다 한발 앞서 있다. 구글 딥마인드는 알파고와 알파폴드AlphaFold로 특화 분야에서 인간 능력을 뛰어넘는 협의의 AI를 입증했고 범용 AI 시스템 연구를 진행 중이다. 앤트로픽의 클라우드, 메타의 LLaMA 시리즈 등 다양한 실험이 이어지고 있으며 대학이나 연구소에서도 멀티모달 AI, 자기학습, 추론 능력 향상 등 AGI의 구성 요소 기술 연구가 활발하다. 이 같은 기술 진전에 힘입어 일각에서는 미국 기업이 2030년대 중후반 AGI에 도달할 가능성을 거론한다. 미국 기업과 정부의 목표는 AGI 기술을 발전시켜 미국을 초창의적 단계로 이끄는 것이다. 미국의 AGI 기술을 주도하는 오픈AI는 AGI를 향한 5단계 여정을 발표하고 AGI 개발로 인간 수준의 지능을 넘어 인간을 능가하는 창의성과 문제 해결 능력을 지닌 AI를 구현하는 미래를 제시했다. 아래는 이들이 제시한 5단계 발전 과정이다.

- **대화형 AI**: 자연어처리를 통해 인간과 대화할 수 있는 수준의 AI
- **추론 AI**: 복잡한 문제를 이해하고 해결할 수 있는 능력을 갖춘 AI
- **자율 AI**: 자율적으로 학습하고 행동할 수 있는 AI
- **혁신 AI**: 새로운 아이디어를 생성하고 창의적으로 문제를 해결할 수 있는 AI
- **조직형 AI**: 조직 전체를 관리하고 운영할 수 있는 수준의 AI

여기서 초창의적 단계란 4단계인 혁신 AI부터다. 단순히 기존 지식을 적용하는 것이 아니라 새로운 지식을 창출하고 창의적인 해결책을 제시할 수 있는 AI 수준이다. 오픈AI는 궁극적으로 조직형 AI를 통해 모든 영역에서 인간을 능가하는 창의성과 문제 해결 능력을 갖춘 AI를 개발하겠다는 의지를 보인다.

그럼 미국 기업이 제안하는 몇 가지 AGI 아키텍처를 자세히 살펴보자. AGI를 구현하려는 미국 기업과 연구자 들은 어떤 시스템 아키텍처로 나아갈지 여러 방향을 모색하고 있다. 현재까지 뚜렷한 정답은 발견하지 못했지만 크게 거대 통합 신경망 대 모듈형 복합 시스템, 데이터 주도 대 지식 주도 등의 축으로 접근법이 구분된다.

가장 기본이 되는 아키텍처는 대규모 신경망과 확장 접근법이다. 지난 10여 년간 딥러닝 혁명으로 등장한 가설 중 하나는 "스케일이 곧 길이다"였다. 즉, 인공신경망의 규모를 계속 키우고 학습 데이터를 방대하게 늘리면 언젠가 지능의 임계점을 넘어설 것이라는 가설이다. 실제로 오픈AI의 GPT 시리즈와 구글의 거대 모델은 신경망 파라미터 수가 수십억, 수천억, 수조 개로 기하급수적으로 증가하면서 AI의 언어 이해와 생성 능력이 비약적으로 향상되고 있다. 중국에도 파라미터 수조 단위의 초거대 모델과 멀티모달 융합을 AGI 달성의 필수 요소로 보는 연구 팀이 많다. 이들도 "모델 성능은 모델 크기의 함수"라는 스케일 법칙을 신봉하며 수조 개 파라미터의 멀티모달 AI야말로 AGI의 열쇠라고 믿는다.[5] 중국 빅테크 기업도 '스케일이 곧 길이다' 하는 생각으로 초거대 AI 모델 개발 경쟁에 뛰어들었다. 바이두의 어니봇을 선두로 알리바바, 화웨이, 텐센트 등이 수백억에서 수천억 매개변수 규모의 자국산 GPT 모델을 잇달아 선보이고 있다. 하지만 전문가들은 중국의 AI 모델 개발 수준이 미국

에 비해 약 6~24개월 정도 뒤처져 있다고 평가한다.[6]

중국은 최첨단 연구의 다양성에서도 미국보다 뒤떨어진다. 그렇지만 중국을 마냥 무시할 수만은 없다. 딥시크는 상대적으로 적은 자원으로 챗GPT에 필적하는 성능의 AI 챗봇을 개발하는 데 성공했고 최근 들어 미국에서조차 "단순 스케일만으로는 한계에 부딪힌다"라는 회의론이 커지고 있다. 2023년 세계인공지능학회AAAI에 발표된 한 설문 연구에 따르면 AI 연구자 대부분은 딥러닝만으로는 AGI에 도달하기 어렵고 다른 돌파구가 필요하다고 답했다. IBM 수석과학자 프란체스카 로시Francesca Rossi 등은 현행 AI 모델이 언어 생성, 이미지 인식, 복잡한 문제 해결 등 개별적으로는 뛰어난 성과를 내도 여전히 인간 지능의 본질적 측면 몇 가지를 놓치고 있다고 지적한다. 논리적 추론, 일관된 세계 모델링, 맥락에 따른 융통성 등에서 취약점을 보이기 때문에 아무리 큰 신경망도 이런 문제를 자체적으로 해결하리라는 보장은 없다는 것이다.[7] 그래서 대규모 신경망과 확장 접근법을 사용하는 쪽에서도 계속 규모를 키우면서 동시에 몇 가지 보완 기법으로 AGI 개발을 시도하는 방안을 마련 중이다. 구글 딥마인드가 언어, 이미지, 행동 등 멀티모달 데이터를 한 모델에 통합하는 제네럴리스트 연구 등이 그 예다. 딥마인드 CEO 데미스 허사비스Demis Hassabis도 AGI를 향한 경로에서 하드웨어와 소프트웨어의 동반 발전을 강조하기 시작했다.[8]

인지 아키텍처cognitive architecture 및 하이브리드 접근도 대규모 신경망과 확장 접근법의 한계를 돌파하려는 시도다. 인지 아키텍처란 인간의 인지 과정에서 영감을 얻어 설계된 AI 시스템 구조다. 뇌의 다양한 인지 기능을 모듈화해 메모리, 지각, 추론, 학습, 계획 등의 구성 요소를 프레임워크 하나로 통합한다. 인지 아키텍처는 작업기억, 장기기억, 규칙기반 추론기 등 여러 인지 모듈이 상호작용하게 해 범용 문제 해결을 구현하고자 한다. 이런 접근은 인간 마음의 구조를 모사함으로써 AGI에 접근하려는 것으로 2000년대 초반까지 활발한 연구가 이뤄졌다.

대규모 신경망과 확장 접근법이 한계에 부딪히자 기존 인지 아키텍처에 딥러닝을 결합하거나 아예 신경기반으로 인지 모듈을 구현하는 하이브리드 접근도 주목을 끌기 시작했다. 예를 들어 뉴로심볼릭 AI는 심볼릭 추론 모듈(규칙, 논리)과 신경망의 학습 능력을 결합하려 한다. IBM이 추진 중인 '생각하기 빠른 시스템1+생각하기 느린 시스템2' 프로젝트도 인간의 직관적 사고와 숙고적 논증을 모방한 하이브리드 시도다. IBM은 카너먼의 이론에서 영감을 얻어 신경망의 패턴 인식 능력과 기호논리의 엄밀성을 결합해 AI의 신뢰도와 추론력을 높이려 하고 있다. 하이브리드 아키텍처의 장점은 한쪽의 약점을 다른 쪽이 보완할 수 있다는 것이다. 딥러닝은 빅데이터 학습과 일반화에 강하지만 명시적 추론을 못하며 심볼릭 AI는 논리적 추론과 메모리 관리에 강하지만 지식 획득 자동화에 취약하다. 둘을 결합하면 언어모델이 생성한 답변을 심볼릭 모듈이 확인해 논리에 맞지 않는 부분을 거르거나 수정할 수 있다. 이를 통해 현재 LLM이 보이는 환각 현상을 줄이고 답변의 일관성과 신뢰성을 높일 수 있다.

진화적 알고리즘과 학습 아키텍처도 또 다른 하이브리드 접근이다. 인간 뇌의 진화 과정을 본떠 메타러닝과 신경구조 검색으로 AI 자체를 진화시키는 방법이다. AI의 아키텍처와 학습 규칙까지도 진화 알고리즘으로 최적화해 인간 설계자의 선입견 없이 스스로 복잡성을 조직하게끔 유도하려 하고 있지만 아직 성능 면에서 딥러닝과 인간 설계 조합을 뛰어넘지는 못하고 있다. 또 이런 식의 인지 아키텍처 및 하이브리드 접근법에는 시스템의 복잡성이 매우 높아진다는 치명적 단점이 있다. 여러 모듈을 만들고 서로 인터페이스를 정의하며 일관된 동작을 보장하는 것은 설계와 구현 난도가 높다는 단점도 있다. 딥러닝처럼 종단 간 훈련이 어렵고 부분 모듈의 성능 병목이나 충돌 가능성이 높아진다. 과거 인지 아키텍처가 기대만큼 두각을 나타내지 못한 이유도 소규모 장난감 문제에서는 동작해도 현실 세계의 방대한 지식과 다양성은 포괄하지 못한 탓이다.

'인간 두뇌 그 자체를 모사하는 접근법'도 AGI 개발 아키텍처 논의에서 빼놓을 수 없다. 인간 두뇌는 약 1,000억 개 뉴런과 100조 개 시냅스로 구성된 거대한 병렬 네트워크로 인간 지능의 원천이다. 이를 정확히 복제하거나 원리를 차용하면 AGI를 만들 수 있으리라는 생각은 오래전부터 있었다. 대표적으로 뇌 시뮬레이션 프로젝트는 슈퍼컴퓨터로 인간이나 동물의 뇌 신경망을 모의 실험해 지능을 구현하려는 시도다. 그러나 뇌를 온전히 모의 실험하는 것은 기술적으로 어려워서 아직 포유류 수준의 뇌도 완벽히 재현하지 못하고 있다. 대신 최근에는 뇌의 정보처리 원리를 참고한 신경형 컴퓨팅이 AGI의 한 경로로 부상했다. 신경형 컴퓨팅이란 뇌 신경의 동작(스파이크, 병렬처리 등)을 모방한 하드웨어(뉴로모픽Neuromorphic 칩)와 소프트웨어(스파이킹 신경망Spiking Neural Network, SNN 등)를 활용하는 것이다. 인텔의 로이히Loihi 칩 등이 뉴로모픽 칩에 속하며 아주 적은 전력으로 대규모 뉴런 시뮬레이션을 지원한다. 이 접근은 기존 디지털컴퓨터와 다른 방식으로 지능을 구현하려 하므로 현재 딥러닝의 한계를 뛰어넘는 새로운 AI 패러다임을 열 수 있다고 기대된다. 다만 아직 뉴로모픽 AI는 초기 단계며 범용 지능과 연관 짓기엔 구체적 성과가 미미하다.

허사비스도 2010년대 초반부터 시스템 뉴로사이언스 접근으로 AGI 만들기를 주창하며 AGI를 위해서는 신경과학의 통찰이 중요하다고 강조해왔다. 딥마인드 성과물 중 미분가능 신경컴퓨터 Differentiable Neural Computer, DNC나 메모리 네트워크 등은 뉴런의 작동 방식을 수리적으로 구현하려는 시도였다. 알파고 개발 시에도 인간의 시각 패턴 인식망(바둑판 상황 평가)과 전두엽 계획망(수읽기)에 해당하는 복합 신경망 구조를 사용했다.[9]

하지만 두뇌 모방 접근에도 비판적 공격이 있다. "인간 수준 지능을 얻으려면 반드시 인간식 구조여야 하나?"라는 근본적 질문이다. 예컨대 비행기를 만들 때 새의 날갯짓을 흉내 내지 않고도 비행을 이뤄냈듯이 인간 지능도 꼭 뇌의 복제일 필요는 없다는 공격이다. 실제로 현재 사용되는 딥러닝 기술도 뇌신경을 부분 모방하긴 했지만 세부적으로 인공 뉴런과 생물학적 뉴런의 차이는 크다.

결국 전문가들은 "한 패러다임에만 의존하지 않는 다원적 접근"이 필요하다는 데 대체로 동의한다.[10] 한 패러다임에 과도하게 의존하는 것은 위험하고 결국 AGI 아키텍처는 단일 기법보다는 복합 시스템의 형태를 띨 가능성이 높으며 얼마나 우아하게 여러 요소를 통합하느냐가 관건이라고 본다. 거대 통합 신경망 접근은 데이터와 연산 자원의 힘을 극한까지 밀어붙여 학습으로 모든 것을 해결하려 하고, 인지·하이브리드 접근은 구조와 모듈화를 통해 이해와 추론을 강화하려 하며, 두뇌 모방 접근은 생물학적 지능의 비밀을 탐구한다. 궁극적으로 AGI는 단일 기술이 아닌 여러 아이디어의 통합에서 실현될 것이라는 견해가 우세하다.

중국의 AGI 전략

중국도 AGI 혹은 초지능 리더십을 획득하기 위해 가시적인 정책을 추진 중이다. 중국의 AI 국가 전략은 2017년 국무원이 발표한 차세대 인공지능 발전 계획에서 시작된다. 이 계획은 2020년, 2025년, 2030년까지 3단계 로드맵을 통해 AI 산업 규모 달성과 기술적 이정표 설정을 목표를 제시했다.[11] 2030년까지 중국을 세계 주요 AI 혁신 센터로 만들겠다는 것이다. 이후 2024년 정부 업무 보고에서 언급된 AI 플러스 이니셔티브는 이 의지를 재확인했고 AI를 실물경제, 특히 제조업과 통합하는 데 중점을 두고 있다.

중국 정부의 AGI 목표도 이런 큰 틀 안에서 움직인다. 2017년 발표된 신세대 인공지능 개발 계획AIDP은 AGI 또는 강인공지능이라는 용어를 명시적으로 사용하진 않았지만 뇌과학기반 지능, 하이브리드 지능, 자율 지능 등에서 2025년까지 주요 돌파구를 마련하고

2030년까지 세계를 선도하는 수준에 도달한다는 야심 찬 목표를 설정했다.[12] 인지 모델링과 고도 자율성에 대한 강조는 단순히 현재 LLM의 확장만을 의미하진 않는다. AGI 혹은 초지능까지 염두한 목표다.

2025년 시진핑 주석은 핵심 기술(칩, 소프트웨어) 난제를 극복해 자주적 AI 시스템을 구축하고 연구 패러다임을 전환할 것을 강조하면서도 전례 없는 위험을 인정했다.[13] 2020년 중국 과학기술부가 지원하고 베이징시 정부와 베이징대, 칭화대 등이 협력해 세워진 비영리 연구소 BIGAI는 표면적으로는 AI 분야에서 혁신적 연구를 수행한다고 하지만 실제 설립 목적은 인간의 핵심 인지 능력을 갖춘 AGI 개발이다.[14] BIGAI는 LLM의 대안으로 인지과학, 신경과학, 소규모 데이터, 대규모 과제 접근법에 초점을 둔다.[15] 실제로 BIGAI는 세계 최초 AGI 에이전트로 제시된 통통TongTong을 개발했다. 통통은 자율학습 및 상호작용이 가능한 가상 어린이로[16] BIGAI는 통통을 물리적 로봇과 통합할 예정이다.[17] BIGAI는 동적 체화 물리 및 사회적 상호작용을 기반으로 AGI를 평가하기 위한 통 테스트Tong Test도 개발했다.[18] 이후 중국 내에서도 AGI라는 용어가 연구자와 기관 사이에서 점점 더 많이 사용되고 있다.[19]

AGI 혹은 초지능 기술 리더십 획득을 위한 중국의 기본 전략은 BIGAI의 통통 같은 프로젝트를 자국의 강점인 휴머노이드 로봇 기술과 결합하는 것이다. 중국 빅테크 기업도 정부의 이런 기본 전략을 따라가고 있다.

AI 칩 기술 스파이의 진실

2010년대 초중반 중국의 기술 역량이 급성장하기 시작했다. 이때부터 미국과 중국은 지식재산권IP 침해, 사이버 보안, 전반적인 기술 경쟁력 등에서 날카로운 긴장 국면을 보이기 시작했다. 2015년 중국 정부는 중국제조 2025 계획을 발표하고 기술 굴기를 선언했다. 이 계획은 중국을 저가 제품 생산 기지에서 첨단 기술 강국으로 전환하고 핵심 기술의 대외 의존도를 낮추는 것을 목표로 내세웠으며 반도체, AI, 5G, 항공우주, 바이오 등 10대 핵심 산업 육성에 중점을 뒀다. 미국은 이 계획을 불공정 보조금 지급과 기술 탈취의 온상으로 간주하며 강력히 비판했다.

2010년대 후반 미국의 조바심과 위기의식은 더 커졌다. 중국의 기술 발전이 자국의 경제적·군사적 우위를 위협할 수 있다는 인식은 정계, 산업계, 전문가 집단은 물론 일반인에게까지 널리 퍼졌다. 결국 2019년 미국 정부는 중국의 첨단 반도체 접근을 제한하기 위한 규제 조치를 본격화했고 이른바 칩 전쟁의 서막이 열렸다. 무역 갈등이 기술 패권 경쟁으로 확전되는 신호탄이었다.

2022년 10월 7일 바이든 행정부는 중국에 대한 추가 조치를 단행했다. 중국의 AI용 고성능 반도체 입수를 차단하려는 역대 가장 포괄적인 수출 통제였다. 미국 상무부 산업안보국은 고성능 컴퓨팅 칩과 관련 반도체 제조 장비SME, 소프트웨어에 대해 새로운 수출 통제 분류 번호ECCN 4개를 신설하고 특정 성능 기준을 초과하는 AI 칩의 중국 수출을 사실상 금지했다. 또 로직 칩 16/14나노미터

이하, 디램DRAM 18나노미터 이하, 낸드 128단 이상 등 첨단 노드 반도체 생산에 사용될 수 있는 모든 품목을 포괄적으로 통제해 미국인이 중국 내 첨단 반도체 생산을 지원하는 활동을 제한했다. 중국의 최첨단 칩 생산 능력 발전을 저지하겠다는 목적이었다. 미국은 동맹국과 공조해 네덜란드 ASML의 EUV 노광장비나 일본의 첨단 장비도 중국에 들어가지 못하게 하는 등 세계 공급망 재편도 추진했다. 2023년 10월에는 기존 통제를 업데이트해 더 광범위한 칩과 SME를 규제 대상에 포함했다. 특히 AI 칩의 성능 기준을 조정해 엔비디아 등이 중국 시장용으로 개발한 저사양 칩의 수출도 제한했다. 2024년 12월 2일에는 140개 기업을 수출 통제 명단에 추가하고 해외직접생산품규칙FDPR의 적용 범위를 확대했으며 고대역폭 메모리 같은 새로운 기술 영역으로 통제를 확장하는 규칙도 발표했다. 2025년 재집권에 성공한 트럼프 대통령은 아예 저사양 GPU 수출까지 틀어막을 태세를 취했다. 바이든 행정부의 모든 정책을 비판하고 뒤집은 트럼프였지만 중국에 대한 기술 규제만큼은 강도를 더 높였다. 2025년 1월 트럼프 행정부는 AI 확산 프레임워크AI Diffusion Framework와 파운드리 실사 규칙Foundry Due Diligence Rule을 발표했다. AI 확산 프레임워크는 특정 연산 능력 이상으로 훈련된 AI 모델 가중치를 통제하는 새로운 ECCN(4E091)을 도입하고 FDPR을 적용했다.

이처럼 미국이 중국에 대한 반도체 칩 규제를 일관되게 밀어붙이는 것은 반도체 공급망이나 산업 주도권을 미국이 장악해야 한다는 야심 때문만은 아니다. 미국도 아무리 중국을 철저히 봉쇄해도 언젠가는 중국 기업의 기술이 미국과 대등하거나 미국을 넘어설 수 있으리라는 사실을 안다. 실제로 미국이 지난 10여 년간 중국을 글로벌 공급망에서 떼어내려고 노력하면 할수록 중국의 공급망 자립 의지만 커졌다.

미국의 의도는 두 가지로 추정된다. 하나는 중국의 기술 굴기 속도를 조금이라도 늦추는 것, 다른 하나는 미국 기술을 제값 주고 사 가라는 것. 자세히 들여다보면 미·중 기술 패권 경쟁은 제재와 거래가 얽힌 '이중나선' 구조다. 수출 통제는 첨단 코어를 겨냥하지만 시장 논리와 기업 이해가 맞물리면 법적 허가라는 방식으로 상당 규모의 기술이 이전되고 있다. 미국이 중국에 지불한 IP 사용료는 2015년 66억 달러, 2019년 89억 달러, 2023년 86억 달러다. 반대로 중국이 미국에 지불한 IP 사용료도 2015년 12억 달러, 2019년 18억 달러, 2023년 21억 달러로 증가 추세다. 다시 말하지만 미국이 중국에 원하는 것은 미국 기술을 제값 주고 사 가라는 것이다. 미국이 이런 상황에 민감한 데는 이유가 있다. 오랫동안 미국과 중국은 기술 스파이 의혹, 특허·IP 분쟁, 핵심 인력 유출 문제 등을 둘러싸고 다양한 갈등을 빚었다. 특히 수면 위에는 특허·IP 분쟁이 있고 수면 아래에는 기술 스파이 의혹 혹은 전쟁이 있었다.

먼저 중국의 기술 스파이 행위 의혹에 대한 미국 주장을 살펴보자. 최근 몇 년 사이 미국 정부와 정보기관은 중국이 미국의 핵심 기술을 불법적으로 취득하려 했다고 여러 차례 비판했다. 특히 AI 칩 설계 기술과 관련된 산업스파이와 해킹 사례를 지목했다. 2018년 10월 미국 상무부는 미국 기업의 디램 기술 절취 우려를 이유로 중국 디램 업체 푸젠진화福建晉华에 미국산 장비 수출을 제한했고 결국 사업을 중단하게 만들었다. 2020년 6월에는 중국 국적의 장하오Hao Zhang가 미국 기업에서 반도체 설계 기술을 훔친 혐의로 유죄판결을 받았다.[20] 2024년 3월에도 미국 법무부는 전 구글 엔지니어 딩린웨이Linwei Ding를 경제스파이 및 영업 비밀 절도 혐의 14건으로 기소했다(2025년 2월 추가 기소). 딩은 구글 재직 중 구글 데이터센터의 AI 모델 훈련용 반도체 하드웨어 설계 청사진 등을 빼돌려 중국 스타트업에 제공하려 했다고 전해진다.[21] 그는 2022년 5월부터 2023년 5월까지 1,000개 이상의 기밀 파일을 개인 구글 클라우드 계정에 업로드한 것으로 알려졌다. 세계적인 반도체 노광장비 기업인 네덜란드 ASML도 전직 직원이 설립한 실리콘밸리 스타트업 엑스탈Xtal이 자사의 핵심 기술인 계산 리소그래피 최적화 소프트웨어 관련 영업 비밀을 절취했다고 소송을 제기해 8억 달러 이상의 배상 판결을 받았다. 절취된 IP는 중국 정부가 작은 거인little giants 프로그램으로 지원하는 중국 기업 동팡징유안일렉트론DJEL과 연관된 것으로 밝혀졌다.[22]

2025년 전 세계를 놀라게 한 딥시크의 성과도 비슷한 의심을 받는다. 2025년 4월 미국 하원 미·중 전략경쟁 특별위원회는 보고서에서 중국 AI 기업 딥시크가 미국의 수출 통제 규정을 위반해 엔비디아의 첨단 AI 칩(H100)을 사용했다고 주장했다. 오픈AI 역시 딥시크가 자사 이용 약관을 위반했을 가능성이 크다고 밝혔다.[23] 국제전략문제연구소CSIS에 따르면 2024년에 들어서는 중국의 사이버 스파이 활동이 전반적으로 150퍼센트 급증했고 특히 금융, 미디어, 제조, 산업 부문을 대상으로 한 공격은 최대 300퍼센트까지 증가한 것으로 추정된다.[24] 2024년 12월에는 중국 해커들이 미국 재무부의 제3자 협력 업체를 해킹해 3,000개 이상의 비기밀 파일에 접근하는 사건이 발생했다. 중국의 실크타이푼Silk Typhoon 같은 그룹은 미국 기업에서 훔친 API 키를 이용해 자사 AI 모델 훈련에 필요한 데이터를 대량 수집하는 등 지능화된 공격 수법까지 동원했다.[25]

중국 해커 조직의 사이버 침투 시도도 계속됐다. 2020년 9월 미국 법무부는 중국인 해커 7명을 기소하며 이들이 미국을 비롯한 전 세계 100여 개 기업, 대학, 정부기관을 해킹해 기술 정보를 탈취했다고 밝혔다. 물론 중국은 공식적으로는 스파이 의혹을 부인한다. 하지만 이런 다양하고 반복적 사례는 중국이 국가 차원에서 민간 기업과 연구소의 기밀을 조직적으로 수집한다는 의심을 사기에 충분하다. AI 기술 분야 특허 전쟁과 IP 분쟁 사례의 본질도 중국 기업의 IP 도용과 기술 모방 문제로 귀결된다.

특히 미국은 중국 해커 조직의 사이버 공격을 미국 핵심 인프라에 대한 심각한 위협으로 간주하고 있다. 볼트타이푼Volt Typhoon, 솔트타이푼Salt Typhoon 같은 중국 정부 연계 해킹 그룹은 미국의 통신, 에너지, 수도 등 핵심 인프라 시스템에 침투해 민감정보를 탈취하는 활동뿐 아니라 유사시 파괴적인 공격을 감행하기 위한 사전 작업도 수행하기 때문이다.[26] 미국의 첨단 AI 연구·개발 핵심 시설인 AI 데이터센터 역시 중국의 스파이 활동에 취약하다. 몇몇 보고서에 따르면 이들 데이터센터는 비교적 적은 비용으로 장기간 운영을 마비시킬 수 있는 비대칭적 파괴 공격과 AI 모델 자체를 탈취하거나 감시하는 유출 공격에 노출돼 있다. 실제로 한 미국 최고 기술 기업의 AI

데이터센터가 공격받아 지식재산이 유출된 사례도 있었다. 또 미국 정부는 데이터센터 구축에 필요한 많은 핵심 부품이 중국에서 생산된다는 사실에도 위기를 느낀다. 중국이 유사시 부품 공급을 지연하거나 자국 시설로 전용해 미국의 AI 개발을 방해할 잠재적 위험이 있기 때문이다.[27]

미국의 기술을 훔치려는 중국의 치밀한 전략은 더 있다. 중국 정부는 기술 굴기를 외치며 천인계획 등으로 AI, 양자컴퓨팅, 핀테크, 첨단 제조 등 해외 과학자를 불러들이는 정책을 펴왔다. 상하이시도 골든탤런트Golden Talent 정책을 펴 이공계 분야 외국인 인재에게 주택보조금 지급이나 취업 허가 절차 간소화 혜택을 제공했다. 미국은 이것도 기술 유출 경로로 본다. 2018년 미국 법무부는 '차이나 이니셔티브' 작전을 펼쳐 중국과 연계된 학자의 미신고 이중 취업 및 자금 수수를 집중 조사했고 2020년까지 과학자 54명이 관련 혐의로 사임하거나 해고됐다.[28] 2021년 1월에는 NASA 산하 연구 책임자가 중국 측에 참여한 사실을 숨긴 혐의로 유죄판결을 받는 사례도 발생했다. 그는 중국의 인재 모집 프로그램에 관여한 것으로 밝혀졌다. 이처럼 중국은 미국 기관 연구자에게 비밀리에 접촉해 중국 대학이나 기관과 이중 계약을 맺고 중요한 기술 정보를 넘기도록 꾸준히 시도했다.

그러나 미국 내 엄격한 중국 견제 분위기는 트럼프의 이민 정책이나 연구비 삭감 등 또 다른 딜레마를 야기하고 있다. AI 전문가를 비롯한 중국계 과학 및 기술 연구자가 자발적으로 본국으로 돌아가는 사례가 늘고 있는 것이다. 2018년 이후 수천 명에 이르는 중국 출신 과학자가 미국을 떠나 중국으로 돌아갔으며 그 비율은 이전보다 70퍼센트 이상 증가했다.²⁹ 2025년 초 〈사우스 차이나 모닝 포스트South China Morning Post〉 보도에 따르면 미국 렌슬레어공과대학의 AI 분야 교수 푸톈판은 중국 난징대학교로 이직해 신약 개발 AI 연구를 이어가기로 했다.³⁰ 그는 중국의 급속한 AI 투자와 연구 환경을 매력적인 이유로 꼽았다.

물론 중국도 지난 10여 년간 IP 보호 강화를 위해 법률과 제도를 정비해왔다. IP 관련 법률을 개정하고 주요 도시에 전문 IP 법원을 설립했으며 고의적이고 심각한 침해에 대해서는 징벌적 손해배상 제도를 도입하는 등 국제 기준에 부합하려는 노력을 해왔다. 실제로 외국 기업도 중국에서 특허를 출원, 등록하고 있다.

중국 정부의 이 같은 제도 개선에도 불구하고 미국 정부를 비롯한 외국 기업, 특히 미국 기업은 중국의 IP 보호 시스템에 대한 불신이 여전히 높다. 예를 들어 중국 사법 시스템의 불투명성, 특히 중요한 특허 관련 판결이 정기적으로 공개되지 않는 점은 기업이 법원의 판단을 예측하기 어렵게 한다고 생각한다. 중국 정부가 자국 사법 시스템을 뒤에서 조정해 자국 기업의 IP 침해 혐의를 '그럴듯하게 부인plausible deniability'할 여지만 만든다는 생각이다. 집행의 실효성 문제도 제기한다. 중국 정부의 법률 강화에도 불구하고 실제 IP 집행의 효율성과 공정성에 대한 의심을 버릴 수 없다. 집행이 비효율적일 뿐 아니라 영업 비밀 보호 미흡, 온라인 침해 대응 절차 부족, 악의적 상표 출원, 불충분한 손해배상액 및 형사처벌 등 허점이 너무 많다는 평가다. 강제 기술 이전 관행도 문제다. 외국 기업이 중국 시장에 진출하거나 사업을 영위하는 조건으로 기술 이전을 강요받는 관행이 여전히 존재한다는 우려다.

이렇게 오랫동안 이어진 양국의 스파이 공방과 특허 소송은 불신의 골을 깊게 만드는 핵심 원인이었고 인재와 정보 유출에 대한 경계심은 학술·산업 교류까지 위축시켰다. 그럼에도 불구하고 2025년 현재 양국이 벌이는 기술 스파이 행위와 사이버 공격은 더욱 정교해지고 있으며 갈등 범위도 반도체와 AI를 넘어 5G, 양자컴퓨팅, 생명공학 등 광범위한 기술 영역으로 확산되고 있다.

칩 위에 올라탄 AGI

AI의 비약적 발전 뒤에는 없어선 안 되는 숨은 공신이 있다. 바로 반도체 칩이다. AI 모델은 알고리즘, 데이터, 하드웨어의 긴밀한 상호작용에 의해 구동된다. 겉으로 보이는 것은 데이터와 알고리즘이지만 그 밑바탕에서 실제 연산을 수행하는 것은 전자의 흐름을 제어하는 반도체 칩이다. 인간의 두뇌가 신경망을 통해 사고하듯 AI 모델이 수행하는 방대한 수학 연산은 모두 물리적인 반도체 회로, 즉 칩 위에서 동작한다. 최첨단 AI 알고리즘도 결국 CPU, GPU, TPU 같은 프로세서 칩의 트랜지스터에서 계산이 이뤄지며 이런 하드웨어 없이는 AI도 존재할 수 없다. 특히 딥러닝의 행렬 연산 등 대규모 병렬 연산은 일반 범용 프로세서로는 감당하기 어려워 여기에 특화된 칩이 필수다. AI의 발전과 반도체 기술은 이렇게 떼려야 뗄 수 없는 관계로, 소프트웨어 혁신은 늘 이를 뒷받침하는 반도체 하드웨어가 진보해야 비로소 실현된다. 학습된 AI 모델을 사용할 때도 서버는 물론이고 사용자의 컴퓨터나 스마트폰에 장착된 반도체 칩의 성능에 따라 결과물이 달라진다. "AI 연산의 물리적 실체는 반도체 칩이다", "AI의 모든 계산은 결국 칩 위에서 이뤄진다", "칩 없이는 AI도 없다" 같은 말은 단순한 수사가 아니라 AI 기술의 성패가 결국 반도체 하드웨어에 의해 좌우됨을 뜻한다.

AI 시스템이 효과적으로 작동하기 위해서는 몇 가지 연산 능력이 요구된다. 첫째, 대규모 데이터 처리 능력이다. AI 모델, 특히 딥러닝 모델은 방대한 양의 데이터를 학습하고 실시간으로 입력되는 데이터를 처리해야 한다.

둘째, 복잡한 알고리즘과 수학 연산이다. AI의 핵심인 인공신경망은 수많은 계층과 노드로 구성되며 각 연결은 가중치를 가진다. 이 가중치를 최적화하기 위해 모델 학습 과정에서 미분, 행렬 곱셈, 벡터 연산 등 복잡한 수학적 계산이 반복적으로 수행된다. 이에 따라 하드웨어는 단순한 산술 연산을 넘어 고도의 병렬 처리를 할 수 있어야 한다.

셋째, 속도와 낮은 지연 시간 Low Latency 이다. 자율주행 자동차의 실시간 장애물 인식, 금융 거래에서의 사기 탐지, 대화형 AI 챗봇의 즉각적 응답 등 많은 AI 애플리케이션은 매우 짧은 시간 안에 결정을 내리고 반응해야 한다. 이는 하드웨어가 데이터를 신속하게 처리하고 결과를 도출할 수 있는 능력을 갖추지 않고는 불가능하다.

이런 요구 사항에 기존 CPU는 뚜렷한 한계를 보인다. CPU는 다양한 작업을 순차적으로 처리하도록 설계된 범용 프로세서다. 물론 현대 CPU는 다중 코어를 통해 어느 정도 병렬 처리가 가능하지만 AI, 특히 딥러닝에서 요구하는 수천, 수만 개의 연산을 동시에 처리하는 대규모 병렬 처리에는 구조적으로 적합하지 않다. CPU는 복잡한 제어 흐름과 단일 스레드 성능에 중점을 두기 때문에 AI의 데이터 병렬적 특성을 충분히 활용하지 못하고 병목현상을 야기해 학습 시간을 지연하거나 실시간 응답성을 저해한다. GPU 같은 병렬 연산 칩은 이런 CPU의 한계를 극복하고 딥러닝의 핵심 연산인 곱셈 누적Multiply-Accumulate, MAC 연산을 하드웨어 수준에서 가속화하기 위해 특화된 반도체다.

언뜻 보기에 반도체는 대만의 TSMC에서 만드니 대만이 미국의 목줄을 쥐고 있는 듯하지만 TSMC는 주문이 들어온 반도체를 위탁 생산할 뿐이다. AI 가속을 위해 특수 목적의 반도체를 설계하는 실력은 미국 기업이 세계 최고다. GPU를 설계하는 엔비디아뿐만이 아니다. 구글도 자체적으로 행렬 연산에 최적화된 배열 연산 장치Matrix eXpansion Unit, MXU를 내장해 머신러닝 연산 효율을 극대화하는 TPU를 직접 설계한다. 구글이 만든 최신 6세대 TPU 트릴리움Trillium 칩은 이전 세대보다 연산 성능이 4.7배 향상됐고 에너지 효율이 67퍼센트 개선됐다. 신경망 처리 장치Neural Processing Unit, NPU라 불리는 AI 전용 엔진을 시스템 온 칩System on Chip, SoC 내에 탑재하는 능력은 애플이 세계 최고다. 인텔은 2019년 딥러닝용 스타트업 하바나랩스를 인수해 가우디Gaudi 시리즈 AI 가속기를 내놓았고 2023년 12월에는 엔비디아 H100을 정조준한 가우디3 칩을 발표했다. 또 차세대 XPUs(CPU+GPU+AI 통합 칩)인 팔콘 쇼어Falcon Shores 아키텍처를 2025~2026년경 투입하기 위해 준비 중이다. 인텔은 PC용 CPU에도 AI 엔진(VPU)을 넣고 클라우드와 엣지 모든 영역의 제품에 AI 기능을 강화하는 전사적 AI 전략을 추진하고 있다. AMD는 과거 CPU와 GPU 분야의 영원한 2인자로 불렸지만 AI 시대를 맞아 새로운 도전자로 급부상하고 있다. CPU에서는 에픽EPYC 시리즈로 서버 시장점유율을 꾸준히 높여왔고 GPU에서는 인스팅트Instinct 가속기 시리즈로 엔비디아의 독점 행보에 도전 중이다. 최신 데이터센터용 GPU인 MI300X는 대용량 고대역폭 메모리High-Bandwidth Memory, HBM 탑재와 칩렛 기술로 LLM 추론에 최적화됐으며 AMD는 이를 앞세워 엔비디아 H100을 맹렬히 추격하고 있다. AMD는 향후 CPU와 프로그래밍이 가능한 집적회로 반도체Field-Programmable Gate Array, FPGA(자일링스 인수) 기술을 GPU와 결합한 맞춤형 AI 솔루션도 제공할 계획이며 소프트웨어 면에서도 ROCmRadeon Open Compute 플랫폼으로 CUDACompute Unified Device Architecture에 대응하는 생태계를 키우고 있다. 퀄컴도 헥사곤Hexagon DSP를 통해 AI 추론 전용 코어를 추가함으로써 일상 기기도 전용 하드웨어로 AI 연산을 처리하게 하고 있다.

앞에 소개한 반도체들을 '연산 괴물'이라고 부른다면 메모리와 대역폭은 연산 괴물을 먹여 살리는 방법에 속한다. 파라미터가 수십억에서 수조 개에 이르는 LLM은 엄청난 양의 메모리가 필요하다. 모델의 가중치, 활성화 값, 중간 계산 결과 등을 저장하고 빠르게 접근할 수 있어야 효율적인 학습과 추론이 가능하기 때문이다. 메모리라고 하면 보통 디램을 떠올리겠지만 2025년 이후 한국을 먹여 살리고 있는 메모리는 HBM이다. 디램 다이 여러 개를 수직으로 쌓아 올려 실리콘 관통 전극Through-Silicon Via, TSV 기술로 연결함으로써 기존 DDR 메모리 대비 데이터 통로가 훨씬 넓고 대역폭이 높다. 이는 AI 칩의 강력한 연산 코어가 데이터 부족으로 유휴 상태에 빠지는 것을 방지하고 전체 시스템 성능을 극대화하는 데 결정적인 역할을 한다. 예를 들어 엔비디아의 그래픽 카드는 물론이고 구글의 아이언우드Ironwood TPU도 이전 세대보다 HBM 용량이 6배, 대역폭은 4.5배 증가해 강력한 대규모 모델을 처리할 수 있게 됐다.

참고로 중국은 메모리와 로직 기술 모두에서 미국보다 뒤처진다. 전반적으로 미국 측이 2세대 이상 앞서 있다고 평가되며 이는 5~10년 이상의 기술 격차다. 파운드리인 SMIC의 상용 최선단 공정은 14나노미터 수준이며 7나노미터는 소량 시범 단계로 알려져 있다. 팹리스 설계에서는 화웨이 하이실리콘이 2010년대 후반 첨단 모바일 AP를 설계했으나 제재로 생산이 중단됐고 현재 알리바바, 텐센트 등도 클라우드용 AI 칩을 자체 설계 중이나 성능은 엔비디아와 비교해 세대 차가 있다. 메모리의 경우 YMTC가 128단 3D 낸드NAND를 양산하지만 최신 200단+ 기술은 미국, 한국에 뒤진다. 이런 격차는 수치로도 드러나는데 2020년 기준 중국의 반도체 소비 자급률은 15.9퍼센트에 불과해 목표와 동떨어져 있다. 다만 격차를 줄이기 위한 노력으로 SMIC는 7나노미터 시제품에 성공했고 화웨이는 EDA 국산화와 14나노미터 공정 기반 고성능 AP 개발을 추진 중이다.

하지만 단일 칩이나 메모리 성능 향상만으로는 거대한 AI 모델의 요구를 충족하기에 충분치 않다. 인터커넥트와 첨단 패키징 기술도 중요하다. 이는 AI 성능을 좌우하는 여러 칩을 효율적으로 연결해 하나의 거대한 컴퓨팅 시스템처럼 작동하게 하는 기술이다.

AI 모델이 구동되는 과정에서 중요한 기술은 또 있다. 최적의 AI 성능을 달성하기 위해서는 하드웨어와 소프트웨어가 긴밀하게 협력해야 한다. 엔비디아나 구글 등은 AI 알고리즘의 특성과 하드웨어 아키텍처를 동시에 고려한 '하드웨어·소프트웨어 공동 설계' 접근 방식을 선호한다. 소프트웨어의 요구 사항이 하드웨어 설계를 주도하고 하드웨어의 특성이 소프트웨어 최적화 방향을 제시하는 선순환을 노리는 전략이다.

예를 들어 엔비디아는 코어가 수천 개인 GPU를 앞세워 딥러닝의 대규모 연산을 병렬 처리하는 기술을 선점함과 동시에 쿠다 심층신경망CUDA Deep Neural Network, cuDNN 라이브러리, 텐서TensorRT 같은 개발 툴과 프레임워크 지원 등 소프트웨어 플랫폼을 통해 개발자 친화적 생태계를 구축했다. 덕분에 엔비디아는 2023년 기준 전 세계 데이터센터용 AI 가속기 중 90퍼센트 이상을 장악하며 AI 산업의 하드웨어 시장에서 1등 자리를 유지하고 있다. 구글도 TPU를 자사 텐서플로3 프레임워크에 최적화해 개발했으며 아마존 AWS는 훈련용 칩인 트레이니움Trainium, 추론용 칩인 인퍼런시아Inferentia와 함께 뉴런 SDK를 제공해 개발자가 하드웨어 성능을 최대한 활용할 수 있도록 지원하고 있다. 테슬라의 FSD 칩도 자율주행 소프트웨어와의 긴밀한 공동 설계로 개발됐다. 이런 접근 방식은 AI 모델의 실행 효율을 극대화하는 데 필수다.

미래의 칩 패권, 누가 차지할 것인가

AGI를 향해 나아갈수록 AI 알고리즘은 더욱 복잡해지고 연산량도 기하급수적으로 늘어난다. 엔비디아 CEO 젠슨 황은 "에이전틱 AI와 추론에 필요한 연산량은 우리가 생각한 것보다 쉽게 100배는 더 많다"라며 최첨단 AI 칩의 수요가 지속적으로 증가할 것임을 예고했다.[31] 더 높은 트랜지스터 집적도와 전력 효율, 더 빠른 속도로 최첨단 노드를 사용할수록 복잡한 AI 모델을 훈련·가동할 수 있다. 그래서 최첨단 노드 통제권은 가장 강력한 AI 역량과 직결된다.

2025년 최첨단 노드라고 불리는 2나노미터 및 그 이하 공정 노드 경쟁은 매우 치열하다. TSMC와 삼성전자는 2025~2026년 2나노미터 양산을 목표로 하며 일본 라피더스도 2027년을 목표로 시장 진입을 예고했다. 인텔도 2025년 18A(1.8나노미터급) 공정 양산을 포함한 공격적인 로드맵을 추진 중이다. 하지만 기존 반도체 기술은 곧 한계에 직면한다. 수십 년간 반도체 산업의 발전을 이끌어온 무어의 법칙은 트랜지스터 집적도가 약 2년마다 2배로 증가한다는 관찰이었으나 최근에는 그 속도가 둔화되거나 경제적 한계에 직면하고 있다는 평가가 지배적이다. 2나노미터 이하의 초미세 공정에서도 공정 난도와 비용이 기하급수적으로 증가하고 있다. AI는 폭발적인 연산력을 계속 요구한다. 당분간 미세 공정(전공정) 스케일링은 둔화를 극복하기 위해 2.5차원2.5D 및 3차원3D 집적회로IC(System-in-Package, SiP) 같은 첨단 패키징(후공정) 기술에 의존할 것이다. 이는 여러 칩렛을 단일 패키지로 통합해 성능을 향상하고 전력 소비를 줄이며 비용을 관리하려는 노력이다.

하지만 이 모든 접근법은 임시방편에 불과하다. 미래의 AI 칩 개발은 트랜지스터를 더 작게 만드는 것을 넘어 AI 알고리즘 특성에 최적화된 새로운 아키텍처와 컴퓨팅 패러다임을 모색하는 방향으로 나아가야 한다. AGI 개발의 승기를 잡기 위해서도 이런 기술 혁신 능력은 필수다. AI 알고리즘 혁신이 이뤄져도 이를 뒷받침할 반도체 성능이 발전하지 않으면 실용화될 수 없기 때문이다.

당연히 이 분야의 혁신 능력도 미국이 세계 최고다. 미국 정부가 중국을 향해 반도체 장벽을 높게 쌓는 동안 미국 빅테크 기업을 비롯해 수많은 반도체 설계 기업은 이 같은 요구에 부응하기 위해 특화된 아키텍처, 신소재, 첨단 패키징 기술 개발에 박차를 가하고 있다. 이들이 개발 중인 대표적인 혁신적 AI 컴퓨팅 기술은 다음과 같다.

먼저 뉴로모픽컴퓨팅Neuromorphic Computing이다. 인간의 뇌 신경망 구조와 작동 방식을 모방해 설계된 칩으로 이벤트기반event-driven 처리와 아날로그 연산을 통해 기존 디지털 방식보다 훨씬 낮은 전력으로 복잡한 패턴을 인식하고 학습 작업을 수행할 수 있으리라고 기대된다. 인텔의 로이히 칩이나 IBM의 트루노스TrueNorth 칩이 대표적이다.

다음으로 광컴퓨팅·실리콘 포토닉스Optical Computing·Silicon Photonics를 들 수 있다. 전자 이동 대신 빛(광자)을 이용해 데이터를 전송하고 연산하는 기술이다. 광자는 전자보다 훨씬 빠른 속도로 이동하며 상호간섭이 적어 데이터 전송 병목현상을 해결하고 에너지 효율을 크게 높일 수 있다. 특히 AI 칩 내부나 칩 간 고대역폭 데이터 전송에 유망한 기술로 평가된다.

다음은 양자컴퓨팅으로 중국이 미국을 가장 가까이 추격 중인 분야기도 하다. 양자컴퓨터는 큐비트의 양자 중첩과 얽힘 현상을 이용해 고전 컴퓨터로는 불가능한 계산을 기존 컴퓨터보다 훨씬 빠른 속도로 연산할 수 있다. 충분히 규모가 큰 양자컴퓨터가 구현되면 분자 시뮬레이션이나 소인수분해 등 일부 문제에서 지수적 속도가 향상될 것이며 AI 분야에서는 복잡한 최적화 문제 해결, 신소재·신약 개발을 위한 시뮬레이션 등에서 활용될 가능성이 탐구되고 있다. 이 범주에 머신러닝 문제도 포함될 수 있을지 오랫동안 논의돼 왔는데 이론적으로 2008년 제안된 HHL Harrow-Hassidim-Lloyd 알고리즘 등 양자 알고리즘은 선형대수 연산을 고전보다 지수적으로 빠르게 풀어 일부 머신러닝에 적용 가능함을 보여줬다. 비록 현재까지 양자 머신러닝에서 뚜렷한 우위를 증명한 사례는 없지만 연구자들은 양자 얽힘 덕분에 고전적 알고리즘이 놓치는 데이터 패턴을 포착할 가능성을 주목하고 있다. 양자컴퓨팅은 연산 속도뿐 아니라 데이터 간 관계를 인식하는 새로운 방식으로 AI 성능을 향상할 잠재력이 있다는 평가도 받는다. 다만 이런 잠재력이 실현되려면 수백~수천 큐비트 규모의 안정적인 양자프로세서가 필요하며 현재는 기초연구 단계다. 그리고 큐비트의 안정성(결맞음 유지), 확장성, 오류 수정 등의 기술 과제도 남아 있다. 그럼에도 구글, IBM 등은 양자컴퓨팅을 머신러닝에 활용하는 연구를 활발히 진행 중이고 미래 특정 AI 알고리즘(예: 복잡도 높은 최적화 문제)에서 양자우위가 나타날 가능성은 여전히 존재한다.

미국은 현재 양자컴퓨터 기술의 선두주자다. IBM은 2021년 127큐비트(이글), 2022년 433큐비트(오스프리) 초전도 양자프로세서를 발표했고 2023년 1,000큐비트가 넘는 칩(콘도르)을 예고하는 등 양자 확장을 주도하고 있다.[32] 구글은 2019년 53큐비트 시커모어 프로세서로 세계 최초의 양자우월성을 시현해 큰 반향을 일으켰다. 이 외에도 미국 스타트업은 이온트랩, 광자 등 다양한 방식의 양자컴퓨터 상용 프로토타입을 클라우드 서비스를 통해 제공하고 있다. 미국 학계도 양자 오류 정정, 양자 알고리즘의 이론 연구를 선도하고 있다. 이런 폭넓은 산업·학술 생태계 덕분에 미국은 양자컴퓨팅 논문의 질적 영향력에서 중국을 앞선다는 평가를 받는다. 양자통신·센싱 등 관련 분야에서도 미국은 양자인터넷 시범망을 구축하는 등 먼저 움직이고 있다.

양자 기술 분야에서는 중국도 2016년 세계 최초의 양자위성을 쏘아 올려 양자통신망에 투입하는 등 선도적 움직임을 보이고 있다.[33] 중국 정부는 양자과학을 중대 기술 돌파 구역으로 지정하고 2017년 안후이성에 국립양자정보과학연구소를 건립(예산 약 100억 위안)하는 등 총 150억 달러 이상의 공공 지원을 쏟아붓고 있는 것으로 추정된다. 그 결과 중국은 2022년부터 양자 분야 논문 생산에서 미국을 제치고 세계 1위가 됐으며 1만 2,000킬로미터에 달하는 세계 최장 양자통신망 구축 등 일부 영역에서는 세계를 이끌고 있다.[34] 기술 성과 면에서 중국은 초전도 큐비트 칩(66큐비트), 이온트랩(문헌상 24큐비트까지), 광양자(100+ 광자) 등의 기록을 보유하고 있다. 다만 양자컴퓨팅 플랫폼의 안정성, 소프트웨어 생태계 등에서는 미국에 뒤처져 있다. 2020년 알리바바, 바이두 등 빅테크 기업도 양자컴퓨팅 연구소를 운영하며 경쟁에 뛰어들었으나 2023년 경영 환경 악화로 양자 연구 팀을 정부 연구소에 이관하기도 했다. 중국의 양자 연구는 여전히 국가가 주도하고 있기 때문이다.

그러나 양자컴퓨터는 중국이 미국과 칩 경쟁에서 유일하게(?) 대등한 관계를 이뤄낸 분야다. 2019년 미국 구글이 양자우월성을 첫 선언하자 1년 뒤 2020년 중국 USTC가 다른 방식으로 양자우월성 달성을 발표하며 경쟁 구도가 형성됐다. 구글은 53큐비트 초전도 컴퓨터로 특정 문제를 200초 만에 풀었다고 한 반면 중국은 76광자 보손 샘플링을 통해 고전 컴퓨터로 20억 년 걸리는 계산을 수 분 만에 수행했다고 주장했다. 이어 2021년 중국은 113광자 개선과 66큐비트 초전도 실험을 내놓으며 미국에 도전했다. 이에 대해 IBM 등은 중국 결과를 검증하며 일부 다른 해석을 제시하기도 했다. 이 경쟁은 양국 언론에서도 애국심 경쟁처럼 다뤘는데 중국 관영 매체는 "미국을 추월한 쾌거"라고 대대적으로 보도했고 미국 측은 "실용적 의미는 아직 없다"라고 평가절하했다.

광양자컴퓨팅도 중국의 약진이 두드러지는 분야다. 2021년에는 66큐비트 초전도 프로세서(쭈충즈 2호)를 공개해 구글에 이어 양자 성능 우위를 시연했다는 논문을 발표했다. 비록 상용화는 초기 단계지만 중국 연구진은 다양한 양자아키텍처의 이론·실험 양면에서 방대한 연구를 축적해 돌파구를 만들고 있다.

양자컴퓨터는 10년 내 실용적 수준(수백~수천 물리 큐비트에서 수십 개 논리 큐비트 구현)에 도달할 것으로 예상된다. 이 분야에서 미국은 민간 기술 기업 주도로 성능을 향상하고 2030년대 초 상용 양자클라우드 서비스를 안착시킬 전망이다. 중국은 국가 프로젝트로 대형 양자컴퓨터를 개발해 비슷한 시기 시연을 목표로 할 것이다. 양국 모두 군사적 응용에 촉각을 곤두세우고 있어 비밀리에 개발되는 부분도 있을 것으로 보인다. 만약 2030년경 한쪽이라도 리베스트샤미르애들면Rivest-Shamir-Adleman, RSA 등 현대 암호를 깨뜨릴 수 있는 양자컴퓨터를 만들면 기술 패권 구도가 크게 요동칠 것으로 보인다. 전문가들은 미국이 오류 정정 양자컴퓨팅에서 우위에 있고 중국은 양자통신 인프라에서 앞서 있다고 평가한다. 10년 후에도 이 양상이 이어져 미국은 양자컴퓨팅, 중국은 양자암호통신에서 두각을 나타낼 가능성이 높다.

양자컴퓨터의 큐비트 구현을 말할 때 필수로 언급되는 신소재가 있다. 바로 초전도체다. 2023년 한국에서 LK-99 상온초전도 논란이 벌어지면서 주목을 받은 기술이기도 하다. 초전도체는 전기저항이 0에 가까운 소재로 컴퓨팅에 적용하면 에너지 소모 없이 전류를 흐르게 해 극한의 에너지 효율과 고속 동작을 실현한다. 최근 연구에 따르면 초전도 논리소자는 이론적으로 기존 상보형 금속산화 반도체Complementary Metal-Oxide Semiconductor, CMOS 대비 100배 에너지 효율과 1,000배 집적도 향상을 보여 AI 데이터센터의 막대한 전력 문제를 해결할 대안으로 부상했다. 예컨대 니오븀Niobium 기반 초전도 디지털 회로는 테라헤르츠THz급 스위칭이 가능해 현재보다 훨씬 빠른 AI 프로세서를 구현할 수 있다. 초전도체는 통상 극저온이 필요하나 최근 과학자들은 상온에 가까운 조건에서 작동하는 신초전도체를 찾기 위해 경쟁 중이다. 2023년 중국 쉐치쿤薛其坤 교수 팀은 니켈산 화물 기반 초전도체를 주변압(상압) 환경에서 구현해 구리·철 이후 세 번째 고온초전도 물질계를 확립하는 성과를 거뒀다.[35] 초전도 신소재 발견은 상온초전도 AI칩 개발과 연관된다. 초전도 기술은 에너지 효율 제고, 연산 속도 극대화 면에서 AI 하드웨어의 판도를 바꿀 잠재력이 있으며 특히 미래 초전도 기반 AI 슈퍼컴퓨터는 현재 CMOS 기반 시스템의 물리적 한계를 넘어설 대안으로 꼽힌다.

미국은 오랜 기간 초전도체 연구에서 선두를 유지하고 있다. 1986년 스위스 IBM 연구소에서 미국 연구진이 고온초전도체High-Temperature Superconductor, HTS 발견에 기여했고 이후 HTS 분야의 논문과 특허를 다수 배출했다. 2020년에는 미국 로체스터대학 연구 팀이 상온에 가까운 섭씨 15도, 267기가파스칼GPa 조건에서 탄소-황 화합물의 초전도 현상을 보고해 큰 화제가 됐으나 후속 검증 문제로 2022년 해당 논문이 철회되는 사건도 있었다. 이런 논란은 상온초전도체 탐색의 어려움을 보여주지만 동시에 미국 연구진이 과감하고 선도적인 시도를 하고 있음을 시사한다.[36] 한편 응용 면에서 미에너지부 산하 연구소는 초전도 전력 케이블, 자석, 양자컴퓨터용 소재 등을 꾸준히 개발 중이며 록히드 마틴Lockheed Martin, 노스롭그루먼Northrop Grumman 등의 기업도 군사 레이더용 저온초전도 전자소자 등을 연구해왔다. 초전도 논리 회로(RSFQ 등)에 대한 실험적 CPU 개발은 IBM, 예일대학 등을 통해 진행됐으며 미 정부는 에너지 절감형 초전도 컴퓨팅을 미래 핵심으로 간주하고 있다.

한편 초전도체 분야도 중국의 국가 중점 연구 개발 계획에 포함돼 희토류 초전도 등 신소재 개발에 정부 지원이 뒤따르고 있다. 베이징 인근에는 2024년 첨단 소재 연구 인프라 '종합극한조건 사용자시설SECUF'을 개소하고 22억 위안(3억 달러)을 투자해 초저온·고자기장·고압력 조건에서 신물질을 탐색하는 세계적 규모의 연구 플랫폼을 마련했다.[37] 초전도 상온화는 칩 전쟁에서 신소재 분야의 게임 체인저로 꼽힌다. 하지만 이 기술이 10년 내 실현될 가능성은 낮다. 물론 돌발적 발견은 배제할 수 없다. 미·중 모두 이 분야에서 기초연구 투자를 늘리고 있어 혹 새로운 고온초전도체가 나올 경우 이를 둘러싼 쟁탈전이 벌어질 수 있다. 10년 내 이뤄질 성과로는 액체질소 온도(77켈빈K) 부근에서 작동하는 초전도체 등장을 꼽을 수 있는데 이런 소재가 나오면 양국 모두 신속히 자국 산업에 흡수하려 할 것이다.

　마지막으로 바이오컴퓨팅Biological Computing 분야다. DNA나 단백질, 신경세포 같은 생체분자를 이용해 연산을 수행하려는 연구다. 이론적으로는 초소형화와 초고속 연산이 가능하지만 아직 기초연구 단계다.

3장

휴머노이드 로봇, 미래를 흔들다

超強國

미국 테슬라가
중국 유니트리를 이길까?

'휴머노이드'라 불리는 인간형 로봇은 단순히 경이로운 기술이 아니라 인간에게 엄청난 영향을 미칠 기술이다. 이 분야가 차세대 수조 달러 시장이 될 것도 분명하다. 휴머노이드 로봇은 그냥 기계가 아니다. 최첨단 AI 알고리즘과 칩을 탑재한, 물리적 세계와 상호작용하고 이를 조작할 수 있는 피지컬 AI다.[1]

JP모건은 2026년이 피지컬 AI의 해가 될 것이라고 전망했다. 이 거대한 전환의 중심에서도 미국과 중국 기업의 치열한 경쟁이 벌어지고 있다. 대표적으로 미국은 테슬라의 옵티머스Optimus, 중국은 유니트리Unitree G1 등이 있다. 일론 머스크는 휴머노이드 로봇이 노동력 대체를 넘어 인간 생활의 모든 측면에 통합될 잠재력이 있다고 믿으며 그래서 옵티머스 개발에 테슬라의 방대한 자원과 AI 전문성을 모두 퍼붓는 중이다. 유니트리 G1은 엔지니어 왕싱싱王※※이 만든 중국 최고의 휴머노이드 로봇이다. 경제성 그리고 쿵푸 같은 인상적인 물리적 능력으로 테슬라의 옵티머스를 비롯한 미국 기업의 휴머노이드 로봇을 능가한다.[2] 유니트리의 목표는 G1을 앞세워 민첩하고 접근하기 쉬운 인간형 로봇으로 시장 판도를 바꾸는 것이다.

인간을 닮은 자동기계, 즉 오토마타에 대한 상상은 고대 신화와 기록에서도 심심찮게 발견되지만 현대적 의미의 '로봇'이라는 단어가 세상에 처음 등장한 것은 1920년 체코 극작가 카렐 차페크Karel Capek가 발표한 희곡 《R.U.R.-로줌 유니버설 로봇Rossum's Universal Robots》에서였다. 인간의 고된 노동을 대신하기 위해 만들어진 인조인간 로봇이 결국 창조주인 인간에게 반기를 든다는 내용은 당시 사회에 큰 충격을 던지며 로봇이라는 존재에 대한 기대와 공포를 동시에 각인했다. 이 작품은 이후 수많은 SF 창작물에 영감을 주며 인간과 로봇의 관계에 대한 철학적 질문의 원형이 됐다.

차페크의 상상력이 씨앗을 뿌린 지 수십 년이 지나 공학자들은 인간 형상을 하고 두 발로 걷는 기계를 현실로 만들기 위한 도전을 시작했다. 그 선구적인 노력 중 하나는 1973년 일본 와세다대학교 가토 이치로 교수 연구 팀이 개발한 '와봇WABOT-1'이었다. 와봇-1은 인간과 유사한 팔다리와 시각, 청각, 음성 기능을 갖췄고 간단한 물건을 옮기거나 짧은 대화를 나눌 수 있었다. 비록 움직임은 투박하고 기능은 제한적이었지만 와봇-1은 세계 최초의 본격적인 휴머노이드 로봇으로 기록됐고, 인간이 만든 기계가 인간의 영역에 한 걸음 더 다가설 수 있다는 가능성을 보여주는 상징적 사건이 됐다.

이후 휴머노이드 로봇 연구는 꾸준히 이어져 1990년대에 들어서면서 더욱 가시적인 성과가 나타나기 시작했다. 특히 일본 혼다의 P 시리즈 로봇은 이 분야의 발전을 이끈 대표 사례. 1996년 공개된 'P2'는 이전 로봇과 달리 모든 제어 장치와 배터리를 몸체 내부에 탑재하고 무선 조종 없이 자율보행하는 능력을 선보여 세계를 놀라게 했다. P2는 계단을 오르내리고 문을 여는 등 이전에는 상상하기 어렵던 복잡한 동작을 수행하며 휴머노이드 로봇의 실용화 가능성을 한층 높였다. 2000년 혼다는 P2를 더욱 발전시킨 '아시모ASIMO'를 공개하며 휴머노이드 로봇 기술의 정점을 보여줬다. 아시모는 사람처럼 자연스럽게 걷고 뛰는 것은 물론 사람의 얼굴과 음성을 인식하고 악수를 하거나 춤을 추는 등 놀라운 수준의 상호작용 능력을 과시했다. 아시모는 전 세계 과학관과 기술 박람회에 등장하며 대중에게 휴머노이드 로봇에 대한 친숙함과 기대감을 심어주는 역할을 톡톡히 해냈다.

하지만 이족 보행과 균형 제어는 로봇에 극도로 어려운 과제였다. 수많은 센서에서 입력되는 데이터를 실시간으로 처리해 무게중심을 잡고 다양한 지형 변화에 적응하며 안정적으로 걷기 위해서는 고도의 제어 알고리즘과 정교한 기계설계가 필수였다. 초기 로봇은 넘어지기 일쑤였고 배터리 지속 시간은 턱없이 부족했으며 복잡한 환경을 인식하고 판단하는 능력 또한 미흡했다. 사실 2000년 세계를 놀라게 한 혼다의 아시모도 정교하게 프로그래밍된 행동만 했다. 진정한 자율주행 로봇, 스스로 사고하고 움직일 수 있는 로봇은 아니었다. 사회적 시선 역시 마냥 호의적이지만은 않았다. 로봇 기술이 발전할수록 로봇이 인간의 일자리를 빼앗을 것이라는 우려도 함께 커졌다. 인간을 닮은 기계에 대한 막연한 거부감도 존재했다. 그럼에도 더 지능적이고 유용한 로봇을 만들겠다는 공학자들의 열정은 식지 않았다. 이들은 실패를 거듭하면서도 끊임없이 새로운 아이디어를 시도했고 조금씩 기술의 한계를 넓혀나갔다.

그리고 2022년 11월 30일 세상을 놀라게 한 챗GPT 기술은 곧바로 휴머노이드 로봇에도 탑재됐다. AI 기술과의 접목은 단순히 디지털 세계에서의 정보처리를 넘어 물리적 세계와 직접적으로 상호작용하는 로봇 기술과 결합하면서 생각하는 기계, 피지컬 AI라는 새로운 개념을 탄생시켰다. 피지컬 AI는 센서를 통해 현실 세계를 인식하고 학습된 지능을 바탕으로 판단하며 액추에이터(작동 장치)를 통해 물리적 작업을 수행하는 AI를 의미한다. 피지컬 AI의 핵심 기술로는 주변 환경을 이해하고 물체를 식별하는 '컴퓨터비전 Computer Vision', 시행착오를 통해 최적의 행동을 학습하는 '강화학습 Reinforcement Learning', 인간과 자연스럽게 소통하기 위한 '자연어처리 Natural Language Processing' 그리고 이 모든 것을 통합해 복잡한 작업을 수행하게 하는 '로봇제어 Robot Control' 등이 있다.

하지만 2025년 피지컬 AI의 길은 시작에 불과하다. 가상 세계와 달리 현실 세계는 예측 불가능한 변수가 너무나 많다. 조명 변화, 예상치 못한 장애물, 물체의 다양한 형태와 재질 등은 로봇이 안정적으로 작업을 수행하는 데 큰 장애물이다. 로봇이 실제 환경에서 충분한 학습 데이터를 확보하는 일은 매우 어렵고 비용이 많이 든다. 시뮬레이션 환경에서의 학습은 현실과의 괴리 문제로 실제 로봇에 적용하기 어려운 경우가 많다. 초기 AI 연구가 겪은 데이터 부족과 계산 능력의 한계라는 난관은 피지컬 AI 시대에도 여전히 중요한 도전 과제로 남아 있다. 그럼에도 테슬라의 옵티머스와 중국의 유니트리 G1는 이런 도전을 뚫고 공장에 배치돼 일을 하고 쿵푸를 할 정도로 괄목할 만한 성과를 내고 있다.

먼저 테슬라의 옵티머스부터 살펴보자. 실리콘밸리의 혁명가 머스크는 남아프리카공화국에서 태어나 캐나다를 거쳐 미국으로 건너온 이민자 출신 기업가다. 그의 손길이 닿는 곳마다 기존 산업의 판도가 바뀌고 불가능이라 여긴 미래 기술이 현실로 성큼 다가오는 기적이 일어나는 중이다. 머스크는 온라인 결제 시스템 페이팔의 공동 창업자로 거대한 부를 축적했다. 하지만 이런 성공에 안주하지 않고 전기자동차 제조사 테슬라와 우주 탐사 기업 스페이스X를 연이어 설립하며 인류의 지속가능한 미래를 향한 담대한 도전을 이어갔다. 화성 식민지 건설이라는 원대한 꿈과 화석연료로부터의 해방이라는 절박한 과제에의 도전을 멈추지 않는다. 그의 비전은 때로는 허황된 망상으로 치부되기도 한다. 그러나 숱한 위기와 조롱 속에서도 로켓 재활용과 전기차 대중화라는 혁신을 현실로 만들어내며 세상을 놀라게 했다.

머스크는 FSD 기술 개발에도 박차를 가했다. 테슬라 차량에 탑재된 수많은 카메라와 센서에서 수집되는 방대한 주행 데이터는 FSD 알고리즘을 훈련하는 귀중한 자산이었고 이 데이터를 효율적으로 처리하기 위해 AI 칩(FSD 컴퓨터)과 슈퍼컴퓨터 '도조Dojo'도 자체 개발했다. 이런 역량을 기반으로 '그록Grok'이라는 LLM을 짧은 시간 안에 성공시키면서 머스크는 테슬라를 자동차 제조사를 넘어

AI 기술 기업으로 변모시켰다.

강력한 AI 인프라와 실제 세계에서 작동하는 로봇(자동차)을 운영해본 경험은 머스크에게 또 다른 거대한 야망을 심어줬다. 바로 인간형 로봇 '옵티머스' 프로젝트였다. 2021년 테슬라 AI 데이. 전 세계의 이목이 집중된 가운데 머스크는 옵티머스라는 휴머노이드를 처음 선보였다. 무대 위에서는 실제 로봇 대신 로봇 슈트를 입은 댄서가 등장해 어색한 춤을 선보였다. 수많은 사람이 실망했고 호사가들은 조롱을 쏟아부었다. 하지만 머스크는 이 쇼를 통해 분명한 메시지를 전달하려 했다. 앞으로 테슬라는 단순 반복적이거나 위험한 인간의 노동을 대체할 수 있는 범용 휴머노이드 로봇을 개발할 것이며 이 시장에는 자동차 사업보다 더 큰 잠재력이 있다는 메시지였다. 또 미래의 어느 날 공장 노동자뿐 아니라 가사도우미, 노약자 돌보미, 심지어 인간의 동반자 역할까지 수행할 것이다. 머스크는 옵티머스가 노동력 대체를 넘어 삶의 방식을 근본적으로 변화시키는 게임 체인저로서 테슬라의 자동차 사업보다 더 중요해질 수 있으며 테슬라를 25조 달러 가치의 회사로 만들 것이라고 공언했다.

그러나 옵티머스 개발은 험난했다. 초기 프로토타입은 불안정한 보행과 제한된 기능만을 선보이며 회의론에 불을 지폈다. 휴머노이드 로봇 개발은 자동차 자율주행과는 또 다른 차원의 기술적 난제를 안고 있었다. 인간처럼 자연스럽고 효율적으로 움직이기 위한 정교한 모터 제어 기술, 좁은 공간에 고성능 배터리와 AI 연산 장치 집약, 다양한 물체를 인식하고 조작하기 위한 섬세한 손가락 설계, 무엇보다도 예측 불가능한 현실 세계에서 안전하고 지능적으로 작업을 수행하게 하는 고도화된 AI 소프트웨어 개발은 엄청난 시간과 자원을 요구하는 과제였다. 테슬라의 엔지니어들은 밤낮없이 연구에 매진하며 이런 기술 장벽을 하나씩 극복해야 했다. 이들은 테슬라 특유의 수직 통합 전략, 즉 하드웨어 설계부터 소프트웨어 개발, 생산 공정까지 대부분을 내부에서 해결하는 방식을 옵티머스 개발에도 적용해 시너지를 창출하고자 했다. FSD 개발을 통해 축적된 컴퓨터비전 기술과 시뮬레이션 환경, 도조를 활용한 대규모 AI 모델 학습은 옵티머스의 두뇌를 빠르게 진화시켰다. 머스크는 주기적으로 옵티머스의 발전 상황을 공개하며 시장의 기대감을 높이는 동시에 내부적으로는 더욱 빠른 혁신을 압박했다. 그 결과 초기 프로토타입이 엉성한 걸음걸이로 등장했을 때 쏟아졌던 비판과 회의론은 1~2년 만에 경탄과 기대로 바뀌었다. 테슬라의 옵티머스는 공장에서 부품을 나르고 두 발로 요가 자세를 취하며 심지어 달걀을 깨뜨리지 않고 옮기는 정교한 손동작을 선보였고 사람들 틈에서 농담을 주고받으며 음료수를 따라주는 등 다양한 사회적 기술을 뽐냈다.

실리콘밸리에서 머스크가 휴머노이드 로봇이라는 새로운 혁명의 깃발을 올리고 있을 무렵, 태평양 건너편에서도 또 다른 거대한 힘이 조용히 그러나 무섭게 꿈틀대고 있었다. 바로 유니트리 로보틱스였다. 유니트리 로보틱스는 중국 정부의 거대한 기술 굴기 흐름에서 혜성처럼 등장했다. 21세기 들어 중국 정부는 AI와 로봇 산업을 국가 핵심 전략 산업으로 지정하고 '중국제조 2025', '차세대 인공지능 발전 규획' 등 야심 찬 정책을 쏟아내며 전폭적인 지원을 아끼지 않았다. 과거 값싼 노동력에 의존하던 성장 모델에서 벗어나 첨단 기술을 기반으로 질적 도약을 이루겠다는 강력한 의지의 표명이었다. 이런 국가적 차원의 드라이브는 막대한 자본 투자, 고급 인력 양성, 규제 완화라는 삼박자가 갖춰진 가운데 중국 AI와 로봇 기업이 폭발적으로 성장할 수 있는 비옥한 토양이 됐다. 항저우에 본사를 둔 스타트업 유니트리 로보틱스는 창업 초기부터 뛰어난 기술력과 파격적인 가격 정책으로 주목을 끌었다. 특히 네발로 걷는 로봇 개 분야에서 보스턴다이내믹스 '스팟Spot'의 성능에 버금가는 4족 로봇(엑스독XDog, 라이카고Laikago, 고Go1, 2)을 훨씬 저렴한 가격에 선보이며 기술 애호가들과 중국 산업계의 이목을 끌었다. 유니트리 창업자와 초기 개발 과정은 많은 부분이 베일에 싸여 있다. 하지만 기술적 완성도와 빠른 혁신 속도로 보아 결코 만만치 않은 내공을 지닌 회사임은 분명하다. 이들은 모방을 넘어 핵심 부품 자체 개발과 효율적 생산 시스템 구축을 통해 가격 경쟁력을 확보하고 동시에 글로벌 시장을 겨냥한 공격적인 마케팅을 펼쳤다.

유니트리가 개발한 휴머노이드 로봇 G1은 테슬라 옵티머스와는 또 다른 방식으로 시장에 파문을 일으켰다. 가장 큰 특징은 가격이다. 수억 원을 호가하는 기존의 연구용 휴머노이드 로봇이나 수천만 원대로 예상되는 옵티머스에 비해 G1은 약 1만 6,000달러(약 2,000만 원)라는 파격적인 가격을 선언했다. 이는 휴머노이드 로봇의 대중화 가능성을 한층 앞당기는 신호탄으로 중국이 가성비를 앞세워 전기차 시장을 장악했듯 전 세계 휴머노이드 로봇 시장도 장악하는 것 아닌가 하는 두려움을 느끼게 하는 가격이었다. 미국을 비롯한 선진국을 두렵게 한 것은 가격만이 아니었다. G1은 단순히 저렴하기만 한 로봇이 아니다. 키 약 130센티미터에 무게 35킬로그램 정도인 G1은 최대 43개 관절로 인간과 유사한 유연하고 민첩한 움직임을 선보였으며 특히 섬세한 손가락 제어 능력으로 다양한 도구를 조작하고 복잡한 작업을 수행하며 심지어 쿵푸도 하는 놀라운 능력을 과시했다. 특히 엔비디아의 GPU 테크놀로지 콘퍼런스GPU Technology Conference, GTC 같은 주요 기술 행사에서 엔비디아 젠슨 황이 유니트리 로봇을 직접 시연하며 양사의 긴밀한 협력 관계를 과시하는 장면은 큰 화제가 됐다. 유니트리가 단순히 하드웨어 제조사에 머무르지 않고 엔비디아의 강력한 AI 플랫폼을 기반으로 빠르게 지능을 고도화하고 있음을 보여주는 상징적 장면이었다. 유니트리는 중국 내 다양한 산업 박람회와 정부 주도 행사에도 적극적으로 참여하며 G1을 작업용 로봇을 넘어 사용자와 상호작용하고 다양한 서비스를 제공할 수 있는 'AI 아바타'로 포지셔닝하고 교육, 엔터테인먼트, 서비스 등 광범위한 분야에서 활용 가능하다고 홍보하고 있다.

유니트리 G1의 등장으로 글로벌 휴머노이드 로봇 시장의 경쟁 구도는 더욱 복잡하고 흥미로워졌다. 테슬라 옵티머스가 고도의 자율성과 범용성을 목표로 AI 기술의 정점을 추구한다면 유니트리 G1은 뛰어난 가성비와 특정 분야에서의 실용성을 앞세워 시장을 빠르게 파고드는 전략을 취한다. 이는 마치 스마트폰 시장에서 애플의 아이폰과 다양한 안드로이드 제조사가 경쟁하는 양상과도 유사하다.

지난 2~3년, 미국 라스베이거스에서 열린 세계 최대 가전·IT 박람회인 국제전자제품박람회Consumer Electronics Show, CES에서 최고의 화두는 AI였다. 앞으로 2~3년은 휴머노이드 로봇이 될 것이다. 공학

휴머노이드 로봇 분야의 주요 기업

회사명	대표 로봇	주요 창업자·리더	주요 특징·전략
테슬라	옵티머스	일론 머스크	대규모 제조, FSD AI, 수직적 통합
유니트리 로보틱스	G1, H1	왕싱싱	경제성, 민첩성, 신속한 반복 개발
피규어 Figure	피규어 01, 피규어 02	브렛 애드콕 Brett Adcock	산업 노동, AI 파트너십, 빠른 자금 조달
어질리티 로보틱스 Agility Robotics	디짓 Digit, 캐시 Cassie	조너선 허스트 Jonathan Hurst, 다미온 셸턴 Damion Shelton	물류, 독특한 이동 방식, 엔드투엔드 End-to-End 솔루션
보스턴다이내믹스	아틀라스 Atlas, 스팟	현 현대차그룹 소속	첨단 이동성, R&D, 유압식에서 전동식으로의 전환
생츄어리 Sanctuary AI	피닉스 Phoenix	조르디 로즈 Geordie Rose	범용 AI, 인간과 유사한 작업 수행, 카본 AI
원엑스 테크놀로지스 1X Technologies	이브 EVE, 네오 NEO	전 할로디 로보틱스 Halodi Robotics	상호작용, 보조 작업 특화

분야 최고 권위자, 휴머노이드 관련 기업 리더 한마디에 관련 기업 주가가 요동치고 업계 기술 개발 방향에 큰 파장이 일어날 것이다. 가성비도 중요하지만 세계 휴머노이드 로봇 시장에서 승리하는 데 가장 중요한 요인은 기술이다. 더 정교하고 효율적인 액추에이터, 더 오래가고 가벼운 배터리, 더 빠르고 정확하게 주변 환경을 인식하는 센서 기술 그리고 무엇보다도 로봇의 지능을 결정짓는 AI 소프트웨어 알고리즘 개발에 그 승패가 달려 있다. 특히 로봇이 실제 환경에서 다양한 작업을 자율적으로 수행하기 위한 AGI에 가까운 AI 모델 개발에 모든 기업이 사활을 걸었다. 대규모 LLM을 로봇 제

어에 접목하려는 시도를 시작으로 시뮬레이션과 실제 환경 데이터를 결합해 학습 효율을 높이는 기술, 인간의 시연을 로봇이 스스로 학습하는 모방학습 및 강화학습 기법 등이 활발하게 연구되고 있다. 머스크도 단기적 수익성보다는 장기적 기술 우위 확보에 초점을 맞춘다. 옵티머스 기술을 개발할 때도 FSD 개발에서 얻은 교훈과 기술을 바탕으로 하드웨어와 소프트웨어의 수직적 통합, 실제 환경에서의 대규모 데이터 수집과 학습을 강조한다.

기술 경쟁이 치열해지는 만큼 인재 확보도 치열해질 것이다. AI와 로봇공학 분야 최고급 인재는 전 세계적으로 부족하다. 앞으로 10년 동안 이들을 영입하기 위한 기업 간 경쟁은 상상을 초월할 것이다. 현재 실리콘밸리를 중심으로 형성된 AI 인재 시장에서는 수억 원의 연봉과 스톡옵션이 기본이며 연구 환경과 자율성도 파격적이다. 머스크는 트위터(현 엑스X)로 직접 AI 엔지니어 채용 공고를 내며 "세상을 바꿀 위대한 일에 동참하라"라고 호소했고 중국 기업은 정부 지원을 등에 업고 파격적 조건을 제시하며 해외 유학파 인재를 본국으로 불러들이고 있다. 대학 연구실의 촉망받는 교수나 박사 과정 학생은 기업의 스카우트 0순위고 심지어 경쟁사 핵심 인력을 빼내오기 위한 물밑 작업도 공공연하게 벌어진다. 휴머노이드 로봇 시장에서도 같은 흐름이 반복될 것이 분명하다.

기술과 특허 확보는 한몸이다. 로봇의 기구 설계, 센서 융합 기술, AI 알고리즘, 사용자 인터페이스 등 다양한 분야에서 수많은 특허가 쏟아져 나오고 있다. 오픈소스 AI 기술의 발전은 또 다른 변수다. 구글의 텐서플로, 페이스북(현 메타)의 파이토치 같은 오픈소스 딥러닝 프레임워크는 전 세계 개발자가 AI 기술에 더 쉽게 접근하고 연구 속도를 높이는 데 크게 기여했다. 이는 후발 주자나 자금력이 부족한 스타트업에는 기회지만 기술을 평준화함으로써 선두 기업에는 기술적 우위 약화라는 위협이 되는 양날의 검이었다.

그렇다면 테슬라 옵티머스가 중국 유니트리 G1을 이길 수 있을까? 아직은 전쟁의 승자가 누가 될지 모른다. 현재 두 로봇의 기술 수준을 직접적으로 비교하는 것은 시기상조다. 하지만 경쟁력을 비교해볼 만한 지점은 곳곳에서 보인다.

옵티머스는 주로 테슬라 내부에서 개발과 테스트를 진행하며 제한된 정보만 공개된다. 공개된 영상과 자료로 추론해보면 옵티머스는 고도의 자율성과 복잡한 환경에서의 작업 수행 능력, 인간과의 자연스러운 상호작용 능력을 갖추고 있다. 키는 약 173센티미터, 무게는 약 57~73킬로그램, 운반 능력은 걷는 동안 20킬로그램, 데드리프트 68킬로그램, 시속 8킬로미터다. 재료는 금속과 플라스틱 조합으로 경량화를 위해 플라스틱을 강조한다. 테슬라의 FSD 컴퓨터 기반으로 구축됐으며 테슬라 SoC 및 테슬라 자동차 부문의 멀티캠 비디오 신경망, 신경망 계획, 자동 레이블링 기술을 활용한다. 옵티머스에는 로봇운영체제ROS를 사용하지 않고 자체 자동차 소프트웨어 스택을 이식하기로 결정했다. 옵티머스는 손의 자유도Degrees of Freedom, DOF가 뛰어나다. 초기 버전은 DOF가 11이었으며 생산 유닛 목표는 22DOF다. 머스크는 손이 옵티머스 엔지니어링 노력의 거의 절반을 차지한다고 강조하며 손의 유용성이 중요함을 몇 번이나 언급했다.[3] 가격 목표는 2만~3만 달러대다.

반면 G1은 특정 작업에서의 효율성과 안정성, 개발자 친화적인 환경 제공에 중점을 두는 것으로 보인다. 유니트리 G1은 키 약 127~132센티미터, 무게 약 35킬로그램, 시속 약 7.2킬로미터다. 3D 라이다와 심도 카메라를 탑재했고 배터리 수명은 약 2시간이다. 전체 운반 능력은 명시되지 않았지만 운반을 위해 몸체를 접을 수도 있다. 유니트리는 로봇 통합 대형 AI 모델로 모방학습과 강화학습을 사용한다. 에듀EDU 버전에는 더 높은 연산 능력을 위해 엔비디아 젯슨 오린Jetson Orin(40~100TOPS)을 사용할 예정이다. 유니트리는 비디오영상 학습을 위해 엔비디아와 CMU와의 협력도 강화할 생각이다. G1의 특징은 힘 제어 방식의 민첩한 손이며 일반적으로 세 손가락(Dex3-1)을 사용하고 고급 에듀 모델 옵션은 이보다 더 발전한 다섯 손가락을 사용한다. 민감한 조작을 위해 힘·위치 하이브리드 제어 방식을 택했다. 유니트리는 비용 효율적 전략의 일환으로 (테슬라가 사용한다고 알려진) 더 비싼 선형 액추에이터 대신 회전형 액추에이터를 택했다. 이를 통해 G1 가격대를 약 1만 6,000달러(중국)로 책정할 수 있었다. 해외에서는 약 2만 8,000달러에 판매할 예정이다. 자체 개발 부품도 비용 절감에 기여했다. 다양한 G1 모델 제공 전략 역시 여러 시장을 공략할 수 있는 기회가 됐다. 공개 시연된 능력을 살펴보면 걷기, 달리기, 점프, 백플립(H1 모델, G1도 유사하게 학습), 춤, 무술, 험지나 계단 주행 등 인상적인 민첩성을 보여줬다. 호두 다루기, 병뚜껑 열기, 음식 뒤집기 같은 물체 조작도 문제없이 해냈다. 성장하는 오픈소스로 핵심 기술을 공개하는 등 개방형 생태계 전략도 구사 중이다. 몇몇 장점은 분명하지만 아직 초기 모델이어서 복잡한 작업에서의 실제 자율성 수준은 종종 불분명하다. 복잡한 작업 수행은 프로그래밍과 인간의 감독에 의존해야 한다. 일부 시연(쿵푸)의 진위성과 원격제어 의심을 사고 있기도 하고 버전이 다양한 만큼 기능과 가격대가 제각각이라 혼란을 야기할 가능성이 있으며 AI는 여전히 복잡한 추론을 어려워한다.

두 로봇을 좀 더 세밀하게 비교해보자. 하드웨어 스펙을 보면 옵티머스는 신체 크기와 힘에서 G1보다 우세하다. 관절 DOF와 구동부 구성 면에서는 두 로봇의 성능이 막상막하다. 옵티머스는 테슬라가 자체 개발한 28개 구조 액추에이터를 사용해 전신을 움직이며 손가락까지 포함하면 DOF가 200 이상인 복잡한 기구로 설계돼 있다.[4] 반면 유니트리 G1은 기본형이 총 23DOF로, 두 팔(각 5DOF), 두 다리(각 6DOF), 허리(1DOF) 등 필수 관절을 갖췄다. G1은 모듈식 확장에 따라 옵션으로 삼지로봇 손Dexterous Hand 장착 시 손가락 7DOF와 손목 2DOF가 추가돼 최대 43DOF까지 늘릴 수 있다.

기동성과 동력 성능 면에서는 옵티머스가 힘이 더 강하며 장시간 작동한다. 옵티머스는 두 다리에 장착된 강력한 구동기로 최대 20킬로그램 무게의 물체를 들거나 운반할 수 있다. 심지어 테슬라는 다리의 주력 액추에이터 2개로 500킬로그램에 달하는 무게를 들 수 있다고 시연하며 로봇 다리의 잠재적 힘을 과시했다. 이에 비해 G1은 소형 경량 설계로 힘은 제한적이다. G1 기본 버전의 팔 하나당 적재 중량은 약 2킬로그램이며 에듀 버전도 3킬로그램 정도로 향상되는 수준에 불과하다. 다만 G1은 가벼운 구조 덕분에 점프, 공중제비, 발차기 등 역동적 동작을 선보일 수 있었고 각 관절의 모터 관성을 최적화하고 공기 냉각 시스템을 도입해 작은 체구에서 최대의 기민함을 얻도록 설계됐다. 두 로봇의 최고 이동 속도는 비교적 유사하다. 앞서 언급한 대로 옵티머스는 시속 약 8킬로미터까지 설계됐고 G1은 시속 약 7.2킬로미터로 발표됐다. 실제 시연에서 G1은 고속으로 달리거나 장애물이 있는 계단도 오르는 등 민첩성을 보였으며 옵티머스는 2023년 말에 이르러 똑바로 선 자세에서 자연스러운 보행과 한 발 균형 잡기를 성공시키며 안정성 개선을 입증했다.[5]

센서와 컴퓨팅 면에서는 자율주행차 기술을 상당 부분 활용하는 테슬라 옵티머스가 우세다. 옵티머스는 차량용 테슬라 비전 카메라와 자율주행 컴퓨터(FSD 칩)를 로봇 두뇌로 사용해 주변 환경을 인지한다. 사람 머리 위치에 해당하는 부분에 여러 시각 센서가 통합돼 있고 차량과 동일한 테슬라 FSD 컴퓨터가 몸통에 내장돼 인간 수준의 공간 인식과 물체 인지가 가능하다. 또 와이파이·LTE 무선 통신, 오디오용 마이크와 스피커까지 내장돼 자율적 작동에 필요한 모든 하드웨어를 자체 탑재하고 있다. 반면 유니트리 G1은 가격을 낮추기 위해 차량급 AI 칩 대신 8코어 CPU 기반 제어기를 채택했다. 그나마 유니트리 G1이 약간 우위인 부분은 외부환경 인지를 위해 인텔 리얼센스 심도 카메라와 라이복스Livox 360도 라이다를 머리 부분에 장착했다는 것 정도다. 이 조합으로 3차원 공간 지도를 작성하고 장애물을 피하며 균형 있게 걸을 수 있다. G1 역시 4개 마이크로 음성 명령을 듣고 5W 스피커로 반응음을 내는 등 멀티모달 인터페이스를 갖추고 있다.

배터리 지속 시간은 로봇의 활용도를 좌우하는 중요한 요소로 두

제품이 확연히 다르다. 테슬라의 옵티머스는 자동차 배터리 기술을 응용한 2.3킬로와트시kWh 용량 배터리를 흉부에 내장하고 있다. 테슬라에 따르면 이는 종일 작업하기에 충분한 용량으로 실제로 로봇이 앉아서 대기할 때는 약 100와트, 걷는 등의 활동을 할 때는 평균 500와트 정도를 소비해 최소 4시간에서 최대 23시간까지 작동 가능하다. 비교적 장시간 자율작업을 염두에 둔 배터리 시스템이라는 의미다. 반면 유니트리 G1의 배터리는 9,000밀리암페어시mAh(약 0.43킬로와트시) 용량으로 옵티머스의 5분의 1 수준이며 완충 시 약 2시간 정도 동작이 가능하다. G1은 연속 운용 시 배터리 팩을 갈아 끼우도록 설계돼 배터리를 빠르게 교체할 수 있다.

    두 로봇 간 AI 수준(자율성 및 지능)도 비교해보자. 옵티머스와 G1은 AI 활용도와 자율성 면에서 지향점이 다소 다르다. 테슬라 옵티머스는 테슬라가 자랑하는 첨단 AI 기술을 로봇에 이식한 사례로 여러 영상을 통해 높은 자율동작 능력을 과시했다. 한 예로 2023년 공개된 영상에서 옵티머스는 완전 자율적으로 물체를 분류하고 배열하는 작업을 선보였다. 이 데모에서 옵티머스는 카메라 비전만으로 테이블 위 블록이나 배터리 셀 색상과 자세를 인식한 다음 사람의 개입 없이 같은 색끼리 정렬하고 쓰러진 블록은 바로 세워 정돈했다. 테슬라 엔지니어들은 해당 작업을 위해 로봇의 신경망을 끝단까지 학습시켰다고 밝혔는데 이는 비디오 입력, 제어 출력까지 모든 계층을 인간의 개입 없이 학습한 딥러닝 모델이라는 뜻이다. 실제로 옵티머스 뉴럴넷Neural Networks은 완전히 기계 자체에 내장돼 실시간으로 동작하며 외부 클라우드에 의존하지 않고 온보드 컴퓨터로 영상을 인식하고 모터도 제어한다. 이는 테슬라가 FSD에서 추구하는 비전온리vision only, AI 주도 접근과 비슷하다. 머스크는 "진정한 FSD 12 버전은 이미지 입력부터 조향·가속 출력까지 모두 AI로 처리되는 것"이라고 언급한 바 있는데 옵티머스 로봇도 동일한 철학을 바탕으로 사람처럼 주변을 보고 판단해 행동하게끔 개발 중인 셈이다. 최신 옵티머스 프로토타입에는 팔다리 위치를 스스로 보정self-calibration하는 기능을 추가해 작업 전 시각과 관절 센서 피드백으로 자세를 조정해 정확도를 높인 듯하다. 작업 도중 사람이 일부러 물체 위치를 어지럽혀도 로봇이 곧 이를 인식하고 다시 올바르게 정돈하는 적응적 대응 능력도 시연됐다. 이는 로봇이 단순히 녹화된 동작을 반복하는 게 아니라 환경 변화에 대응해 실시간으로 판단하는 수준에 도달했음을 보여준다.

옵티머스의 이런 지능적 자율성은 테슬라가 보유한 대규모 머신러닝 자산 덕분에 가능하다. 테슬라는 수년간 자율주행차를 개발하며 축적한 테슬라 비전 인지 네트워크를 옵티머스에 재활용하고 있는데 이미 수백만 대 차량으로 학습된 객체 인식 능력이 로봇이 사물을 이해하는 데 쓰인다. 또 로봇 제어 측면에서는 심층 강화학습 기법을 적극 도입해 시뮬레이션 환경에서 로봇의 걷기, 균형 잡기, 물체 다루기를 훈련하고 그 정책을 실제 로봇에 이식하는 접근법을 취하고 있다. 예를 들어 옵티머스 개발 팀은 시뮬레이터상에서 무수히 많은 보행 시도를 강화학습으로 훈련해 실제 로봇에 적용함으로써 몇 달 만에 거동을 크게 향상했다고 밝혔다. 머스크도 2023년 주주회의에서 옵티머스의 "모든 동작 제어 소프트웨어를 자율 AI로 발전시키고 있다"라고 언급하며 장기적으로 사람의 수동 프로그래밍 없이 학습을 통해 기능을 획득하는 방향으로 나아가고 있음을 밝혔다.

다만 현재까지 옵티머스 시연 중 일부 복잡한 작업(예: 공장에서 부품 조립 등)은 원격조종 또는 인간 보조가 동원된 것으로 확인돼 논란이 있었다. 2023년 가을 테슬라가 참가한 '위로봇We Robot' 행사에서 옵티머스가 수행한 몇 가지 데모는 사전에 인간이 로봇을 일부 조작한 것이었으나 테슬라가 이를 바로 알리지 않아 투명성 논쟁이 일었다. 이런 초기 시행착오에도 불구하고 테슬라는 로봇의 유용성을 가로막는 것은 하드웨어가 아니라 소프트웨어라고 판단하고 AI 소프트웨어 성능을 높이는 데 집중하고 있다. 실제로 옵티머스의 최신 보행, 동작 영상은 이전 세대 휴머노이드보다 자연스러움과 안정성이 뚜렷하게 향상됐고 스스로 학습한 동작 시퀀스를 선보이는 등 순수 자율로봇에 한 걸음 가까워졌다.

반면 유니트리 G1의 AI 수준은 제한적 자율과 사용자 훈련에 초점이 맞춰져 있다. G1은 낮은 가격대에 제공되는 만큼 테슬라처럼 거대한 온보드 연산 능력이나 사전 학습된 거대 비전 모델은 없다. 대신 기본 동작 제어나 균형 유지에는 상당한 AI 기술이 활용됐다. 예를 들어 G1의 계단 오르기, 공중 뒤집기 등 고난도 동작은 인간 시범 동작 데이터를 모방하거나 시뮬레이션상에서 반복 학습시켜 얻은 제어기를 적용한 결과다. G1이 공개 초기부터 선보인 격렬한 춤 동작, 무술 동작, 공중제비 등의 시연 영상은 전통적 규칙기반 제어로는 달성하기 어려운 수준의 역동성으로 학습기반 제어기의 성능을 잘 보여준다. 그러나 이런 동작은 주로 사전 프로그래밍 되거나 학습된 시나리오 내에서의 자율이라 완전히 새로운 작업을 스스로 계획·실행하는 범용지능과는 거리가 있다. 실제로 매체에서도 "G1을 당장 집에 들여놓더라도 바로 아침 식사를 차려주지는 않을 것"이라고 언급하며 사용자가 용도를 가르쳐야 하는 플랫폼임을 강조했다. 유니트리 측 역시 G1을 "현실판 로지(《우주가족 젯슨》의 가사로봇)가 아니다"라고 선을 그으며 대신 유니트리 로봇 단일 초거대모델Unitree Robot Unified Large Model, UnifoLM이라는 자체 학습 프레임워크로 사용자가 로봇에 동작을 학습시킬 수 있도록 설계했다고 밝혔다. 즉, G1은 초기에 연구자나 개발자가 다양한 AI 알고리즘을 테스트하거나 환경에 맞는 동작을 훈련하는 용도로 적합하며 완전한 가사용 자율로봇으로는 부족하다. G1의 온보드 AI 처리 능력도 8코어 CPU로 제한돼 대규모 신경망 추론 등은 테슬라의 옵티머스에 못 미친다. 복잡한 시각 인식이나 고난도 임무를 위해서는 앞서 언급한 젯슨 오린 업그레이드를 적용하거나 외부 PC와 연동해 제어하는 방식을 쓰는 수준이다. 이런 구조는 학술 연구의 유연성은 담보하지만 테슬라 옵티머스처럼 자체적으로 모든 상황을 판단하는 수준에는 이르지 못한다. 예를 들어 G1이 시연한 프라이팬으로 음식 뒤집기 데모의 경우 로봇이 팬의 위치나 각도를 센서로 감지하고 행동했다기보다 정해진 모션을 실행하면서도 손끝 힘 제어로 섬세함을 보여준 사례라고 볼 수 있다. 즉, 환경 인지보다는 모터 제어 성능을 강조한 데모에 불과하다. 향후 유니트리 G1이 시각 지능이나 음성 인식 등 상위 레벨 AI 기능을 향상하려면 더 강력한 프로세서를 장착하고 소프트웨어를 축적해야 한다.

정리하면 테슬라 옵티머스는 자율주행 기술과 딥러닝을 심장부에 장착해 높은 자율성과 지능을 추구하고 있으며 이미 일부 작업에서는 사람 개입 없이도 주변을 인식·결정·실행하는 단계에 진입했다. 반면 유니트리 G1은 기본적 자율보행과 동작 제어는 가능하지만 복잡한 작업을 혼자 판단하는 수준은 아니며 사용자 지도가 필요한 학습형 로봇 정도다.

제조 능력과 생산 전망도 비교해보자. 테슬라는 대형 제조 기업

테슬라 옵티머스 대 유니트리 G1

특징	테슬라 옵티머스	유니트리 G1(기본/에듀 고급형)
키	약 173cm	약 127~132cm
무게	약 57~73kg	약 35kg
최대 탑재량	20kg	2~3kg
최대 데드리프트	68kg	해당 없음/명시되지 않음
속도	8kph	7.2kph
자유도 총계	28(초기)/40(후기, 손 포함)	23/43
손 자유도	11(초기)/22(생산 목표)	3지(Dex3-1)/5지(Inspire, 옵션)
액추에이터 유형	테슬라 맞춤형(선형 추정)	회전형(자체 개발)
배터리 수명/용량	명시되지 않음 (테슬라 EV 배터리 기술 활용)	약 2시간/9,000mAh
주요 센서	오토파일럿 카메라(8개), 힘 피드백 센서	3D 라이다, 심도 카메라 (힘/촉각 센서 옵션)
AI 연산 하드웨어	테슬라 SoC	8코어 CPU/엔비디아 젯슨 오린
기본 가격	2만~3만 달러	1만 6,000달러(중국), 2만 8,000달러 이상(해외)

답게 옵티머스를 대량생산 가능한 상품으로 발전시키는 데 역량을 집중하고 있다. 머스크는 옵티머스를 두고 "테슬라의 미래 수익에서 수조 달러 규모 기회"라고 할 정도로 거대한 포부를 밝히며 연간 수십만에서 수천만 대를 생산할 수 있는 로봇으로 키우겠다고 언급했다. 이런 목표를 뒷받침하기 위해 테슬라는 이미 2023년 미국 프리몬트 공장 내 파일럿 생산라인을 구축하고 첫 번째 옵티머스 시험 생산에 성공했다고 전해진다. 2025년 초 사내 회의에서 머스크는 "2025년 말까지 옵티머스 5,000대를 만들 수 있기를 기대한다"라고 말하며 내부적으로는 1만~1만 2,000대 분량 부품 확보가 목표라고 밝혔다. 그는 "완전히 새로운 제품이므로 1만 대의 절반인 5,000대만 만들어도 성공이라 생각한다. 5,000대는 고대 로마군단 규모"라고 비유하며 초기 생산량 목표를 설명했다. 이는 자동차에 비하면 작은 숫자지만 휴머노이드 로봇으론 전례 없이 큰 규모다. 테슬라는 기가팩토리 등 기존 자동차 생산 시설 전문성을 활용해 로봇도 자가 부품 생산과 조립 자동화를 목표로 한다. 실제 옵티머스의 액추에이터, 배터리, 인쇄회로기판Printed Circuit Board, PCB 등 핵심 부품을 모두 자체 설계·제조함으로써 외부 의존도를 낮추고 비용을 절감하기 위해 노력 중이다. 머스크는 "옵티머스 제작비가 자동차보다 훨씬 저렴할 것"이라고 누차 강조했는데 자동차에 쓰이는 고가 부품이 없고 크기도 작아 재료비 면에서 유리하다는 뜻이다. 물론 로봇 특유의 복잡한 관절·센서 모듈 등 일부 고비용 요소가 있지만 테슬라는 이미 차량 생산원가를 낮춘 경험을 살려 로봇 역시 공격적으로 원가 절감을 추진할 것으로 보인다. 테슬라는 옵티머스를 2만 달러 이

하로 판매하는 것이 목표라고 처음부터 밝혔다. 머스크는 'AI 데이 2022'에서 옵티머스 가격이 차 1대보다 싸게 나올 것이라 확신한다고 말했으며 이는 기존 휴머노이드(수억 원대)에 견줘 획기적인 가격이다. 2025년 현재 머스크는 주주에게 1대당 2만 5,000~3만 달러 수준을 거론하며 2026년쯤 옵티머스 외부 판매를 시작할 수 있다고 언급했다. 물론 이 수치는 과장된 홍보일 수 있다. 하지만 그대로 실현된다면 옵티머스는 대중적 보급을 노릴 수 있는 첫 번째 인간형 로봇이 될 것이다. 참고로 고도화된 휴머노이드인 보스턴다이내믹스의 아틀라스는 판매가가 공개되지 않았으나 수백만 달러 수준으로 추정되고 어질리티 로보틱스의 디짓도 약 25만 달러대로 알려져 있다.[6]

반면 유니트리 로보틱스는 중국 항저우에 본사가 있는 스타트업 규모로 자체 조립 공장과 협력사 생산망을 활용하지만 테슬라만큼의 초대형 설비는 없다. 대신 중국의 값싼 부품 공급망과 인력을 활용해 비용을 낮추고 생산을 유연하게 조절할 수 있다는 이점이 있다. 유니트리는 원래 소형 4족 로봇(개형 로봇)으로 유명해졌으며 고1 등의 제품을 경쟁사 대비 10분의 1 가격에 내놓아 시장을 놀라게 한 바 있다. 이런 공격적 가격 책정 전략은 G1 휴머노이드에도 그대로 적용됐다. 2023년 첫 휴머노이드 시제품 H1을 공개했을 당시 가격은 약 9만 달러로 책정됐으나 불과 1년 만에 개선형 G1을 내놓으며 가격을 1만 6,000달러 수준으로 대폭 인하했다. 부품 공용화, 설계 단순화, 생산 공정 개선 등을 통해 원가를 획기적으로 낮춘 결과로 추측된다. 현재 G1은 양산형 버전이라고 불리지만 실제 본격 양산에 착수했는지는 불확실하다. 2024년 8월 발표 시점에 유니트리는 G1을 곧 생산하겠다고 했으나 정확한 출시일이나 생산량 계획은 공개하지 않았다. 다만 국제로봇학회International Conference on Intelligent Robots and Systems, IROS에서 G1을 선보이고 'CES 2025'에서도 시연하는 등 수요 확인 과정을 거치는 중이다. 업계에서는 G1의 초도 생산분이 수십~수백 대 수준으로 먼저 연구 기관 등에 공급되고 피드백을 반영해 향후 생산을 확대할 것으로 보고 있다. 실제 온라인 로봇 유통사를 통해 G1 예약 판매(선주문)가 진행 중인데 앞서 언급한 대로 기본형 약 1만 6,000달러, 에듀 풀옵션은 2만~2만 3,000달러 선으로 제시됐다. 일단 손해를 감수하더라도 시장점유를 위해 낮은 가격을 책정했을 가능성이 크며 향후 수요가 증가하면 양산 효과를 통해 어느 정도 마진을 확보하겠다는 전략으로 보인다.

가격 대비 성능도 평가해보자. 이를 위해서는 스펙 비교를 넘어 투자 대비 가치가 얼마나 유용한지도 따져봐야 한다. 유니트리 G1은 현재 시중에 공개된 휴머노이드 중 가장 저렴한 가격을 내세우고 있다. 기본 가격 1만 6,000달러는 동일 시기 다른 로봇과 비교할 때 압도적으로 낮다. 예를 들어 보스턴다이내믹스의 4족 로봇 스팟의 가격 7만 4,500달러와 비교하면 G1은 키는 작아도 두 팔과 손이 달린 인간형 로봇을 그보다 훨씬 싼 가격에 제공하는 셈이다. 물론 스팟은 산업 현장에서 내구성과 IP등급이 검증된 상용 로봇이고 G1은 아직 실험 단계긴 하지만 가격만 보면 G1이 휴머노이드의 대중화를 앞당기는 역할을 하고 있음이 분명하다. G1의 성능 대비 가격을 자세히 보면 2시간 동작 시간과 2킬로그램 수준의 팔 힘, 23DOF라는 스펙은 1만 6,000달러라는 비용 안에서 적절한 균형점을 맞춘 듯 보인다. 특히 라이다와 심도 카메라 같은 센서 구성을 이 가격대에 포함한 것은 파격적이다.[7] 이는 G1이 자율이동과 환경 스캐닝이 가능함을 의미하며 연구자가 로봇 비전, 동시적 위치 추정 및 지도 작성Simultaneous Localization and Mapping, SLAM 실험 등에 추가로 투자하지 않고도 곧바로 G1을 활용할 수 있다. 옵션을 붙이더라도 2만 달러 초반으로 고성능 컴퓨팅 휴머노이드 플랫폼을 3,000만 원 이하에 갖출 수 있다는 점은 많은 연구 기관과 개발자에게 매력적인 제안이다. G1이 보여준 민첩한 운동성도 값비싼 대형 로봇 못지않아 역학적 성능 대비 비용 효율이 상당히 높다고 볼 수 있다.

다만 한계도 분명하다. 예컨대 배터리 2시간 지속은 실사용에 제약이 될 수 있고 팔 힘이나 손가락 정교함이 제한적이라 실제 산업에 투입하긴 어렵다. 따라서 현 시점에서 유니트리 G1이 가성비가 있다는 말은 'R&D용 플랫폼으로써의 가성비'다. 즉, 동일한 돈으로 다른 로봇을 사느니 G1을 사서 다양한 연구를 해볼 수 있다는 면에서는 최고 수준의 효율이지만 즉시 인력 대체 효과를 내는 실용성 관점에서는 투자 대비 효용이 크다고 말하기 어렵다.[8]

반면 옵티머스는 아직 시판 전이지만 머스크가 제시한 2만 달러 내외 가격대와 알려진 스펙을 기준으로 가늠해볼 때 게임체인저가 될 잠재력이 크다. 키 173센티미터, 28DOF 관절, 8시간 이상 작동, 20킬로그램 적재 능력 등 옵티머스의 목표 성능은 가격이 수억 원대인 기존 연구용 휴머노이드 스펙과 견줄 만하다. 만약 테슬라가 정말로 2만~3만 달러에 이 정도 능력의 로봇을 공급할 수 있다면 노동시장에서 파괴력을 발휘할 가능성이 매우 높다. 연봉 3만 달러 수준의 단순 노동직 1명과 동일한 가격에 24시간 일할 수 있는 로봇을 들일 수 있다는 계산이 나오기 때문이다. 물론 옵티머스가 그런 생산성을 발휘하려면 소프트웨어가 충분히 발전해야 하지만 하드웨어 스펙으로는 인간의 많은 작업을 대체할 수 있게 된다.

옵티머스의 가격 대비 성능을 논할 때 간과할 수 없는 점은 테슬라의 차량용 부품과 기술을 상당 부분 활용한다는 것이다. 배터리, 모터, 전자제어장치 등은 테슬라 전기차에서 검증된 기술이라 신뢰성 대비 비용 효율도 높다. 또 대량생산을 전제로 설계되고 있어 생산이 늘어날수록 단가가 낮아진다. 앞서 언급한 대로 머스크는 "로봇은 차보다 재료도 적게 들고 조립도 간단하므로 향후 비용이 자동차 절반 이하로 떨어질 수 있다"라고 장담했다. 이를 현실화하려면 결국 생산량을 충분히 확보해야 하는데 테슬라는 자사 수요를 통해 초기 물량을 자체 소화하며 규모의 경제를 실현할 수 있다.

이번에는 시장 전략을 비교해보자. 테슬라와 유니트리는 상당히 대조적인 전략을 쓴다. 이는 앞서 설명한 기술적 지향성과도 맥이 닿아 있다. 옵티머스는 애초에 거대한 상용 시장을 염두에 두고 프로젝트를 시작했다. 머스크는 옵티머스를 가리켜 "궁극적으로는 가정과 직장에서 사람들을 도와줄 로봇"이라고 언급하며 미래에 거의 모든 반복적이고 위험한 일을 로봇이 대체하게 될 것이라는 비전을 제시했다.[9] 테슬라의 단기적 타깃 시장은 자사 자동차 공장의 작업 자동화다. 머스크는 "옵티머스를 먼저 테슬라와 스페이스X에서 써볼 것"이라고 밝힌 바 있으며 실제로 'AI 데이 2022'에서 공개된 영상에서도 프리몬트 공장에서 프로토타입이 부품을 들어 올리는 시연 장면이 등장했다. 즉, 초기에는 산업에 투입해 성능을 검증하고 점차 외부 기업 고객에 판매를 확대하겠다는 전략이다. 테슬라 경영진은 2026년 외부 판매 개시를 목표로 준비 중이며 이에 대비해 고객 안전 요구, 법규 준수 등을 충족하는 작업도 병행하고 있다. 장기적으로는 일반 가정용 서비스 로봇 시장까지 염두에 두고 있는데 언젠가 로봇이 가정에서 빨래를 개고 식사를 준비하는 등 생활을 편하게 해줄 수 있다고 본다. 즉, 테슬라의 시장 전략은 '최대한 빨리 유용한 범용로봇을 만들어 선점하라'라고 요약되며 이를 위해 처음부터 거대 소비자층을 겨냥해 대중의 기대를 고조하고 막대한 선행 투자를 감행하는 중이다.

반면 유니트리 G1은 선택과 집중, 현실적 접근으로 시장을 공략하고 있다. 창업자 왕싱싱은 한 인터뷰에서 "우리는 테슬라처럼 무엇이든 하는 로봇을 당장 만들려는 것이 아니라 많은 사람이 접근할 수 있는 로봇 플랫폼을 제공해 함께 발전시키고 싶다"라고 말했다. 실제로 유니트리 G1의 1차 타깃 고객은 학계 연구실, R&D 부서, 로봇 애호가 등이다. G1을 구입한 뒤 자신이 원하는 용도로 프로그래밍하거나 AI를 훈련해야 하므로 G1은 일종의 반제품 혹은 키트 상품으로 볼 수도 있다. 이를 위해 유니트리는 앞서 언급한 개발 프레임워크 UnifoLM과 시뮬레이터 등을 함께 공개해 개발자들이 G1의 각종 센서·모터 인터페이스를 쉽게 활용하고 맞춤화할 수 있도록 지원하는 중이다. 또 G-Comp, G-Boxing 등 어플리케이션 플랜을 홈페이지에 소개하며 로보컵 축구나 격투 시연처럼 특정 분야에 G1을 활용하는 시나리오도 제시했다.

고객 확보 전략 면에서도 테슬라와 유니트리의 전략과 속도는 다르다. 테슬라는 아직 제품을 고객에게 판매하지 않았음에도 벌써 수많은 예비 수요를 만들어내고 있다. 머스크는 옵티머스가 준비되면 전 세계 수백만 가구와 기업에 팔릴 것이라 자신하는데 실제로 테슬라 팬덤과 기술 커뮤니티는 옵티머스 출시를 손꼽아 기다리는 분위기다. 심지어 일부 스타트업은 옵티머스 생태계를 겨냥한 액세서리나 소프트웨어 아이디어를 미리 구상하는 등 옵티머스 출시 전부터 에코 시스템이 꿈틀대고 있다.

이에 반해 유니트리는 작은 회사인 만큼 고객층을 구체적으로 설정해두고 직접 공략한다. 대학 연구소나 기업 R&D 부서에 데모나 할인 프로모션을 제시해 초기 고객을 확보하고 여러 로봇 경진대회 등에 G1을 출품해 우수성을 입증함으로써 구매를 유도한다. 2024년 하반기에는 중국 내 유수 대학과 MOU를 체결해 G1을 연구 플랫폼으로 공급하고 그 결과를 공동 발표했다. 또 기존 자사 4족 로봇 고객을 상대로 G1 업셀링(상위 제품 판매)도 노리고 있다.

종합적으로 보면 2025년을 기준으로 테슬라 옵티머스가 유니트리 G1보다 우세하다. 물론 전문가 평가는 엇갈린다. 일부는 테슬라의 압도적인 AI 기술력과 자본력, 머스크의 리더십을 바탕으로 옵티머스가 결국 시장을 지배할 것이라고 예측한다. 일각에서는 자체 SoC를 개발하고 독점 FSD 소프트웨어를 이식해 옵티머스를 심층적으로 최적화하고 통제하겠다는 테슬라의 접근 방식은 그 핵심 가정이 틀릴 경우 적응이 느릴 위험이 있다고 우려를 표한다. 유니트리의 가격 경쟁력과 빠른 시장 침투 능력, 중국 정부의 지원을 바탕으로 G1이 특정 시장에서 탄탄한 입지를 구축해 장기적으로는 옵티머스의 강력한 경쟁자로 부상할 것이라는 전망도 나온다. 유니트리가 일부 G1 에듀 모델에 엔비디아의 고성능 부품을 사용하고 자체 UnifoLM 및 오픈소스 요소를 결합하는 등 유연성을 발휘하는 전략이 R&D 속도, 비용 구조에서 계속 우위를 유지하게 하리라는 평가도 있다. 어쩌면 승자는 단 하나의 기업이 아닐 수 있다는 전망도 있다. 스마트폰 시장에서 애플과 안드로이드 진영이 공존하듯 휴머노이드 로봇 시장 역시 다양한 기술과 가격대 제품이 각자의 영역을 구축하며 공존하는 형태로 발전할 가능성도 있다.

기술 발전의 역사에서 새로운 기술이 등장할 때마다 기존 일자리가 사라지고 새로운 일자리가 생겨나는 과정은 반복됐지만 휴머노이드 로봇과 AI가 가져올 변화의 속도와 범위는 과거와는 비교할 수 없을 정도로 클 수 있다. 따라서 이런 변화에 대비하기 위한 사회 전체의 노력이 필요하다. 기본소득제 도입 논의, 평생 교육 시스템 강화, 새로운 직업 발굴과 직업 전환 지원 등 다각적인 정책 대응이 요구된다. 인간의 역할도 재정의돼야 한다. 로봇이 할 수 없는, 복잡한 문제 해결 능력을 발휘할 수 있는 분야로 인간의 노동력이 이동해야 할 것이다.

로봇과 공존하기 위한 사회적·윤리적·법적 과제도 산적해 있다. 로봇의 행동은 누가 책임질 것인가? 로봇이 수집하는 개인정보는 어떻게 보호할 것인가? 로봇에 어느 정도의 권리와 의무를 부여해야 하는가? 인간과 로봇의 바람직한 관계는 무엇인가? 이런 질문에 대한 사회적 합의를 도출하고 이를 바탕으로 관련 법규와 제도를 정비해야 한다. 특히 로봇이 인간에게 해를 끼치지 않도록 하는 안전 기준과 함께 로봇이 특정 집단에 대한 편견을 학습하거나 차별적 행동을 하지 않도록 알고리즘의 공정성을 확보하는 일은 매우 중요하다. 현재 로봇의 오작동이나 해킹에 따른 안전 문제, 로봇의 자율성과 책임 수준에 대한 논쟁은 기술 발전의 속도를 따라가지 못하는 듯 보인다. 각국 정부와 국제기구가 이런 문제에 관한 논의를 시작했지만 아직 명확한 가이드라인이나 규제는 마련되지 않은 상태다. 테슬라는 옵티머스가 인간에게 위협이 되지 않도록 설계 단계부터 안전을 최우선으로 고려하고 있다고 강조했으며 유니트리 역시 자사 로봇이 인류에 긍정적인 방식으로 기여할 수 있도록 노력하겠다고 밝혔다. 하지만 이런 선언만으로는 충분치 않다. 테슬라 옵티머스와 유니트리 G1의 경쟁은 기술의 승패를 넘어 인류가 선택할 미래에 대한 질문을 던지고 있다. 인간과 로봇이 서로의 강점을 존중하고 협력하며 공존하는 사회, 기술 혜택이 소수에 집중되는 것이 아니라 모든 구성원에게 공평하게 돌아가는 사회를 만들기 위한 지혜와 노력이 필요한 시점이다.

테슬라의 또 다른 경쟁자, 엔비디아

휴머노이드 로봇의 본질은 범용 로봇, 즉 다목적으로 사용될 수 있는 로봇을 만드는 것이다. 특정 작업만 수행하는 기존 산업용 로봇 시장은 이미 성숙했다. 반면 노동력이 부족하거나 복잡하고 위험한 작업 환경에 들어가기 위한 범용 로봇는 여전히 필요하다. 모건스탠리는 2050년경 휴머노이드 로봇 시장이 약 5조 달러 규모로 확대될 것이라고 전망했다.[10]

'범용성'이라는 목표는 양날의 검과 같다. 광범위한 시장 잠재력도 있지만 여러 환경과 작업에 적응할 수 있는 지능과 물리적 능력을 갖춘 기계를 만드는 데는 높은 기술적 장벽이 동반된다. 하지만 2020년대 들어 생성형 AI가 등장하면서 다양한 일을 수행할 수 있는 휴머노이드 로봇의 실현 가능성이 크게 높아졌다. 과거처럼 로봇의 모든 행동을 일일이 코딩하는 것이 아니라 데이터만 주면 AI가 스스로 학습해 여러 작업을 할 수 있게 됐기 때문이다. 더 나아가 생성형 AI와 로봇공학의 융합은 단순히 반복적인 작업을 수행하는 것이 아니라 세상과 상호작용하는 새로운 차원의 기계를 창조하고 있다. 테슬라 옵티머스와 유니트리 G1의 경쟁에 전 세계 투자자의 이목이 쏠리는 이유다.

그러나 정작 테슬라가 조심해야 할 경쟁자는 따로 있다. 2025년 미국에서는 이 시장의 주요 플레이어로 엔비디아가 부상하고 있다. 물론 엔비디아는 테슬라처럼 휴머노이드 로봇 완제품을 만들 생각은 없지만 시장을 주도하겠다는 욕망이 강하다. 이유가 무엇일까?

생성형 AI를 중심으로 한 AI, 클라우드 시장 등에서 엔비디아는 독보적인 시장 지배자다. 엔비디아가 가는 길이 곧 표준일 정도다. 하지만 피지컬 AI 기술 기반의 휴머노이드 로봇 시장에서는 말이 다르다. 휴머노이드 로봇은 LLM모델을 탑재해 한 단계 발전했지만 LLM 기술이 주도적이진 않다. 피지컬 AI란 시뮬레이션과 실제 세계 간 데이터 루프를 통해 로봇이 스스로 학습·업데이트하며 시각·언어·행동까지 통합한 시각언어행동Vision-Language-Action, VLA 모델로 진화하는 프레임워크를 가리킨다. LLM은 이 사슬의 언어 층을 맡는 출발점일 뿐 전체 지능을 대체하진 않는다. LLM이 피지컬 AI에 필수긴 하지만 주도적이지 않은 이유는 무엇일까?

첫째, LLM은 물리법칙을 완벽하게 이해하지 못했다. 예를 들어 LLM은 연속 공간·시간의 물리 역학을 데이터로 직접 경험하지 않았기에 힘, 마찰, 관성 같은 파라미터를 정량 추론하는 능력이 약하다. 둘째, LLM은 즉각 정해진 대로 통제하는 데 한계가 있다. 셋째, LLM의 환각·안전 리스크는 인간과 신체적 접촉을 해야 하는 휴머노이드 로봇의 경우 그 위험도가 몇 배로 커진다. 환각적 언어 출력이 실제 행동으로 직결된다고 생각해보자. 작은 오류라도 큰 물리적 사고로 이어진다. 최근 배드로봇BadRobot 연구에서도 음성 프롬프트만으로 LLM이 탑재된 로봇이 위험한 행동을 하도록 유도할 수 있음이 입증됐다.[11] 넷째, 그래서 LLM은 전문 모델과 역할 분담만 할 수 있다. 휴머노이드 로봇은 시각, 물리 시뮬레이션, 제어 등 계층별 전용 모델이 필요하다. 물론 LLM이 이들을 호출·조정하는 상위 지휘자 역할을 수행할 순 있다. 예를 들어 사용자가 휴머노이드 로봇에게 "바닥에서 나사를 주워 공구함에 넣어줘"라고 명령하면 '① 음성 → 텍스트(LLM) ② LLM이 자연어를 [픽 앤드 플레이스Pick and Place] 플랜으로 변환 ③ 비전 모델이 나사 6D 포즈 인식 ④ 강화학습 기반 ⑤ 1킬로헤르츠kHz 서보 루프가 모터를 제어해 행동을 수행'하는 단계를 거친다. 쉽게 말해 LLM은 플랜 브로커일 뿐 물리적 상호작용에 필요한 손과 눈, 반사 신경은 별도의 AI 모델과 네트워크가 담당해야 한다. 따라서 LLM을 탑재했다는 것만으로는 완전한 휴머노이드 지능이라 보기 어렵다. LLM은 다양한 전용 AI 중 하나로 물리 세계를 움직이는 전체 파이프라인의 한 축을 담당할 뿐이다. 결국 엔비디아가 LLM 시장에서 갖춘 역량과 시장 장악력은 휴머노이드 시장에서는 그다지 결정적이지 않다. 이런 틈을 타 테슬라는 자율주행차로 갈고닦은 하드웨어와 AI 개발 기술을 앞세워 휴머노이드 로봇 개발의 수직 통합 모델을 만들고 있다.

앞서 이야기했듯이 테슬라는 자율주행차 개발로 물리적 공간에서 움직이는 피지컬 AI 기술을 이미 상당히 축적했으며 2025년 그 기술과 데이터를 휴머노이드 로봇에 빠르게 적용하고 있다. 그럼 테슬라를 추격하는 엔비디아의 전략은 무엇일까?

첫째, 엔비디아는 플랫폼·생태계 조성 전략을 중심에 둔다. 로봇을 직접 제작·판매해 다른 로봇 회사와 경쟁하기보다는 로봇 개발에 필요한 핵심 AI 기술과 인프라를 제공하는 데 집중한다.[12] 엔비디아는 아이작이라 불리는 로보틱스 플랫폼을 구축했는데 여기에는 고성능 엣지 AI 컴퓨터(젯슨 시리즈)와 로봇용 소프트웨어·시뮬레이션 툴킷(아이작 심, 코스모스 등)이 통합돼 있다. 아이작 심은 로봇 훈련 데이터를 확보하기 위해 물리적으로 정확한 3D 가상 환경을 구현해주는 옴니버스 플랫폼을 기반으로 로봇 행동을 시뮬레이션하고 합성 데이터를 생성한다. 로봇 개발자들은 아이작 심에서 자기 로봇의 3D 모델을 움직이며 각종 센서 데이터를 시뮬레이션하고 다양한 작업을 수행할 수 있다. 코스모스는 피지컬 AI 시스템 개발을 가속화하기 위한 생성형 월드 파운데이션 모델 플랫폼으로 합성 환경을 생성한다. 엔비디아는 옴니버스, 아이작 심, 코스모스 기술을 사용해 현실과 유사한 물리법칙과 광학적 사실성이 작용하는 디지털 트윈 환경을 제공한다. 실제로 엔비디아는 2024년 시그래프SIGGRAPH에서 2가지 새로운 AI 마이크로서비스, 미믹젠MimicGen과 로보카사RoboCasa를 공개했다. 미믹젠은 애플 비전 프로 같은 공간 컴퓨팅 기기로 사람이 시연한 동작을 기록한 뒤 이를 변형·확장해 수많은 유사 동작 데이터를 합성한다. 인간이 몇 번만 시연하면 로봇 학습에 필요한 수백만 가지 움직임 변화를 자동으로 만들어낸다. 한편 로보카사는 오픈USD 기반의 가상 환경 생성 툴로 주어진 작업에 맞는 로봇 임무 시나리오와 3D 환경을 절차적으로 생성한다. 예를 들어 창고 관리 로봇을 개발한다면 로보카사는 다양한 창고 레이아웃과 물체 배치를 무작위로 만들고 작업(피킹, 적재 등)을 자동 생성해 학습용 시나리오를 무한히 뽑아낸다.[13] 이런 생성형 시뮬레이션 기술 덕분에 엔비디아 플랫폼 사용자는 현실에서 사람이 하나하나 데이터를 수집하는 것보다 훨씬 빠르고 저렴하게 방대한 학습 데이터를 확보할 수 있다. 이는 사람을 고용해 모션 캡처 데이터를 모으는 테슬라의 접근법과 대조적이며 규모의 확장성 면에서 큰 강점으로 꼽힌다.

2024년 엔비디아는 생성형 AI 기능도 로봇에 적용하는 기술을 선보였다. 사람의 언어 지시, 시각 정보, 인간 시연 동작, 과거 경험 등을 모두 입력으로 받아 알맞은 행동을 생성하는 로봇 지능으로,

어떤 형태의 로봇이든 어떤 환경이든 적응할 수 있는 범용 AI를 제공하려는 목적이다. 생성형 AI 도입으로 엔비디아 플랫폼을 사용하는 로봇은 자연어 명령을 이해하고 훈련 영상이나 시연 데모를 통해 새로운 작업을 학습하며 축적된 데이터를 바탕으로 상황을 추론해 행동을 계획할 수 있다. 예를 들어 과거에는 프로그래머가 일일이 코딩해야 했던 로봇 동작도 이제는 작업자 시범 영상 몇 개와 음성 설명을 통해 로봇이 생성형 AI로 패턴을 학습하고 유사 업무를 수행한다. 또 엔비디아는 사전학습된 로봇 모델pre-trained models을 공개해 개발자가 이를 자신의 로봇에 쉽게 활용하도록 지원하고 있다. 기본 모델을 받아 약간의 추가학습fine-tuning만 시켜도 자기 로봇 환경에 맞출 수 있어 개발자가 처음부터 일일이 큰 모델을 훈련해야 하는 부담을 덜 수 있다.

둘째, 이런 로봇 파운데이션 모델을 오픈소스로 제공하는 전략이다. 전 세계 로봇 회사가 로봇 지능을 쉽게 개발하거나 탑재할 수 있도록 돕는 것이다. 이 전략의 중심에는 '프로젝트 그루트Generalist Robot 00 Technology, GR00T'가 있다. 그루트 N1은 일반화된 휴머노이드 추론 및 기술을 위한 세계 최초의 개방형 완전 맞춤 파운데이션 모델이다. 이 모델은 언어, 이미지 등 다중 모드 입력으로 다양한 환경에서 조작 작업을 수행할 수 있도록 설계됐다.[14] 그루트 N1의 특징은 인간의 인지 원리에서 영감을 받은 이중시스템 아키텍처dual-system architecture다. 시스템 1은 인간의 반사 신경이나 직관과 유사한 빠른 사고 행동 모델이며 시스템 2는 신중하고 체계적인 의사 결정을 위한 느린 사고 모델로 VLM에 의해 구동돼 환경과 지침을 추론하고 행동을 계획한다. 시스템 1은 인간 시연 데이터와 엔비디아 옴니버스 플랫폼에서 생성된 방대한 양의 합성 데이터로 훈련된다. 그루트 N1은 실제 캡처 데이터, 합성 데이터, 인터넷 규모의 비디오 데이터를 포함하는 광범위한 휴머노이드 데이터 세트로 훈련됐다. 개발자는 특정 로봇이나 작업에 맞게 실제 또는 합성 데이터로 그루트 N1을 사후훈련post-train해 맞춤화할 수 있다. 그루트 N1의 목표는 로봇이 자연어를 이해하고 관찰이나 음성 안내를 통해 학습하며 물체 잡기, 한 팔 또는 양팔로 물건 옮기기, 팔과 팔 사이의 물건 전달하기 같은 일반 작업뿐 아니라 장기적 맥락과 일반 기술의 조합이 필요한 다단계 작업을 수행하게 하는 것이다. 엔비디아는 휴머노이드 로봇의 AI 두뇌를 표준화하려는 전략적 목적에서 그루트 N1 데이터 세트를 허깅페이스Hugging Face를 통해 전부 공개했다. 2024년에는 오스모OSMO라는 클라우드 로봇 학습 오케스트레이션 서비스도 오픈소스로 공개했다.[15] 분산된 컴퓨팅 리소스 위에서 다단계 로봇 AI 개발 파이프라인(데이터 생성 → 모델 학습 → 테스트)을 자동 관리해주는 도구다. 오스모를 활용하면 개발자가 일일이 수십, 수백 대의 GPU 서버를 관리하지 않아도 웹 인터페이스에서 버튼 몇 번으로 대규모 시뮬레이션 데이터 생성부터 강화학습 병렬 수행, 시뮬레이터 내 검증까지 한 번에 진행할 수 있다. 엔비디아에 따르면 이 같은 엔드투엔드 로봇 개발 파이프라인 자동화로 몇 달 걸리던 프로토타입 개발 주기를 1주일 이내로 단축할 수 있다고 한다. 실제로 미국 스타트업 피규어는 2023년 1세대 휴머노이드 로봇을 선보인 지 불과 10개월 만에 2세대 업그레이드 모델을 개발했는데 엔비디아 옴니버스 기반 아이작 심을 적극 활용해 설계와 훈련을 병행한 덕분이라고 밝혔다. 피규어는 시뮬레이션에서 생성한 합성 데이터로 로봇의 시각 및 조작 AI를 훈련하고 실물 투입 전까지 충분히 가상 테스트를 거쳐 개발 속도를 높였다. 또 RGB 카메라 6대와 섬세한 로봇 손을 갖춘 피규어 02가 BMW 자동차 공장에서 정밀 작업(픽 앤드 플레이스 등)을 수행할 수 있었던 것도 아이작 심이 만들어낸 방대한 학습 데이터로 훈련된 AI 모델 덕분이었다고 한다. 피규어 02는 엔비디아 옴니버스 시뮬레이션을 통해 수집한 합성 데이터와 엔비디아 GPU로 훈련한 AI 모델을 활용해 완전자율작업을 구현했다. 피규어 02에는 엔비디아의 RTX~Ray Tracing Texel eXtreme~ GPU 모듈이 장착돼 있어 로봇이 실시간 추론을 수행하며 오픈AI와 협력해 개발한 대화형 AI를 통해 작업 지시를 이해할 수 있다. 이처럼 엔비디아의 기술 스택(클라우드 학습용 DGX~Deep GPU Xceleration~, 가상훈련용 옴니버스, 엣지 추론용 젯슨)은 로봇 스타트업이 짧은 기간에 고성능 휴머노이드를 만들어낼 수 있도록 도와준다.

 셋째, 자사 GPU 중심 비즈니스 모델을 개발하는 전략이다. 엔비디아는 자사 피지컬 AI 모델도 자사 GPU나 엣지 컴퓨팅 반도체에서 잘 구동되도록 설계했다. 따라서 로봇 회사가 엔비디아의 피지컬 AI 기술을 사용하면 자연스럽게 엔비디아의 하드웨어를 구매하게 되고 이것이 엔비디아의 주요 수익 모델이 되리라고 본다. 엔비디아는 AI를 직접 팔아 돈을 버는 것이 아니라 개발사에 칩과 소프트웨어를 팔고 로열티를 받는 구조를 좋아하는데 휴머노이드 로봇 시장에서도 같은 전략을 구사한다. 현재 로봇 분야에서 엔비디아의 수익원은 2가지다. 첫째는 엣지 컴퓨팅 모듈의 판매고 둘째는 클라우드 GPU 및 옴니버스 엔터프라이즈Omniverse Enterprise 소프트웨어의 수익이다. 특히 2024년 새롭게 발표된 젯슨 AGX 토르Jetson AGX Thor는 로봇을 위한 차세대 엣지 컴퓨터(임베디드 모듈)로 엔비디아의 블랙웰Blackwell 아키텍처를 기반으로 하며, 다중 모드 AI 모델과 그루트를 포함한 전체 로봇 스택을 실행하도록 설계됐다. 로봇 자체에서 실시간 추론이 가능하며 지연 시간은 낮고 처리량은 높다. 최적화된 엣지 컴퓨팅 하드웨어를 제공함으로써 엔비디아의 잠금 효과는 더욱 강해졌다. 예를 들어 어떤 로봇 스타트업이 공장용 휴머노이드를 100대 생산한다면 엔비디아는 100대 모두에 젯슨 모듈이 들어가게 하고 해당 업체가 모델 학습을 위해 엔비디아 A100/H100 GPU 클러스터를 사용하는 한편 옴니버스 소프트웨어 구독 프로그램도 구매하게 하는 것이다. 로봇이 1대 팔릴 때마다 직접 로봇을 만든 회사뿐 아니라 엔비디아도 부가가치를 얻는 구조다. 엔비디아 CEO 젠슨 황은 이를 LLM 시장에서 이미 성공한 픽앤드쇼벨Pick&Shovel 전략에 비유했다. 19세기 골드러시 당시 금을 찾던 이들보다 곡괭이Picks와 삽Shovels을 팔던 가게가 오히려 더 안정적이고 지속적인 수익을 올렸다는 점에 주목한 투자 전략이다. 엔비디아가 AI 로봇 산업의 곡괭이와 삽을 공급하겠다는 것이다.

넷째, 엔비디아는 개별 로봇의 기계적 설계에는 직접 관여하지 않지만 로봇의 두뇌와 눈에 해당하는 하드웨어를 공급함으로써 간접적으로 물리적 통합을 돕는 전략도 구사한다. 예를 들어 2023년까지 엔비디아가 제공한 로봇 컴퓨팅 모듈 젯슨 AGX 오린은 이미 많은 자율주행 로봇 및 연구용 휴머노이드 개발에 사용 중이다.

마지막으로 엔비디아가 휴머노이드 로봇을 직접 만들지 않는 것은 전 세계 로봇 회사(피규어, 보스턴다이내믹스, 한국과 중국 등의 로봇회사)와 경쟁하지 않고 테슬라의 통합 모델에 대항하는 연합군을 형성하겠다는 큰 그림을 그리고 있기 때문이다. 오래전부터 엔비디아는 유망한 로봇 스타트업이나 업계 리더와 조기에 협력해 자사 플랫폼을 표준으로 자리 잡게 하는 데 집중해왔다. 2024년에는 휴머노이드 로봇 개발자 프로그램을 신설해 전 세계 주요 로봇 회사를 초청했는데 여기에는 유수의 휴머노이드 개발사가 참여했다. 이들 기업은 엔비디아에서 최신 기술과 제품을 출시 전에 받고 엔비디아는 반대로 이들의 피드백을 통해 플랫폼을 개선하는 윈윈 협력을 구축했다.[16] 보스턴다이내믹스 CTO 애런 손더스Aaron Saunders는 "엔비디아와의 긴밀한 협력으로 로봇 분야의 한계를 함께 돌파하고 있다"라고 밝히기도 했다. 엔비디아는 투자 펀드를 통해 유망 로봇 스타트업에 직접 자본을 투입하고 있는데 피규어 사례에서 보듯 엔비디아가 투자한 기업은 자연스럽게 엔비디아 기술 스택을 채택하는 경향이 있다. 2023년 피규어가 엔비디아 투자를 유치하면서 오픈AI와도 파트너십을 맺은 것은 엔비디아가 대형 LLM 기업과 로봇 스타트업을 연결해주는 가교 역할도 하고 있음을 보여준다. 엔비디아 플랫폼을 사용하는 로봇 기업은 호환되는 기술 생태계 안에 묶이므로 한쪽에서 개발된 기능이나 콘텐츠가 다른 쪽에도 활용되는 선순환이 일어난다.

예를 들어 한 회사가 옴니버스용 로봇 물리 모델을 만들면 다른 회사도 사용할 수 있다. 이는 개별 기업에는 개발 비용을 줄이고 품질을 높이는 효과가 있고 엔비디아에는 플랫폼 락인lock-in 효과를 통해 장기 고객을 확보하는 결과를 낳는다. 이를 위해 엔비디아는 직접 제품을 내놓진 않지만 산업 표준과 호환되는 소프트웨어로 여러 종류의 센서와 액추에이터도 지원한다. 엔비디아가 추구하는 것은 "어떤 형태의 로봇이라도 엔비디아 플랫폼 위에서 움직이게 하자"로 실제 휴머노이드뿐 아니라 바퀴형 물류 로봇, 산업용 로봇 팔 등에도 아이작 생태계가 확장되고 있다. 이런 접근 덕분에 하드웨어가 달라도 소프트웨어 계층이 표준화돼 한 종류 로봇에서 학습된 AI 모델이나 앱이 다른 로봇에 재사용되기도 한다. 이는 엔비디아가 창출한 로봇 생태계의 물리적 레벨 통합 효과라고 볼 수 있다.

테슬라가 완전한 수직 통합 전략을 구사 중이라면 엔비디아는 로봇 개발을 위한 하드웨어·소프트웨어 플랫폼을 제공해 다수의 로봇 기업을 지원하는 수평적 생태계 구축 전략을 구사하는 셈이다. 앞서 비유한 대로 과거 애플 대 안드로이드 구도와 유사하다. 당연히 비즈니스 모델도 테슬라는 로봇 완제품 판매를 통해, 엔비디아는 로봇에 탑재되는 반도체나 AI 인프라 제공을 통해 수익을 창출하려고 한다. 엔비디아는 로봇 개발에는 3가지 컴퓨터가 결합돼야 한다고 강조한다. 학습용 DGX(클라우드), 시뮬레이션용 옴니버스, 로봇 내장용 젯슨이다. 이 말은 엔비디아가 AI 시대 로봇의 풀스택full-stack을 공급하겠다는 의미다. 참고로 엔비디아는 "더 똑똑하고 빠르고 나은 로봇이 세계의 중공업 분야에 투입될 것"이라며 전 세계 로봇·시뮬레이션 생태계와 협력해 개발을 가속할 것이라고 했다. 아무래도 초창기 휴머노이드는 가격이 비싸고 기술 완성도가 제한적이므로 우선 제조업, 물류, 건설 등 B2B 영역에서 인간 노동을 대체하는 용도에 집중한다는 전략이다.

엔비디아 전략의 장점을 정리해보자. 먼저 범용 플랫폼의 규모 효과다. 엔비디아 기술은 한 회사에 국한되지 않고 다수 로봇 기업에 채택되므로 플랫폼 전체로 볼 때 막대한 데이터와 피드백이 축적된다. 이는 곧 AI 모델의 성능 향상이 빨라진다는 뜻이며 업계 표준화로 호환성 생태계를 구축함으로써 시장 파급력을 극대화할 수 있다.[17] 사실상 엔비디아는 휴머노이드 업계의 공통분모가 돼가고 있으며 이는 엔비디아가 독보적인 영향력을 발휘할 가능성을 높인다.

최신 기술 도입이 빠르다는 것도 장점이다. 엔비디아는 생성형 AI, 대형 멀티모달 모델, 클라우드 네이티브 워크플로 등 최신 AI 트렌드를 로봇 분야에 가장 빠르게 적용하고 있다. 개별 로봇 기업은 자체적으로 소화하기 어려운 첨단 기술을 엔비디아 플랫폼을 통해 바로 활용할 수 있으므로 제품 경쟁력을 높일 수 있다. 이는 엔비디아가 AI 업계의 선도 기업이기에 가능한 강점이다.

낮은 진입 장벽과 개발 효율을 노리는 것도 좋은 점이다. 시뮬레이션으로 데이터 부족 문제를 해소하고 미리 학습된 모델로 개발 난도를 낮추며 레퍼런스 하드웨어로 통합을 쉽게 해주므로 작은 팀도 단기간에 꽤 완성도 높은 휴머노이드를 만들 수 있다. 이는 산업 전반의 혁신 속도를 높이고 엔비디아 입장에서도 더 많은 고객을 유치하는 선순환으로 이어진다.

마지막으로 위험 분산 및 안정적 수익을 노리는 전략으로 투자자의 관심을 살 수 있다. 플랫폼 제공자는 개별 로봇 제품의 성공 여부에 직접적인 영향을 덜 받는다. 어떤 로봇 기업의 프로젝트가 실패해도 다른 곳에서 성공하면 된다. 엔비디아는 여러 곳에 기술을 공급해 포트폴리오를 다각화했으므로 특정 로봇 판매 부진 위험에 노출되지 않는다. 또 칩과 소프트웨어 판매는 고마진 수익원으로 초기 투자 후 꾸준히 수익을 창출할 수 있다.

하지만 엔비디아 전략에도 한계는 있다. 예를 들어 최종 제품 통제력은 부족하다. 엔비디아는 어디까지나 조력자이므로 최종 사용자에게 도달하는 로봇 제품의 품질과 명성은 파트너사에 의존할 수밖에 없다. 만약 엔비디아 기술을 쓴 로봇이 시장에서 성과를 내지 못하거나 안전 문제를 일으키면 엔비디아 플랫폼의 명성도 같이 훼손될 수 있다. 반대로 어떤 기업이 큰 성공을 거둬도 그 공로와 브랜드 파워는 해당 기업의 것이지 엔비디아의 이름이 드러나진 않는다.

파트너 의존에 따른 제약도 치명적 약점이다. 다양한 파트너의 요구를 모두 충족하려다 보면 플랫폼이 비대해지거나 반대로 가장 일반적인 기능만 제공하게 될 위험이 있다. 전자는 개발 속도가 느려지고 후자는 특정 용례에 최적화되지 못해 개별 회사가 추가로 자체 개발을 해야 하는 상황이 생길 수 있다. 어느 쪽이든 엔비디아 플랫폼 전략의 딜레마라 할 수 있다.

휴머노이드 시장이 이제 시작이기 때문에 잠재적 경쟁이 심화될 것이라는 점도 안심할 수 없는 요소다. 현재는 엔비디아가 독보적 위치에 있지만 빅테크 기업이나 산업 장비 기업도 유사한 로봇 플랫폼 시장에 진입할 것이 분명하다. 특히 클라우드 업체는 자체 AI

플랫폼과 로봇 서비스를 결합할 수 있고 반대로 테슬라처럼 자체 칩을 개발해 엔비디아 의존도를 줄이려는 움직임도 있을 수 있다. 향후 표준 경쟁이 벌어지면 엔비디아도 끊임없이 투자와 혁신을 이어가야 하는 부담이 있다.

수익 구조의 제약도 숨은 약점이다. 로봇 하드웨어는 자동차보다 원가 압박이 클 수 있어 엔비디아가 책정하는 젯슨 모듈 가격이나 소프트웨어 비용이 보급에 걸림돌이 될 우려가 있다. 만일 경쟁 플랫폼 대비 가격이 높거나 폐쇄적이라는 인식이 생기면 일부 업체는 오픈소스나 자체 솔루션으로 선회할 수 있다. 따라서 엔비디아는 생태계 유지를 위해 수익과 보급률의 균형을 계속 맞춰야 한다.

테슬라와 엔비디아, 둘 중 누가 시장의 승자가 될까? 단기적으로는 엔비디아의 간접적 접근이 시장 파이를 키우는 데 유리할 것으로 보인다. 많은 기업이 엔비디아 기술을 바탕으로 휴머노이드 개발에 뛰어들면 다양한 혁신이 시도되고 전체 산업이 성장한다. 이는 휴머노이드 활용 분야를 개척하고 고객 수용도를 높일 것이다. 테슬라는 당분간 자체 로봇 완성도 향상과 생산 체계 구축에 집중해야 하므로 상용화까지 시간이 더 필요할 수 있다. 그러나 일단 테슬라가 가격 경쟁력 있는 범용 휴머노이드를 출시하면 엔비디아 생태계 로봇과 본격적인 시장 경쟁이 벌어질 것이다. 그 시점에 테슬라의 축적 데이터, 통합성 대 엔비디아 플랫폼의 집단지성, 유연성이라는 대결 구도가 뚜렷해질 것으로 예상된다. 그리고 테슬라와 엔비디아 두 기업 중 누가 시장의 최종 승리자가 되느냐에 따라 향후 수십 년간 피지컬 AI의 학습 방식, 데이터 수집 접근, 하드웨어 통합 수준부터 수익 모델, 파트너십 및 생태계 구축 전략에 이르기까지 시장 전반이 달라질 것이다.

물론 휴머노이드 로봇 시장을 두고 테슬라와 엔비디아가 상호보완적인 경쟁 구도를 형성하면서 시장을 양분할 가능성도 충분히 있다. 테슬라가 혁신적인 로봇 제품 그 자체를 내세워 시장을 장악하면 애플 아이폰 같은 통합 제품 생태계의 주인이 될 수 있다. 반면 엔비디아는 로봇 업계의 안드로이드 같은 플랫폼 공급자를 지향함으로써 여러 플레이어가 로봇을 만들 수 있게 돕고 그 과정에서 표준 기술을 장악할 수 있다.

하지만 장기적으로 볼 때 두 전략 모두 일정한 한계를 지닌다. 테슬라식 모델이 실패하면 대규모 투자가 무의미해질 수 있다. 엔비디아식 모델은 플랫폼 지배력을 유지하는 데 끊임없는 기술 리더십과 파트너 관리가 요구된다. 또 구글, 아마존, 삼성 등 잠재 경쟁자의 행보도 변수다. 결국 휴머노이드 로봇의 대중화 시점이 언제 그리고 얼마나 빨리 오느냐에 따라 양사의 운명이 좌우될 것이다.

≡   중국 때문에 미국 제조업이 몰락한다?   ≡

2025년 미국은 중국과 제조업 전쟁을 벌이고 있다. 중국은 제조업 강국이고 미국은 제조업이 쇠퇴해가는 나라다. 제조업만 본다면 미국이 중국에 도전장을 내미는 모양새다. 트럼프 행정부는 연일 제조 왕국 부활을 외치며 중국을 심하게 압박하고 있다. 중국은 제조와 생산을 조금 줄이고 소비하는 나라로 전환하고 미국은 소비를 조금 줄이고 제조와 생산을 더 늘리는 나라로 전환해야 한다고 이야기한다. 하지만 모든 사람이 제조 왕국으로의 미국의 부활을 불신한다. 과연 어떨까?

1953~2024년까지 미국 GDP 중 제조업 비중은 1950년대 31퍼센트에서 2024년 10퍼센트 수준으로 줄었다. 반면 서비스업 비중은 약 71퍼센트까지 늘었다. 아래 표는 미국 제조업과 관련된 몇 가지 지표의 변화다. 표에서 보듯 미국은 한때 세계의 공장으로 불릴 만큼 제조업 비중이 컸다. 하지만 1960~1970년대부터 서서히 내리막길을 걷기 시작했다. 1980년대에는 일본에 제조업 대국(제조업 GDP 비중) 자리를 내줬고 2000년대에는 중국에 자리를 내줬다(2023년 각국 제조업 명목GDP 세계 점유율까지 2위로 밀림. 1위 중국 27.1퍼센트, 2위 미국 17.0퍼센트, 3위 일본 6.1퍼센트).[18] 일각에서는 중국 때문에 미국 제조업이 몰락하고 있다는 주장도 나온다. 정말 그럴까?

아니다. 중국이 미국의 제조업을 몰락시킨 것이 아니라 미국 스

미국 제조업 지표

제조업 GDP 비중	약 30%(1950년대)	10%(2024년)
제조업 고용 비중	21%(1980년경)	8%(2024년)
제조업 일자리 수	1,950만 명(1979년)	1,290만 명(2024년)
제조업 노동생산성	100(2007년)	100(2024년)
반도체 생산 세계 점유율	37%(1990년)	12%(2019년)

스로 몰락의 길을 선택한 것이다. 그 이유를 살펴보자.

첫째, 미국 경제구조의 변화다. 과거 제조업 중심이던 미국 경제는 이제 서비스 산업 위주로 재편됐다. 1950년대에는 제조업이 GDP의 30퍼센트 이상을 차지했으나 현재는 약 10퍼센트 수준에 불과하다. 반대로 서비스업은 GDP의 70퍼센트 이상을 차지하며 경제를 주도하고 있다. 이 같은 탈산업화 추세는 미국만이 아니라 선진국 전반에서 나타난다. 하지만 미국의 문제는 그 속도가 특히 빠르다는 것이다. 미국의 제조업을 분석할 때 조심해야 할 것이 하나 있다. 미국 내에서 제조업 생산의 절대 규모는 계속 증가하고 있는 점이다. 그러나 그 증가 속도가 현저하게 느려져 전체 GDP 대비 비중이 크게 줄었고 미국 전체 경제에서 차지하는 위상이 약화되고 있다. 즉, 기술 발전과 생산성 향상으로 제조업 생산은 계속 늘고 있지만 비중과 고용 인원은 급격하게 줄어드는 것이다. 1980년대 초만 해도 미국 전체 고용의 약 20퍼센트를 제조업이 차지했지만 2024년에는 8퍼센트 남짓에 불과하다. 제조업 종사자 수는 1979년 약 1,950만 명으로 정점을 찍은 후 지속적으로 감소해 2024년에는 약 1,290만 명 수준까지 줄었다. 소비와 부가가치의 중심이 금융·의료·IT 등 서비스 분야로 빠르게 전환되고 있는 탓도 크다. 서비스 산업 중심의 경제구조가 한번 고착되면 시장의 돈이 제조업 투자와 R&D보다는 서비스 부문 혁신에 더 많이 배분되기 시작하고 소비자 수요도 물적 재화보다는 서비스와 소프트웨어로 이동하는 경향이 커진다. 이런 흐름이 오랫동안 지속되면 단기간에 바꾸기가 쉽지 않다. 이미 설비투자, 인력 양성, 인프라 등이 모두 서비스 경제에 맞춰져 제조업이 옛 위상으로 부흥하려면 구조 자체를 되돌리는 수준의 엄청난 노력과 도전이 필요하다.

둘째, 경제가 발전할수록 인건비는 높아진다. 금융·의료·IT 등 서비스 분야는 높은 인건비 상승을 감당할 수 있지만 성장과 이익률이 현저히 둔화된 제조업은 치솟는 인건비를 감당하기 어려워 만성적 인력 부족에 시달린다. 전문가들이 미국 제조업 경쟁력의 핵심 약점으로 높은 인건비를 1순위로 꼽는 이유다. 미국 제조업 노동자의 평균임금은 개발도상국보다 월등히 높아 단순 조립이나 노동집약적 공정을 미국에서 진행하면 비용 부담이 크다. 예를 들어 2012년 기준 미국의 시간당 제조업 보상 비용은 35.67달러로 조사 대상 33개국 중 중간 수준이었으나 아시아나 라틴아메리카 국가보다는 현저히 높았다. 2016년 자료에서도 미국의 시간당 보상 비용은 39.03달러로 스위스(60.36달러), 노르웨이(48.62달러), 독일(43.18달러) 등 일부 유럽 국가보다는 낮았지만 멕시코(3.91달러), 대만(9.82달러), 한국(22.98달러) 등 주요 경쟁국에 비해서는 여전히 높은 수준이었다. 2023년에는 미국 제조업 노동자 임금이 일본보다 2.2배, 중국보다 약 5.2배, 인도보다는 무려 30배 높았다.[19] 이런 높은 인건비는 특히 저비용 노동력을 앞세운 국가와의 가격 경쟁에서 미국 제조업체에 상당한 부담이 된다. 1997~2012년 대만을 제외한 대부분의 비교 대상 국가에서 미국보다 보상 비용 비율이 늘거나 유지돼 미국의 비용 경쟁력이 다소 개선되기도 했으나 절대적인 인건비 격차는 여전히 치명적인 약점이다.[20]

현실이 이러하니 젊은 층은 제조업을 기피하고 숙련공은 부족하

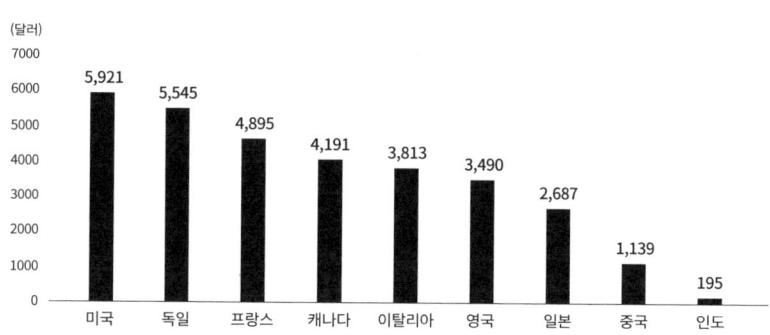

월평균 제조업 임금

* 참고: 미국, 캐나다, 영국, 인도 2023년 기준 / 독일, 프랑스, 이탈리아, 중국 2022년 기준 / 일본 2021년 기준
* 출처: ILO, 중국 국가통계국, 아폴로 글로벌 매니지먼트Apollo Global Management

며 필요한 기술과 실제 인력의 기술 격차가 커지면서 많은 제조업 일자리가 공석인 상황이다. 미국 상공회의소 자료에 따르면 2024년 초 기준 제조 부문에서 62만 2,000개에 달하는 일자리가 빈 상태라고 한다.[21] 제조업 숙련 인력이 점점 부족해지면서 2030년까지 최소 190만 개에서 최대 210만 개의 제조 일자리가 충원되지 못할 수도 있다는 전망도 나왔다.[22] 특히 국방과 기술 제조 분야의 투자 증가로 숙련 노동력 수요는 더욱 늘고 있다. 중국 등 일부 국가의 임금이 상승하고 있음에도 미국과의 인건비 격차는 여전히 커서 미국 기업이 인건비 절감을 위해 생산을 해외로 이전하려는 강력한 유인이 되고 있다. 이 같은 인력 미스매치로 제조업 생산 능력은 제약되고 기존 인력은 과부화돼 생산성 향상이 어려워진다.

셋째, 제조업 인력 부족의 이면에는 기술 인력 양성과 직업관 변화도 깔려 있다. 1950년대에는 미국 노동자 3명 중 1명이 고임금 제조업 일자리를 가졌으나 현재는 12명 중 1명 수준으로 급감했다. 이제 제조업 일자리는 미국 청년에게 힘들고 더러운 육체노동으로 치부된다. 현재 미국 젊은이는 주로 사무직이나 전문직 혹은 서비스업을 선호하는 경향이 강하다. 그 결과 제조 분야의 숙련 기술자 양성이 부진하고 대학 교육이나 직업훈련에서도 제조 현장 기술보다는 서비스업 중심 교육이 강조되고 있다. 제조업에 관한 이런 낙인과 편견은 제조업은 저임금 비숙련 직업이라는 인식을 낳아 젊은 인재의 유입을 막고 있다.

넷째, 전통 제조업에 대한 기업의 기술 투자 부진도 이유다. 아직도 미국 내 중소 제조 기업은 자동화 설비나 최신 장비 도입을 주저하고 노후 장비에 의존한다. 해당 분야에서 최신 기술을 다룰 숙련자가 필요하지 않으니 이는 다시 기술 수준 정체로 이어진다. 신규 인력을 뽑아도 숙련공 곁에서 어깨너머로 배우게 하는 수준에 머무는 곳도 많다. 결국 인력 부족과 기술 투자 부족의 악순환으로 제조업 인력 풀이 더욱 줄어드는 구조적 문제가 생긴다.[23]

다섯째, 글로벌 공급망 의존이 심해져 국제 경쟁력이 약해진 것이다. 지난 수십 년간 미국 제조 기업은 원가 절감에 목숨을 걸었고 글로벌화와 아웃소싱은 그 핵심 전략 중 하나였다. 그 결과 첨단 산업부터 소비재까지 광범위한 공급망이 해외에 구축되었고 미국은 대부분의 완제품은 물론 핵심 부품 조달까지 세계 시장에 의존하게 됐다. 특히 첨단 산업 부품과 원자재의 해외 의존이 두드러진다.

예를 들어 반도체의 경우 1990년대 중반만 해도 전 세계 생산의

37퍼센트를 미국이 차지했지만 2019년에는 12퍼센트에 불과했다. 메모리, 디스플레이, 희귀 금속 등 여러 분야에서 미국은 일본, 중국, 대만, 한국 등에 의존하고 있다. 제조업 공급망의 지리적 이동으로 미국 내에는 일부 핵심 부품을 만들 공장도, 기술 인력도 부족한 상황이다. 이는 단순히 값싼 노동력을 쫓아 생산지를 옮긴 데 그치지 않고 설계 및 개발과 생산의 연결 고리를 끊어놓아 혁신 역량에도 영향을 미쳤다는 지적이다. 실제로 많은 미국 기업이 제품 R&D도 해외 생산 거점 가까이 옮기면서 언론에서는 "이젠 혁신도 해외에서 이뤄진다"라는 우려까지 나온다.[24] 해외 생산 거점의 부상은 미국 제조업의 가격 경쟁력도 약화한다. 중국, 멕시코 등지에 축적된 대규모 생산 규모와 공급망 클러스터의 효율성은 미국이 단기간에 따라잡기 어렵다. 전자제품의 경우 중국 선전深圳에 밀집된 부품 조달망과 생산 인프라를 미국 내에서 대체하려면 막대한 시간과 비용이 든다. 미국 기업이 설령 국내에서 제품을 조립하려 해도 필요한 부품 상당수를 다시 수입해야 하는 구조적 문제가 있다. 이처럼 글로벌 공급망의 경로 의존성이 커져버린 상황에서는 제조 공장을 본토에 세운다 해도 완전한 '미국제조Made in USA'를 실현하기 어렵고 수입 부품에 대한 의존은 계속될 수밖에 없다. 그리고 이 같은 구조적 취약성은 코로나19 같은 급작스러운 재앙이 발발해 해외 생산 차질로 반도체 등 주요 부품이 부족해지는 악재를 만나면 미국 내 완제품 생산도 멈춰 서는 심각한 사태를 일으킨다. 미 연방의회 보고서도 코로나19 당시를 회상하면서 "오랜 제조업 일자리 감소와 생산 기반 축소로 글로벌 공급망 충격에 미국 경제가 속수무책이

됐다"라고 지적했다.[25]

여섯째, 전통 제조업의 노동생산성을 높이는 데 필요한 산업 공정과 기술 혁신도 정체 상태다. 투자가 줄고 글로벌 공급망 의존이 일상이 되다 보니 미국 내 제조업 공장은 생산성 둔화에도 민감하지 않다. 1990년대에는 미국 제조업 생산성이 크게 향상됐으나 2010년대부터 노동생산성 증가세는 멈추다시피 했다. 실제로 제조업 분야 노동생산성(시간당 산출량)은 2020년대 중반까지 2007년 수준에서 거의 변화가 없다.[26] 지난 15년간 선진국을 중심으로 기계화·자동화 기술이 발전했음에도 미국 공장의 생산 효율 지표는 정체된 것이다. 이는 고임금 국가인 미국이 제조 경쟁력을 유지하는 데 치명적 장애다. 임금이 높아지더라도 이에 걸맞게 생산성 향상이 높으면 제조업을 유지할 수 있다. 하지만 미국 제조 업체는 생산성 향상을 위한 노력(제조 현장의 기술 채택과 지속적 투자)을 하지 않았다. 자동화 설비, 로봇, 디지털화 등에 대한 투자가 독일, 일본보다 더뎠고 많은 공장이 구식 장비에 머물렀다. 대신 1980~1990년대에 손쉬운 오프쇼어링offshoring을 선택하며 자멸의 길을 갔다.

이렇게 설계는 미국, 생산은 해외라는 분리 전략으로 인해 미국 내 생산 현장에서의 개선 활동은 줄고 공정 노하우의 축적은 더뎌졌다. 1980년대 이후 금융시장과 주주 압력이 커지면서 주주 이익과 단기 실적을 중시하는 기업 풍토도 커졌다. 결국 장기간에 걸쳐 수익을 창출하는 제조 설비투자는 우선순위에서 밀려났다. 비용 절감과 아웃소싱은 더욱 가속화됐고 미래 경쟁력을 위한 제조 혁신 기반도 함께 무너졌다. 심지어 정부 차원의 산업 기술 정책도 IT나 국방 등을 제외하면 제조 공정 혁신보다는 기초연구 위주였고 스마트 제조, 산업용 AI, 로봇 기술 등에 대한 전략적 투자가 충분치 않았다.

일곱째, 미국 제조업 쇠퇴에는 정치와 무역 정책의 영향도 컸다. 1990년대 이후 미국 정부도 비교적 자유무역 기조를 유지하며 제조업 일자리 유출을 적극적으로 막지 않았다. 북미자유무역협정NAFTA 체결, 중국의 WTO 가입 등으로 거대한 글로벌 시장에 편입되면서 미국 기업은 해외 생산을 늘렸고 값싼 수입품이 국내 시장을 잠식하는 현상이 가속화됐다. 정부는 소비자 후생 증대와 기업 경쟁력 강화를 명분으로 이런 흐름을 용인했으나 그 부작용으로 제조업 공동화가 심화됐다. 또 미국 정부는 산업 정책을 적극적으로 펼치기보다 시장에 맡기는 경향이 있었는데 이에 비해 독일, 일본, 한국 등은 제조업 지원책을 통해 제조 기반을 유지하거나 강화했다.

트럼프 2기 행정부도 이런 한계를 모르지 않는다. 그럼에도 '제조왕국의 부활'을 외치는 이유는 간단하다. 장기적으로 제조업 붕괴는 국가 안보부터 경제 근간을 위협하는 전방위적 위기를 만들기 때문이다. 즉, 미국이 G1의 지위와 힘을 포기한다면 상관없다. 그러나 21세기 중후반에도 G1의 위상을 계속 유지하려면 제조업 부활은 필수다. 트럼프 2기 행정부는 더 늦기 전에 모험을 해보려는 것이다. 불가능하다고 포기하면 G1 지위 붕괴는 '이미 정해진 미래'다. 앉아서 죽음을 기다리느니 모험이라도 해보자는 절박한 심정인 셈이다.

해법이 있을까? 없진 않다. 앞서 설명한 원인을 반대로 돌리면 된다. 하지만 학자 대부분이 해법은 있으되 성공시키는 것이 불가능하거나 요원하다는 입장이다. 예를 들어 미국 제조업 쇠퇴의 핵심 원인인 높은 인건비로 인한 비용 압박과 숙련 인력 부족 현상을 생각해보자. 인건비 문제는 자동화로 해결할 수 있다 하더라도 인력 부족과 기술 격차를 해소하려면 교육 혁신과 제조업에 대한 사회적 인식 변화, 기업의 기술 투자 노력이 필수다. 이는 시간이 매우 오래 걸리는 일이다. 장기간 엄청난 의지와 노력을 들여야 한다.

이미 높아질 대로 높아진 해외 공급망 의존도 역시 문제다. 높은 해외 공급망 의존도는 미국 제조업의 자립을 가로막는 요인이다. 이를 극복하려면 핵심 소재·부품을 국산화하고 공급망을 다변화해야 하나 이는 단순히 공장 몇 곳 짓는다고 해결될 문제가 아니다. 수십 년에 걸쳐 해외로 이전된 밸류체인을 되돌리려면 구조적 비용 상승을 감수해야 하며 동반 산업 전체가 회귀해야 한다. 트럼프 행정부가 1기 시절부터 줄곧 글로벌 공급망 재편이라는 어려운 과제를 밀어붙인 이유다. 미국 제조업 내에서 만연한 생산성 정체를 극복하려면 민간투자자의 막대한 자본 투여를 유도해야 한다. 민간투자가 살아나야 생산 현장의 기술 혁신 둔화로 비용·품질 경쟁력 개선이 지체된 문제도 해결된다. 생산성 정체를 타파하지 못하면 선진 제조강국으로의 재도약은 어렵다. 하지만 이미 투자 대비 이익률이 현저히 낮아진 상태라 민간투자자의 자발적 투자를 기대하긴 힘들다. 모든 투자를 미국 정부가 감당해야 한다. 그래서 트럼프가 외국 기업을 무역과 관세 카드로 압박해 미국 내 투자를 유도하는 것이다. 그러나 결과적으로 무역적자는 오히려 확대되고 제조업 고용 증가도 기대에 미치지 못했다. 2018년 10.9퍼센트였던 제조업 GDP 비중도 2023년엔 10.3퍼센트로 추가 하락했다. 무엇보다 생산과 기술 혁신은 단순 투자금 유입만으로는 해결되지 않는다.

그래도 미국은 어느 행정부를 막론하고 제조업 회복 정책을 지속했다. 예를 들어 바이든 행정부는 트럼프의 무역과 관세 폭력 같은 채찍 전략을 구사하지 않는 대신 대규모 산업투자법을 통과시키는 등 당근 전략을 사용했다. 칩스법을 통해 반도체 공장 건설에 약 520억 달러 지원을 약속했고 인플레이션감축법Inflation Reduction Act, IRA으로 전기차, 배터리 등 청정 에너지 제조에 막대한 보조금을 제공하고 있다. 그 결과 민간에서도 반도체, 배터리, 전기차 조립 공장 등에 대한 신규 투자 발표가 쏟아졌다. 2021년 말부터 2023년까지 북미 지역에서 발표된 전기차 및 배터리 공급망 투자액은 누적 2,500억 달러를 넘은 것으로 집계된다. 제조 인프라 건설 붐이 일면서 2024년 기준 미국의 제조업 건설 투자 지출은 사상 최고치를 기록하고 있다. 하지만 이런 정책 노력의 효과가 가시화되기까지는 시간이 걸린다. 수십 년간 축소된 제조 기반을 재건하는 일에는 정책 지속성과 정교한 집행도 요구된다. 기업 내 자발적인 조직 문화 변화와 인력 재교육, 밸류체인 전체의 최적화도 필요하다. 제조업에 대한 젊은이들의 인식 개선도 필수다. 즉, 앞으로도 시간과 노력이 많이 드는 과제라는 뜻이다.

시간이 오래 걸려도 하면 되지 않을까? 아니다. 시간이 오래 걸린다는 것은 또 다른 위험이 있다는 의미다. 즉, 정책 부작용을 견뎌야 한다. 트럼프 행정부가 무역 전쟁, 환율 전쟁 카드를 사용하자 미국 경제가 크게 흔들렸다. 미국 신뢰도와 달러 지위도 마찬가지다. 투자 시장도 불확실성이 커졌다. 물가도 불안해졌다. 바이든 행정부가 시행한 당근책도 부작용이 있었다. 예를 들어 IRA 보조금은 동맹국의 반발과 무역 마찰을 일으켰고 칩스법의 재정 지원도 초기에 더딘 집행으로 비판을 받았다. 무엇보다 정부 지원만으로 제조업 경쟁력을 근본적으로 개선하는 데는 한계가 있다. 정부 정책은 유인과 환경을 조성할 뿐이고 결국 민간 기업의 혁신 노력과 인력 양성, 효율 향상이 뒷받침돼야 지속가능한 성과가 나온다. 하지만 민간은 장기적 이익보다 단기적 충격과 위험에 더 민감하다. 민심도 마찬가지다.

미국의 제조 왕국 부활, 진짜 전략

이런 한계에도 불구하고 미국이 제조 왕국 부활에 도전해 성공할 수 있는 길이 아주 없는 것은 아니다. 결정적 힘이 될 무기를 현재가 아니라 미래에서 발견한다면 가능한 시나리오가 된다. 즉, 산업 4.0으로 대변되는 디지털 혁신, 피지컬 AI를 활용한 자동화, AI 등을 대대적으로 도입해 정체된 생산성을 획기적으로 향상한다면 일말의 희망이 생길 수 있다. 이제부터 향후 10~20년 내 미국 제조업에 어떤 변화와 부흥 가능성이 생길지 자세히 살펴보자.

현재 미국 제조업은 여러 도전을 앞두고 있지만 AI, 피지컬 AI, AGI, 자율주행 기술, 디지털 트윈, 78G 기반의 초연결 및 미래형 자동화 기술, 나노 기술 등의 발전은 향후 10~20년 내에 미국 제조업의 게임체인저가 돼 부활의 새로운 가능성을 열어줄 것으로 전망된다. 이런 첨단 기술은 특히 고질적인 인건비 문제를 해결하고 생산성을 높여줌으로써 미국 제조업의 경쟁력을 근본적으로 변화시킬 잠재력이 있다. 미래 제조업의 패러다임을 바꿀 핵심 기술에는 각각 고유한 특성과 가능성이 있으며 이들이 융합될 때 그 시너지는 극대화될 것이다. 실제로 미약하지만 2020년대 중반 들어 AI와 나노 기술 기반 자동화가 산업 현장에 빠르게 확산되면서 '미국 제조업 르네상스' 조짐이 보인다는 평가도 있다.[27]

먼저 첫 번째 시나리오, AGI·로봇으로 이뤄진 생각하는 자율공장이다. 2030~2035년 미국 제조업의 상징인 자동차 산업의 미래를 생각해보자. 2025년 자동차 산업의 패러다임에는 전기차와 자율주행차로 인한 대전환이 일어나고 있다. 테슬라라는 혁신적 기업이 등장하면서 미국에 새로운 도약의 기회가 생긴 것이다. 전기차는 배터리를 비롯한 신규 공급망을 구축해야 하고 자율주행차를 생산하려면 첨단 센서와 AI 부품 조립이 필수여서 첨단 제조 역량의 중요성이 커진다. 첨단 제조 분야는 높은 인건비를 감당할 만한 영역이다. 앞서 설명했듯 바이든 정부는 이를 뒷받침하기 위해 IRA를 시행해 전기차 및 배터리 생산에 대규모 인센티브를 제공함으로써 민간투자 붐을 일으켰다. 자동차 제조 부문에 재투자가 활발해진 것이다. 이는 단순히 제조업 일자리 몇 개를 더 만드는 수준이 아니다. 장기적으로는 과거의 자동차 공장과 달리 고도의 자동화·스마트 생산 체계를 만들어낼 수 있다.

이 같은 미래 희망의 문을 연 첫 번째 기술은 '제조 분야 AI'다. 제조 분야 AI는 머신러닝 솔루션과 딥러닝 신경망을 활용해 데이터 분석과 의사결정 능력을 향상함으로써 제조 공정을 최적화하는 기술이다. 산업용 IoT와 스마트 공장이 매일 방대한 양의 데이터를 생성하면서 이 데이터의 가치를 발굴하는 데 AI는 필수가 됐다. 대표적인 활용 사례로는 예측 유지·보수가 있는데 기계 고장을 사전에 예측하고 방지해 비용이 많이 드는 가동 중단 시간을 줄일 수 있다. 이 외에도 수요 예측 정확도 향상, 원자재 낭비 감소 등 다양한 이점이 있다. AI는 이미 인간과 기계가 긴밀하게 협력해야 하는 산업 제조 환경에서 자연스러운 확장으로 여겨지며 산업 4.0 개념의 핵심 요소로도 불린다.

여기에 LLM 기술과 피지컬 AI, AGI 기술까지 추가되는 미래를 상상해보라. 피지컬 AI는 종종 생성형 피지컬 AI generative physical AI라고도 부른다. 통찰과 행동을 생성하는 능력 때문이다. 생성형 피지컬 AI는 현재의 생성형 AI에 우리가 살고 있는 3D 세계의 공간적 관계와 물리적 행동에 관한 이해를 더해 확장한다. 공장 같은 공간을 디지털 트윈으로 만들고 가상공간에 센서와 로봇을 추가해 실제 시나리오를 모방한 시뮬레이션을 수행한다. AI 모델은 강화학습을 통해 바람직한 행동을 성공적으로 완료하면 보상을 받아 지속적으로 적응하고 개선된다. 이를 통해 로봇은 공장에서 사용하는 상자 포장, 차량 조립 지원, 자율 환경 탐색 같은 실제 적용에 필요한 정교한 미세 운동 기술을 개발할 수 있다.

테슬라는 미국 기가팩토리에서 AI 제어 로봇을 대거 활용해 전기차 배터리와 차량을 생산하고 있다. 테슬라 공장에서는 로봇이 인력을 대체해 24시간 멈춤 없이 조립을 하고 AI 비전 시스템이 제품 결함을 자동 검사해 불량률을 줄였다. 테슬라의 자율주행차 생산 과정에서도 제조 공정뿐 아니라 제품 자체에 AI 기술이 투입된다. 자율주행차의 라이다, 카메라 센서 등을 공장에서 교정하고 검수하는 작업에 AI 비전 기술이 쓰이고 자율주행 소프트웨어를 차량에 로딩한 후 가상주행 테스트를 거치는 등의 공정이 추가된다. 이런 과정 역시 대부분 자동화된 시험대에서 진행돼 사람이 일일이 시험하던 과거와 달리 빠르고 일관된 품질을 확보할 수 있다. 이 같은 이점 때문에 테슬라의 머스크는 자사 공장을 외계인 드레드노트alien dreadnought, 즉 사람의 개입이 최소화된 혁신적인 자동화 공장 모델로 만들겠다는 비전을 밝혔다.

여기에 앞으로 5~10년 이내에 등장할 AGI 기술이 더해진다면 어떨까? AGI 기술이 탑재된 생성형 피지컬 AI와 휴머노이드 로봇이 유기적으로 움직이는 조립 라인을 생각해보라. 사람보다 정확하고 빠르게 용접, 도장, 부품 조립 등의 작업을 하며 생산 품질 데이터가 실시간 수집·분석돼 결함을 초기에 완벽하게 잡아낼 것이다. '생각하는 자율공장'이 미국에 속속 들어서면 제조업 인건비 비중이 크게 줄면서 저임금 국가에 필적하는 원가 구조가 가능해진다.

물론 생각하는 자율공장은 사람 대신 AGI, 로봇이 상당 부분 일을 하기 때문에 전통적인 일자리는 줄어든다. 그러나 감소하는 일자리 이상으로 새로운 일자리도 생긴다. 로봇을 운영하고 유지·보수하는 로봇 기술자, 공장 데이터를 분석하는 AGI 엔지니어, 스마트 공정을 감독하는 제어 전문가 등 고급 기술 인력 수요는 늘어난다. 이들의 인건비는 상대적으로 높겠지만 미국 기업이 감당할 수 있는 수준이다. 단순 조립공보다는 숙련된 기술 인력 중심으로 고용 구조가 재편되면 제조업 종사자의 교육 수준이 평균적으로 높아지고 임금도 상승하는 효과가 있다.

전통 완성차 업체도 생각하는 자율공장으로 전환을 추진하는 미래를 생각해보자. 현재 GM과 포드는 공장 내 협동로봇, 자율운송로봇Autonomous Mobile Robot, AMR을 활용한 부품 물류 자동화, AI 기반 예지보전Predictive Maintenance 시스템 등을 도입하고 있다. AI 기반 예지 보전은 인공지능, IoT, 빅데이터 분석 기술을 활용해 설비 상태를 모니터링하고 고장을 사전에 예측해 유지·보수를 최적화하는 시스템이다. 이를 통해 제조업 현장에서는 다운타임과 유지·보수 비용이 감소하고 설비 가용성이 향상될 수 있으며 라인 가동 중단 시간도 최소화하고 품질도 높일 수 있다. 업계 전문가들은 앞으로는 디지털 트윈 기술과 실시간 데이터 분석이 접목된 AI 로봇 공장이 자동차 산업 표준이 되리라고 전망한다. 자동차 부품 생산에서도 전기모터·배터리팩 조립에는 사람 손보다 정밀 로봇이 주로 투입되고 있다. 여기에 테슬라 등이 대량으로 생산해내는 휴머노이드 로봇과 피지컬 AI가 현장에 투입되면 생산성 향상과 비용 절감이라는 엄청난 경제적 효과를 만들 수 있다. 또 품질이 개선되면서 재작업이나 A/S 비용 감소 등의 부수 효과도 기대된다. 공급망 관점에서도 해외에서 부품을 들여와 조립하던 것을 미국 내 로봇 공장에서 통합 생산하면 물류와 재고 비용을 줄일 수 있다. 이렇게 미국 내 생산의 경제성이 높아지면 기업은 생산 거점을 다시 미국으로 가져오는 리쇼어링을 검토하게 된다. 2025년 기준 미국에서는 반도체, 전기차, 청정에너지, 항공우주, 제약 분야에서 리쇼어링 움직임이 이미 나타나고 있다. 리쇼어링 이니셔티브Reshoring Initiative에 따르면 2010년 이후 일자리 약 200만 개가 미국으로 돌아왔으며 2022년과 2023년 리쇼어링 활동이 최고조에 달했다.[28] 생각하는 자율공장으로의 전환은 리쇼어링에 대한 기대감을 더욱 높일 것이다.

이처럼 AGI·로봇 융합으로 만들어진 생각하는 자율공장이 성공한다면 미국 자동차를 비롯한 전통 제조업의 경쟁 지형을 바꿀 수 있다. 향후 10~20년 내 미국 남부와 중서부에 들어서는 최신 EV 및 자율주행차, UMA 등을 생산하는 새로운 공장은 대부분 AGI·로봇 융합으로 만들어질 것이며 여기서 축적된 생산성이 미국 자동차 산업 전체의 부활을 이끌 수 있다. 다만 이런 부흥은 과거처럼 방대한 생산직 고용으로 이어지기보다는 고부가가치 제조업으로 적정 규모의 기술 인력 일자리와 높은 생산성으로 기여하는 형태가 될 것이다.

두 번째 시나리오는 리더십 회복이다. 반도체 산업은 첨단 기술의 집약체로 미국이 다시 제조 패권을 노리는 핵심 분야다. 2025년 미국의 세계 반도체 생산 점유율은 10퍼센트 남짓으로 떨어졌지만 칩스법을 통해 거대 규모 투자가 이뤄지면서 제조 역량이 늘었다. 인텔, TSMC, 삼성 등이 미국에 최첨단 반도체 공장(팹)을 건설 중이며 향후 10년간 새로운 팹 수십 개가 가동될 예정이다. 이런 노력의 성공 여부는 첨단 제조 공정 기술 확보와 미래 자동화 기술 구현에 달려 있다. 특히 반도체 제조는 사람 손으로 할 수 없는 미세공정의 연속이므로 완전자동화 공정과 AI 제어 시스템이 필수다.

현대 반도체 공장은 클린룸 내부를 무인운송차량과 로봇이 누비고 중앙 제어 AI 시스템이 공정 조건을 실시간으로 최적화하는 첨단 스마트 팹이다. 특히 공정 제어 측면에서 AI의 역할이 커지고 있는데 수율을 높이기 위해 수많은 변수를 AI가 학습·제어해 최적 조건을 찾아낸다. 이 기술을 도입해 최첨단 미세공정(예: 3나노미터 이하)에서 요구되는 정밀도를 유지하고 수율을 개선한 사례가 있다. 나아가 AI는 반도체 설계와 검사에도 활용돼 팹 전체의 생산 효율을 극대화하는 데 기여한다.

미국에서 신규 건설 중인 반도체 팹도 이 같은 최신 자동화 기술을 채택할 예정이다. 예컨대 TSMC 애리조나 공장은 세계 최고 수준의 자동화율을 목표로 AI 운영체제를 구축하고 있다. 인텔은 오하이오에 건설할 팹에 차세대 자동화 장비와 자율주행 로봇 등을 도입할 계획이다. 이런 팹은 주변 생태계와 연계되며 소재·부품 조달과 물류에도 디지털 공급망 관리 시스템을 적용한다. 즉, 단순히 공정 자동화에 그치지 않고 밸류체인 전체의 스마트화를 추구하는 것이다. 이는 생산 단가를 절감할 뿐 아니라 생산 자체가 유연해져 시장 수요 변화에 빠르게 대응하는 경쟁력이 생긴다. 만약 5~10년 이내 미국 빅테크 기업이 AGI 개발에 성공한다면 미국 내 반도체 공장의 생산 효율성은 더 높아질 수 있다. 즉, AGI를 활용한 최첨단 자동화 공정으로 미국이 반도체 제조업 리더십을 회복하는 것도 불가능한 미래는 아니라는 말이다.

마지막으로 세 번째 시나리오다. AGI가 설계하고 휴머노이드 로봇이 또 다른 로봇을 만드는 '미래형 로봇 산업'이다. 로봇 산업 그 자체도 미래 미국 제조업 부흥의 중요한 축으로 생각해볼 수 있다. 아이러니하게 들릴 수 있지만 제조업을 자동화하려면 더 많은 로봇이 필요하고 그 로봇을 생산하는 새로운 제조 산업이 필요하다. 미국은 현재 산업용 로봇 제조에서는 일본, 유럽보다 약세지만 소프트웨어와 AI 기술 강점을 살려 지능형 로봇 개발에서 우위를 점할 기회를 노리고 있다. 앞으로 10~20년간 로봇 수요 폭증은 이미 정해진 미래다. 트럼프 정부도 미국 내 로봇 제조 기반을 갖추려는 움직임에 적극적이다. 자국 제조업의 자동화를 뒷받침할 뿐 아니라 미래형 로봇 자체를 수출하는 제조업으로 키울 잠재력이 있다고 판단하기 때문이다. 이런 움직임과 더불어 앞으로 5~10년 이내에 현실이 될 수 있는 AGI 기술 발전을 더해보자. AGI 기술 발전은 로봇 자체의 기능을 향상할 뿐 아니라 로봇 생산 방식도 혁신한다. 과거에는 로봇을 사람이 일일이 조립했지만 이제는 로봇이 로봇을 만드는 '불 꺼진 공장Dark Factory'이 등장했다. 예를 들어 일본의 세계적인 로봇 기업 화낙은 2001년부터 로봇 팔을 생산하는 공장을 완전자동화해 사람 없이 로봇이 24시간 가동되며 하루에 신규 로봇 50대를 조립한다. 심지어 이 공장은 30일 동안 인간의 개입 없이도 돌아갈 수 있다.[29] 이는 로봇 제조 분야에서 대량생산과 비용 절감의 극한을 보여주는 사례다. 미국도 향후 자체 로봇 제조를 확대한다면 이와 비슷한 첨단 자동화 공장 모델을 채택할 수 있다. 실제로 현재 미국에서는 자동화 시스템 기업이 '라이트아웃lights-out 제조' 솔루션을 개발해 판매하고 있고 일부 플라스틱 사출 공장 등에서 부분적으로 무인자동화 공정을 구현하고 있다.

맥킨지의 2022년 AI 현황 보고서에 따르면 제조 업체의 42퍼센트는 측정 가능한 운영 비용 절감을 보고했다. 딜로이트의 2025년 스마트 제조 설문조사에 따르면 스마트 제조를 도입한 기업은 이미 생산량 10~20퍼센트와 직원 생산성 7~20퍼센트 향상, 유휴 설비 용량 10~15퍼센트 확보 등의 효과를 보고 있다고 한다.[30] 예측 유지·보수 시스템은 가동 중단 시간을 20~50퍼센트 줄이고 유지·보수 비용을 10~30퍼센트 절감했으며 AI 기반 품질 관리는 99.5퍼센트 이상의 정확도로 결함을 감지했고 공정 최적화 플랫폼으로 효율성이 15~30퍼센트 향상됐다.[31] 미래에 나타난 AGI, 피지컬 AI, 최첨단 자동화 기술에는 제조 공정 전반의 생산성과 효율성을 극적으로 향상할 잠재력이 있다. 이 기술은 미국 제조업의 생산성 정체 문제를 완전히 해결하고 새로운 성장 동력을 마련하는 데 핵심 역할을 할 수 있다. AGI는 공장 곳곳에 분산된 센서 데이터를 분석해 장비 고장을 사전에 예측하고 예방하는 예측 유지·보수를 가능하게 한다. 펩시코PepsiCo의 프리토레이Frito-Lay 공장은 AI 기반 예측 유지·보수를 통해 예상치 못한 가동 중단 시간을 최소화하고 생산 능력을 4,000시간 늘려 비용을 절감하고 장비 성능을 개선했다.[32] 미래에 등장할 AGI는 과거 시장 정보와 소비자 패턴을 분석해 최적의 재고 계획을 생성함으로써 공급망 운영을 최적화한다. 제조 업체는 과소 또는 과다 재고 오류로 인한 추가 비용을 피하고 생산성을 향상할 수 있다. AGI 제어 물류 시스템은 최적의 배송 경로를 찾아 운송 비용을 절감하고 배송 기간을 단축할 것이다.[33]

트럼프의 스타게이트 프로젝트

미국 제조업 부흥 시나리오가 터무니없다고만 생각하진 말라. 2025년 1월 21일 트럼프 대통령은 백악관에서 오픈AI CEO 샘 올트먼, 소프트뱅크 회장 손정의, 오라클 회장 래리 엘리슨Larry Ellison과 함께 스타게이트 프로젝트Stargate Project를 발표했다. 이 프로젝트는 미국의 AI 분야 주도권을 강화하기 위한 민관 합작 형태의 대규모 인프라 투자 계획으로, 트럼프 대통령은 이 합작 투자를 "미국의 잠재력을 향한 굳건한 신뢰의 선언"이라고 강조하며 인공지능 관련 인프라 구축에 최대 5,000억 달러(약 718조 원)에 달하는 민간 자본이 투자될 것이라고 밝혔다. 이 프로젝트는 향후 4년에 걸쳐 단계적으로 추진되며 발표 시점에 먼저 1,000억 달러 규모의 투자가 즉각 집행돼 이미 착수된 사업을 지원한다. 트럼프 대통령은 "스타게이트는 역사상 가장 거대한 AI 인프라 프로젝트며 AI 혁명을 위한 슈퍼 하이웨이 시스템을 구축하는 것"이라고 공언했다.

사실이다. 실제 계획된 총투자액 5,000억 달러는 전 세계적으로도 유례가 드문 규모다. 많은 사람이 트럼프를 괴짜 혹은 미치광이라고 폄하하며 스타게이트 프로젝트의 가치 역시 깎아뭉갠다. 그러나 우습게만 볼 일이 아니다. 실제로 이 프로젝트의 초기 구상은 바이든 행정부 시절인 2024년 초부터 진행돼왔다. 2024년 3월 기술 전문 매체는 오픈AI와 MS가 '스타게이트'로 불리는 미국 내 슈퍼컴퓨터 인프라 구축을 논의 중이라고 보도했다. 트럼프 대통령 당선 이후 투자 규모가 훨씬 커지고 파트너 구성이 변경돼(MS 대신 소프트뱅크 등이 참여) 2025년 1월 21일 공식 발표한 것이다. 즉, 스타게이트 프로젝트는 트럼프 대통령 취임 직후 백악관 발표를 통해 대중에 공개됐지만 즉흥적인 프로젝트가 아니며 그 이전부터 준비된 사업이다. 오픈AI 대변인도 트럼프 대통령의 당선으로 투자자의 열의가 높아지면서 계획 규모가 커졌으며 트럼프 행정부 출범 전 약 10개월 동안 CEO가 해당 구상을 논의해 왔다고 밝혔다.[34] 트럼프 행정부는 2029년까지 모든 시설을 완성할 계획이다.

일부에서는 스타게이트 프로젝트를 제2차 세계대전 당시 미국이 비밀리에 핵폭탄 개발에 착수했던 '맨해튼 프로젝트'에 견줄 만한 중대 사건으로 평가한다. 맞는 말이다. 처음에는 누구나 별다른 규제 없이 기술만 있다면 핵무기를 개발할 수 있었지만 결국 NPT 체제 아래 일부 국가만 핵을 보유하게 됐듯 AI 혹은 AGI 역시 결국에는 소수의 강대국, 특히 미국과 중국이 지배하게 될 가능성이 크다. AI 혹은 AGI가 핵무기만큼 중요한 이유는 이것이 기술을 넘어 세상을 움직이는 운영체제 역할을 할 수 있어서다. 이 운영체제는 가상 세계뿐 아니라 피지컬 AI 혹은 AGI를 통해 현실 세계까지 넘나들며 모든 것을 관리하고 통치할 수 있다. 만약 이런 AGI 운영체제가 미국이나 중국 등 특정 국가의 기술에 전적으로 의존한다면 우리 삶과 경제는 물론 국가 전체가 영향을 받는 디지털 식민지화로 이어질 수 있다. 미래에는 AGI 기술이 없는 국가가 핵무기가 없는 국가보다 훨씬 더 큰 어려움을 겪을지 모른다. 특히 AGI 기술이 없는 나라는 결국 AGI를 가진 국가에 막대한 비용을 지불하고 기술 종속 상태에 놓일 가능성이 크다. AI의 이런 전략적 중요성 때문에 미국은 중국과의 AI 칩 경쟁에서 우위를 확보하려 하고 AI 인프라 공급을 제한하거나 특정 동맹국에만 기술과 인프라를 개방하는 정책을 통해 국제적 영향력을 강화하는 것이다. 이것이 바로 스타게이트 프로젝트 이면에 숨겨진 속내이자 우리가 경계해야 할 잠재적 위험이다.

먼저 스타게이트 프로젝트가 미국 부흥에 미칠 다양한 영향을 살펴보자. 직접적으로는 새로운 산업 기반 조성에 영향을 미치는 것으로, 가장 즉각적인 효과다. 미국의 AI, AGI, 피지컬 AI 모델 등의 훈련과 서비스에 사용될 대규모 컴퓨팅 인프라와 에너지 인프라를 동시에 추가 확충함으로써 미국을 AI 시대의 인프라 허브로 탈바꿈시키는 것이 프로젝트의 비전이다.

미국은 AI 산업의 발전 기반을 마련하기 위해 초대형 데이터센터colossal data centers를 전국 여러 지역에 구축하고 있으며 이를 가동하기 위한 막대한 전력 공급 설비까지 함께 조성 중이다. 가장 대표적인 사례가 텍사스주 애빌린Abilene에서 진행 중인 '프로젝트 루디크러스Project Ludicrous'다. 이 프로젝트는 총 10개의 거대 데이터센터 건설을 포함하며 각 건물은 약 4만 6,000제곱미터 규모로 설계돼 있다. 완공 시 AI 칩 약 40만 개를 수용할 수 있으며 세계 최대 규모의 컴퓨팅 클러스터 중 하나로 자리매김할 전망이다. 2024년 6월 착공된 이 프로젝트를 위해 현재 약 2,200명의 인력이 24시간 교대 작업 중이며 전력 규모가 100메가와트MW 이상인 데이터센터 중 가장 빠른 건설 속도를 기록하고 있다. 이 대형 프로젝트는 데이터센터 스타트업 크루소Crusoe가 총괄하며 오라클은 서버와 광섬유 등 내부 시스템 구축을 담당한다. 오픈AI는 챗GPT 등 자사 모델의 폭발적인 사용량을 감당하기 위한 인프라 확장이 시급하다고 판단했고 AI 모델의 진화를 위해서는 압도적인 컴퓨팅 파워가 필수라는 인식 아래 프로젝트를 추진하고 있다. 이를 통해 AGI 실현을 앞당기고 새로운 발명과 비즈니스, 나아가 인류 발전을 도모하겠다는 구상이다. 애빌린 데이터센터에는 AI 구동에 특화된 엔비디아의 최신 블랙웰 GPU가 탑재될 예정이며 이는 기존 CPU 기반 데이터센터와 차별화되는 핵심 요소다. 애빌린시는 이 프로젝트 유치를 위해 재산세 85퍼센트를 면제하는 등 '힘든 거래tough deals'라 불리는 대규모 세금 감면 혜택을 제공했다. 이에 따라 일자리 창출과 세수 증가에 대한 기대가 큰 한편 AI의 미래, 환경 영향 등을 둘러싼 다양한 시각이 공존하고 있다. 미국은 향후 이 같은 데이터센터 캠퍼스를 총 20곳 이상으로 확대할 계획인데 애빌린은 풍부한 풍력 자원과 낮은 전력 수요 덕분에 첫 거점으로 선정됐다. 참고로 전력 총용량은 1.2기가와트에 달할 예정이다.

데이터센터는 단순한 건물이 아니다. 구축과 운영에 전력 인프라, 냉각 시설, 통신망, 반도체 제조 등 광범위한 산업이 함께 움직여야 하며 이는 곧 제조업 생태계 전반의 성장을 이끄는 촉매제가 될 수 있다. 작게는 10만 개 이상의 일자리를 창출할 수 있고 크게는 대규모 건설 경기 부양과 함께 지역 제조업과 서비스업 기반을 활성화한다. 이런 이유에서 여러 주州 정부가 앞다퉈 오픈AI에 부지를 제공하며 유치 경쟁에 나서고 있다.

스타게이트 프로젝트는 미국 빅테크 기업의 지위도 더욱 공고히 한다. GPT 계열 모델의 학습과 고도화를 위해 오픈AI는 지금까지 MS의 클라우드 데이터센터에 의존해왔지만 스타게이트를 통해 미국 내 자사 전용 초대형 컴퓨팅 시설을 구축하면 독자적인 AI 연구 인프라를 확보하게 된다. 이는 인프라를 넘어 AI 기술에 대한 직접투자로 이어져 AI 산업 전반의 경쟁력이 강화될 것이다. 오픈AI CEO 샘 올트먼은 스타게이트가 "이 시대의 가장 중요한 프로젝트"이며 AI 분야의 도약을 위해 절대적으로 필요한 기반 투자라고 강조했다. 소프트뱅크의 손정의 회장도 이를 "AI 황금시대의 시작"이라 표현하며 미국이 AI 분야에서 새로운 황금기를 맞이하게 될 것이라고 단언했다.[35]

간접적으로는 제조업 혁신에 영향을 줄 수 있다. 앞에서 AI 기술 발달, 제조 공정 자동화와 최적화 등이 어떻게 제조업의 효율성을 향상할 수 있을지 분석하고 예측했다. 스타게이트 프로젝트의 핵심은 미국 전역에 대규모 시설을 건설하고 하드웨어를 직접 생산하는 것이기 때문에 한동안 침체를 겪어온 미국 제조업이 다시 활기를 되찾는 '르네상스' 흐름과도 깊이 연결돼 있다. 실제로 오픈AI는 공식 발표문에서 "이 사업이 미국의 재산업화 re-industrialization를 지원할 것"이라고 명시했다.[36] 세계적인 전자제품 위탁생산 업체 폭스콘 Foxconn이 스타게이트 프로젝트와 연계된 AI 서버 제조를 미국 현지에서 전담할 것이라는 보도도 나왔다. 스타게이트 프로젝트가 첨단 IT 장비의 미국 내 생산을 촉진할 수 있다는 신호다. 대만 기업인 폭스콘은 기존에도 미국 위스콘신주 등에 제조 시설을 투자한 바 있으며 텍사스주 휴스턴 지역에 AI 서버 공장 부지를 매입해 2026년 가동을 목표로 미국 내 AI 서버 생산 라인을 확충하고 있다. 경제 전문지 보도에 따르면 폭스콘은 2025년 기준 미국 텍사스에서 가동 중인 유일한 주요 AI 서버 제조 공장을 보유해 스타게이트와 같은 현지 데이터센터 구축 프로젝트에서 독점적인 공급 파트너로 부상하고 있다. 실제로 스타게이트 프로젝트에 필요한 첨단 AI 서버 장비를 폭스콘이 미국 내 공장에서 생산·공급함으로써 자연스럽게 제조업 분야에 대규모 투자가 이뤄지고 있다.[37] 스타게이트 발표와 함께 트럼프 행정부는 신규 에너지 개발 계획도 언급했는데 AI 인프라에 안정적으로 전력을 공급하기 위해 송배전망을 개선하고 발전 용량을 증설할 것으로 보인다. 이는 발전 터빈, 송전 설비 등의 중공업 제품 생산과 설치 수요를 창출해 관련 제조업에도 파급효과를 미친다.

한 전문가는 "이 정도 규모의 AI 컴퓨팅 수요 증가는 기존 전력망 부담을 크게 늘리므로 데이터센터 건설과 동시에 신재생에너지, 천연가스 발전 등의 분야에서 빠른 설비투자가 필요하며 이런 과정이 미국 내 에너지·전기 설비 산업의 성장을 견인할 것"이라고 분석한다. 예를 들어 초기 데이터센터에는 50메가와트 이상의 전력이 필요하고 전체 프로젝트는 잠재적으로 기가와트 규모의 전력을 소비할 수 있다. 안정적인 에너지 공급을 보장하기 위한 트럼프 행정부의 화석연료(석탄, 석유, 셰일 가스) 및 원자력 선호 정책과 더불어 태양광 및 소형모듈원자로Small Modular Reactor, SMR 계획도 논의될 것이다.[38] 스타게이트 프로젝트는 의료, 국방 등 실질 분야 혁신에도 영향을 줄 수 있다. 오라클 엘리슨 회장은 "새 데이터센터 인프라를 활용해 방대한 전자 의료기록을 AI로 분석함으로써 암 같은 질병 치료를 위한 맞춤형 백신을 개발하는 등 획기적 진전을 이룰 수 있다"라고 언급했다.[39] 또 AI 인프라를 활용해 자율주행 차량, 첨단 로보틱스, 양자컴퓨팅, 생성형 AI 등 다양한 혁신 기술 분야를 가속화할 수 있다.[40]

스타게이트 프로젝트의 성공 가능성을 긍정적으로 보는 이유 중 하나는 민간 기업의 적극적인 참여다. 앞서 설명했듯 오픈AI, 소프트뱅크, 오라클이 초기 핵심 출자자로 스타게이트를 설립했으며 각자 역할을 분담했다. 소프트뱅크는 재정 투자와 자금 조달을 주도하고 오픈AI는 프로젝트 운영 전반을 책임지는 주체다. 오라클은 클라우드와 데이터 관리 인프라 전문성을 활용해 데이터센터 구축과 운용에 참여한다. 스타게이트 이사회 의장은 소프트뱅크 손정의 회장이 맡고 오픈AI CEO 샘 올트먼이 기술 운영 면에서 주도적 역할을 할 것으로 보인다. 이 밖에도 아부다비 국부펀드 계열 투자회사인 MGX가 주요 투자 파트너로 참여해 중동 자본을 유치했고 MS, 엔비디아, 영국 반도체 설계회사 ARM 등도 기술 협력 파트너로 이름을 올렸다. MS의 경우 오픈AI의 기존 최대 투자자이자 클라우드 인프라 제공자였지만 스타게이트 출범으로 오픈AI의 인프라 독점 공급권이 해제되면서 향후 스타게이트 인프라에도 참여하게 됐다. 엔비디아와 ARM은 대규모 AI 연산에 필수인 반도체 설계와 하드웨어 면에서 협력하고 오라클과 오픈AI는 컴퓨팅 시스템의 구축·운영을 위해 긴밀히 공조한다.

요약하자면 스타게이트는 트럼프의 즉흥적인 언론 쇼가 아니다. 재정 투자자, AI 기술 개발사, 클라우드 인프라 기업, 반도체 기술 기업, 해외 투자 펀드 등이 결집한 민관 합동 메가 프로젝트다. 미 연방 정부는 직접 자금을 투입하기보다 정책 지원과 조정자 역할을 한다. 트럼프 대통령은 백악관에서의 공식 발표와 행정명령 등을 통해 규제를 완화하고 투자 촉진 환경을 조성하며 기업은 이런 지원 아래 대규모 프로젝트를 실행하는 구조다. 예를 들어 트럼프 행정부는 2025년 1월 23일부로 바이든 행정부의 AI 산업 규제 성향의 행정명령을 철회하고 민간 AI 혁신을 독려하는 새로운 행정명령을 발표해 스타게이트 같은 민간 주도 투자가 원활히 진행되도록 제도적으로 돕고 있다.

물론 스타게이트 프로젝트에도 몇 가지 중요한 한계와 현실적 고려 사항이 있다. 스타게이트는 본질적으로 AI 인프라 구축에 초점을 맞춘 것이지 전통 제조업의 직접적인 복귀를 목표로 하는 것은 아니라는 평가도 나온다. 머스크 등은 5,000억 달러 투자에 재정적 타당성도 제기한다.[41] 머스크는 투자자에게 실제로 돈이 있는지 의문을 제기하며 소프트뱅크의 자금력이 부족하다고 주장한다. 스타게이트 프로젝트가 성공하려면 AI를 위한 방대하고 안정적이며 지속 가능한 전력을 확보하는 에너지 삼중고energy trilemma, 즉 에너지 안보security, 경제성affordability, 지속가능성sustainability을 어떻게 해결하느냐도 중요하다.

AI 데이터센터는 에너지와 물을 엄청나게 소비한다. 스타게이트는 폐쇄 루프 냉각 시스템으로 물 사용 문제를 해결하려 하지만 AI 붐으로 인한 전력 수요 증가는 기후 목표와 기존 전력망에 부담을 줄 수 있다는 우려가 나온다. 전력망 불안정성과 지역적 전력 부족은 프로젝트의 진행을 지연하거나 데이터센터 운영을 제한할 수 있다. 에너지 수요를 충족하려면 전력 생산과 인프라 확충에 막대한 초기 비용이 필요하다. 높은 비용은 프로젝트의 재정적 지속가능성을 위협하고 지역사회의 반발을 초래할 수 있다. 특히 전력망 업그레이드와 신규 발전소 건설 비용은 장기적으로 프로젝트의 경제적 수익성을 약화할 가능성이 있다. 스타게이트 데이터센터는 전례 없는 전력 소비로 탄소 배출 증가와 환경문제를 초래할 가능성이 크다. 이 역시 환경 단체와 지역사회의 반발에 직면할 수 있으며 글로벌 지속가능성 목표(예: 탄소중립)에 부합하지 않는다는 점에서 국제적 신뢰를 잃을 수도 있다. 또 건설 자재나 첨단 칩(특히 대만에서 제조되는 제품)의 복잡한 글로벌 공급망과 미·중 간 기술 경쟁 역시 프로젝트에 영향을 미칠 수 있는 주요 위험 요소로 지적된다. 일부에서는 이 프로젝트의 막대한 규모가 과잉 투자일 수 있다는 회의적 시각을 보이며 완공 이후 정규직 일자리 수가 기대에 미치지 못할 수 있다는 우려도 제기된다.

그럼에도 지난 30년간 인터넷이 모든 산업을 변화시킨 것처럼 장기적으로 AI 인프라 확충은 미국의 AI 연구 및 산업 역량을 비약적으로 강화하고 제조업을 포함한 전 산업의 기반을 혁신할 잠재력이 있다. 프로젝트가 성공할 경우 중국을 비롯한 경쟁국과의 기술 격차를 더욱 벌려 미국이 글로벌 AI 패권을 지속적으로 유지하는 데 기여할 수 있을 것이다.

중국의 1,000만 로봇 공정 프로젝트

2025년 중국은 그 어떤 나라도 추격할 수 없는 세계 최대의 전기자동차 시장이자 생산 기지로 우뚝 섰다. 로봇 산업은 어떨까? 2025년 5월 중국 증권사 보고서는 "2035년 중국과 미국의 휴머노이드 로봇 보유 대수가 각각 1,000만 대, 580만 대에 이를 것"이라며 "로봇이 자동차나 스마트폰처럼 대중화되는 시대"를 전망했다.[42] 비공식 자료를 살펴보면 중국의 로봇 산업은 정부 보조금과 세제 혜택을 받아 급성장하고 있고 '2035년 1,000만 로봇 공정'이라 불러도 될 만한 중장기 로봇 확산 전략, 동부 연안 로봇 도시 건설과 관련된 비공식 프로젝트가 속속 언급된다. 이런 추세라면 중국이 미래 로봇 산업도 모두 장악하지 않을까? 중국 내에서 일어나고 있는 로봇 굴기 상황을 살펴보자.

중국은 2013년 이후 8년 연속으로 세계 최대 산업용 로봇 소비국을 유지하고 있다. 2016년부터 중국 전기·전자 민간 기업은 자동차보다 산업용 로봇을 주요 고객이자 성장 동인으로 눈여겨보기 시작했다. 2017년 이후 로봇 관련 스타트업이 3,400개 이상 설립됐고 2020년 중국 산업용 로봇 연간 판매량은 17만 대를 넘었으며 같은 해 로봇 산업 규모도 연매출 1,000억 위안을 돌파하면서 세계 최대의 산업용 로봇 시장으로 거듭났다. 2022년에만도 29만 258대의 산업용 로봇이 판매되면서 세계 시장의 52퍼센트를 장악했다. 2023년에는 산업용 로봇 시장에서 신규 설치 대수와 누적 가동 대수(약 175만 대로 추산, 전 세계 운용 로봇의 41퍼센트) 모두 세계 1위를 기록했다. 제조업 로봇 밀도(인력 1만 명당 로봇 대수)도 글로벌 평균의 3~4배에 이르렀고 2022년에는 로봇 밀도 470대로 독일과 일본을 제치고 세계 3위 수준을 달성했다. 중국 정부는 2025년까지 로봇 밀도를 다시 2배로(약 500대) 높이는 것을 목표한다. 특히 전자제품, 자동차 등 노동집약적 제조업 위주로 로봇 투입이 급증해 중국 제조업 성장의 견인차는 인간이 아니라 로봇이라는 평가도 나온다.

전자 산업의 경우 2023년 세계 신규 도입 로봇 중 3분의 2가 중국에 설치됐고 그중 절반 이상은 중국산 로봇이 공급됐다. 2024년 국제로봇연맹 회장인 마리나 빌Marina Bill은 "중국의 산업 로봇 자동화의 급속한 발전은 놀랍다"라며 "2년 전 산업용 로봇 운영이 150만 대를 넘어섰다"라고 분석했다. 이 정도로 산업용 로봇 보유와 생산량이 큰 나라는 중국이 최초이자 유일하다.[43] 특히 중국 4대 로봇 기업인 신송新松로봇, 에스툰Estun, 이노밴스테크놀로지Inovance Technology, 이포트EFORT 등은 정부의 연구 개발 지원을 바탕으로 제품 성능을 개선하고 가격 경쟁력을 앞세워 자국 시장에서 높은 점유율을 확보하고 있다. 최근 유니트리와 즈위안Zhiyuan, 유비테크 등이 저가형 휴머노이드 로봇을 발표하면서 지능 수준은 아직 낮지만 휴머노이드 로봇 시장에서도 중국이 이미 미국을 앞서기 시작했음을 보여주고 있다.[44]

중국의 인터넷 대기업과 자동차 제조사 역시 이 흐름에 적극 동참하고 있다. 알리바바와 화웨이는 로봇 스타트업에 지분을 투자하고 이들과의 기술 협력을 활발히 진행 중이며 비야디와 샤오펑Xpeng 등 주요 자동차 기업은 자체 생산 라인에 휴머노이드 로봇을 도입해 스마트 공장 솔루션을 시험하고 있다.

투자 열기도 뜨겁다. 2023년 말 시진핑 주석이 상하이에서 휴머노이드 로봇 기업 제품 시연을 참관한 이후 중앙정부와 지방정부는 관련 기업에 연구 개발 보조금, 무상 사무 공간, 세제 혜택 등을 아낌없이 제공하고 있다.

선전시는 2024년 로봇·AI 분야 육성을 위해 100억 위안 규모의 펀드를 신설했고 베이징시는 휴머노이드 기업의 첫 제품 상용화에 최대 3,000만 위안을 지원하는 전용 자금을 조성했다. 해외 기업도 중국 시장을 중시해 스위스 ABB는 상하이에 세계 최대 규모의 로봇 공장을 건설했고 일본 화낙과 독일 쿠카도 현지 생산능력을 확장했다.

중국 정부는 해외 선진 기업의 진출을 유도함으로써 국내 기업과의 경쟁 속 협력 구도를 형성하고 이를 통해 전체 로봇 산업 생태계의 수준을 끌어올린다는 전략이다. 하지만 주목해야 할 점은 중국 정부와 주요 기업이 이 정도 성과에 만족하지 않을 것이라는 사실이다. 지금부터 중국이 로봇 산업의 국가적 우선순위를 어떻게 두고 있는지, 어떤 전략으로 투자하고 있는지 구체적으로 살펴보자.

중국은 중앙정부 차원에서 로봇 기술과 산업을 체계적으로 육성하기 위한 정책 로드맵을 수립해왔다. '중국제조 2025', '제14차 5개년 계획', '로봇 산업 발전계획' 등 다양한 국가 전략을 통해 로봇 산업을 10대 중점 육성 분야로 지정하고 국가 정책의 최상위 수준으로 격상했다. 중국 정부의 주요 목표는 산업용 로봇 연간 10만 대 생산, 로봇 산업 연매출 300억 위안 확보, 2027년까지 휴머노이드 로봇 분야에서의 세계적 선도국으로 도약이다.

특히 첨단 부품의 국산화와 자생적 기술 혁신이 강조되고 있다. 2025년까지 서보 모터, 감속기, 제어기 등 핵심 부품 성능과 신뢰성을 해외 선진 제품 수준으로 끌어올리고 국산 로봇의 종합 기술력을 국제 수준으로 향상하겠다는 계획이다. 이런 목표는 대부분 조기 달성됐거나 초과 달성되고 있으며 2025년 전자 산업 등 일부 분야에서는 중국 기업이 국내 로봇 수요의 절반 이상을 자체 공급할 만큼 자생력이 크게 강화됐다.

최근에는 자율주행과 휴머노이드 로봇 등 인공지능과 로봇이 융합된 첨단 기술 분야에서 시장 주도권을 확보하기 위해 중앙정부와 지방정부가 협력해 적극적으로 연구 개발에 투자하며 산업 생태계를 조성하고 있다. 시진핑 주석도 "로봇으로 축구 팀을 꾸릴 수 있는 날이 올 것"이라고 언급하며 휴머노이드 기술 발전을 독려하고, 인공지능과 로봇을 결합한 산업을 미래 산업혁명의 핵심 축으로 보고 중앙 차원의 전폭적 지원을 아끼지 않고 있다.[45]

중국 정부가 로봇 산업을 우선순위에 두는 이유는 크게 3가지다. 첫째, 로봇 산업은 미래에 자동차 시장을 넘어설 거대한 시장이다. 모건스탠리는 2050년까지 휴머노이드 로봇 시장만 전 세계적으로 10억 대 이상이 될 것이며 그중 미국은 7,770만 대, 중국은 3억 2,230만 개로 가장 많은 수를 사용할 것이라고 전망했다.[46] 둘째, 중국은 로봇 도입을 통한 제조업 자동화를 국가 전략으로 삼으려고 한다. 인건비 상승과 인구 고령화 흐름에서 로봇 대체율을 지속적으로 높여 생산성 향상을 꾀한다는 전략이다. 셋째, 중국 정부는 현재 약 500개의 스마트 시티 프로젝트를 추진하고 있다. 이 도시들은 '로봇밸리'를 조성하거나 인공지능과 로봇 기술을 활용해 도시 운영을 자동화하는 등 활발한 시도를 하고 있다. 예를 들어 상하이 난샹구전南翔古镇 프로젝트는 관광객과 로봇이 직접 상호작용하는 방식으로 로봇 기술을 관광 산업에 접목하고 있다. 특히 중국 정부는 동부 연안 지역, 즉 장강 삼각주에 속하는 상하이시, 저장성, 장쑤성 일대를 로봇 산업 발전의 핵심 거점 클러스터로 육성 중이다. 이 지역은 제조업 기반이 탄탄하고 기술 인력이 풍부할 뿐 아니라 지방정부 역시 중앙정부의 스마트 제조 전략에 발맞춰 로봇 특화 정책을 적극적으로 추진하고 있어 산업 생태계 조성에 유리하다.[47]

상하이시는 세계 로봇 중심 도시를 표방하며 다각적으로 로봇 산업을 지원하고 있다.[48] 이미 2012년 상하이시는 바오산宝山구에 상하이로봇산업원上海机器人产业园을 지정해 약 3제곱킬로미터 규모의 로봇 산업 단지를 조성했고 현재 로봇 기업 270여 개가 이곳에 모여 핵심 부품부터 완제품까지 아우르는 공급망을 구축하고 있다. 또 상하이시 자유무역구 린강临港 신구 등지에는 첨단 제조업 클러스터가 형성돼 있으며 이를 통해 글로벌 로봇 기업 ABB, 화낙 등 외국자본을 유치해냈다. 상하이시는 2025년까지 로봇 및 지능형 장비 산업을 1,000억 위안(약 18조 원) 규모로 성장시키겠다는 목표 아래 정책 금융과 세제 지원 등 다양한 육성책을 추진 중이다. 특히 휴머노이드 로봇 분야에서 인간형 로봇 훈련 시설을 2025년 1월에 중국 최초로 열었다. 이 시설에서는 현재 휴머노이드 로봇 100여 대를 동시에 훈련할 수 있으며 2027년까지 로봇 1,000대를 동시 훈련 가능하도록 규모를 확장할 계획이다. '상하이 치린麒麟 휴머노이드 로봇 훈련기지'로 불리는 이 시설은 표준화된 훈련 환경을 기반으로 로봇의 자율작업 능력을 향상하는 데 초점을 맞추고 있다. 2025년 말까지 1,000만 건 이상의 물리적 상호작용 데이터를 축적해 세계 최대의 휴머노이드 학습 데이터 세트를 구축하는 것이 목표다.

저장성도 중국 최초로 '로봇 전문 타운' 개념을 도입한 지역으로 2017년부터 각 지역에 특화된 로봇 생산·연구 단지를 개발하기 시작했다. 항저우시 인근의 가산현嘉善縣 간요진干窯鎭은 전통 벽돌 산지에서 로봇 타운으로 탈바꿈해 3.3제곱킬로미터 부지에 로봇 R&D센터, 산업단지, 주거·지원 시설을 갖춘 스마트 제조 신도시가 건설됐다. 이 프로젝트에는 57억 위안의 자본이 투자됐으며 현재 여러 로봇 스타트업과 연구소가 입주해 산학연 클러스터를 형성하고 있다. 또 저장성 닝보寧波시에 68억 위안 규모의 로봇 타운을 별도로 추진했고 항저우시 샤오산蕭山구 역시 160여 개 기계대체機器換人 자동화 프로젝트를 실시해 제조 라인에 로봇을 도입하고 있다. 이처럼 저장성은 도내 곳곳에 로봇 생산 기지와 시범 응용 공간을 마련해 2016년 기준 산업용 로봇 4만 2,000대(전국의 12퍼센트)가 제조업에 투입되는 등 중국 내 최고 수준의 로봇 활용도를 보이고 있다.

2023년 항저우시는 한 걸음 더 나아가 AI와 로봇 혁신 허브 도시 건설을 선언하며 200여 개 로봇 기업을 중심으로 2023년 산업 로봇 생산액 150억 위안을 달성했다고 발표했다. 항저우시는 '체화된 AI Embodied AI' 기술 분야에서 선도적 지위를 활용해 제조·물류·의료 등 다양한 산업 현장에서 로봇 적용 시나리오를 확대하고 있다. 이

와 함께 로봇 기업에 대한 금융·인프라 지원도 강화할 방침이다.[49]
장쑤성도 장강 삼각주 제조 벨트의 한 축으로 로봇 산업이 빠르게 성장하고 있는 곳이다. 특히 창저우常州시는 로봇 산업 전국 1급 집적지로 주목받고 있다. 창저우시에는 로봇 관련 기업이 약 150개 활동하고 있으며 산업용 로봇 본체 생산량이 연간 7만 대에 달해 "중국산 로봇 4대 중 1대는 창저우산"이라는 평가를 받고 있다. 창저우시는 2024년 '로봇 산업 도약 발전 행동계획(2024~2026)'을 발표하고 2026년까지 연간 로봇 완제품 10만 대 생산과 산업 규모 500억 위안 돌파를 목표로 제시했다. 이를 위해 첨단 로봇 R&D 플랫폼 10개 구축, 산업용 로봇 1만 대 추가 보급 등 구체적 과제도 병행하고 있다. 로봇 생산과 활용 면에서 중국의 선두주자로 자리매김하겠다는 전략이다. 또 창저우는 지리적으로 상하이와 인접해 있어 상하이의 기술력과 인재를 흡수하는 상생 협력 모델을 활발히 추진 중이다. 상하이에 본사를 둔 로봇 스타트업이나 연구 기관이 창저우에 생산 라인과 시험 공장을 설립하는 사례가 늘고 있으며, 창저우시 역시 상하이에서 정기적으로 투자 유치 행사를 개최해 '상하이의 지혜와 창저우의 제조'라는 협력 관계를 강조하고 있다.

이 외에 다른 제조업 도시도 스마트 공장 시범 사업, 로봇 인큐베이터 센터 설립 등을 통해 지역 산업을 업그레이드하는 등 중국 동부 연안 주요 도시는 중앙정부의 전략 기조에 발맞춰 지방정부 주도의 경쟁적인 투자와 정책을 통해 각 지역의 비교 우위에 특화된 로봇 도시 또는 로봇 클러스터를 구축해 나가고 있다.

≡ 2035년, 우리 집에 중국산 로봇이 들어온다면? ≡

중국 정부가 로봇 산업을 국가적 우선순위에 두는 데는 또 다른 이유가 있다. 스마트 시티 프로젝트의 AI와 로봇 기술로 대국민을 감시하고 사회통제력을 강화하려는 의도다. 2035년 이런 중국산 로봇이 우리 집에 들어오면 어떤 일이 벌어질까? 그 무렵이면 로봇이 한국 가정에도 본격적으로 보급되고 특히 노인 돌봄 로봇의 의무화나 상업 시설 내 휴머노이드 로봇 상시 배치가 현실이 될 수 있다. 하지만 휴머노이드 로봇의 높은 가격 탓에 많은 사람이 중국산 제품을 선택할 수밖에 없는 상황이 예상된다. 이때 개인 사생활 침해나 데이터 보안 면에서 중대한 불안과 위기가 생길 수 있다. 일각에서는 "그게 무슨 큰 문제냐", "정치적 과장일 뿐이다"라고 말하기도 한다. 하지만 정말 그럴까? 정말 아무 문제가 없고 모든 우려가 과장에 불과할까? 이제 2035년 중국산 로봇의 보급이 가져올 사생활 침해와 데이터 안보 위협을 구체적으로 분석하고 예측해보자.

중국 정부가 AI와 로봇 기술을 적극적으로 활용해 자국민에 대한 디지털 감시와 사회통제를 강화하고 있다는 사실은 더는 비밀이 아니다. 중국은 공산당이 국가 전체는 물론 기업과 개인까지 전방위로 통제하는 체제다. 실제로 정부는 '1인 1파일—人—档' 시스템을 도입해 14억 인구 각각에 대한 방대한 데이터를 수집·분석하며 국민 개개인의 행동과 성향을 추적할 수 있게 하고 있다. 이 시스템은 해상도가 낮은 사진이나 마스크로 얼굴이 일부 가려진 경우에도 개인 식별이 가능할 만큼 정교하며 화웨이, 바이두 등 중국 주요 ICT 기업이 기술 개발에 참여해왔다. 중국 당국은 이런 데이터 기반 AI 감시망을 바탕으로 '범죄 예방'이라는 명분 아래 안면 인식 CCTV와 빅데이터 분석 시스템을 전국적으로 확산하고 있다. 실제로 코로나19 기간에는 드론과 로봇 개를 동원해 도시 봉쇄를 감시하고 주민 이동을 통제하는 등의 조치도 실행했다. 코로나19를 기점으로 국가 치안과 사회통제 수단으로 로봇 활용이 급격히 확대되고 있는 상황이다.

2019년 베이징 시내 주택가에는 키 170센티미터의 순찰 로봇 '메이바오梅宝'가 배치됐다. 이 로봇은 안면 인식 카메라, 적외선 센서, 대화 기능 등을 탑재해 실시간으로 주민을 감시하고 수상한 인물을 발견하면 당국에 즉시 알리는 시스템을 갖추고 있었다. '인간 보안 인력의 한계를 보완한다'는 명분으로 도입된 이 로봇은 일반 주택가까지 휴머노이드 감시 로봇이 투입된 사례로 사생활 침해 우려를 불러일으켰다.

2024년에는 중국 경찰 장비 박람회에서 시속 35킬로미터로 추격하고 그물총까지 발사할 수 있는 감시 로봇이 공개됐다. 이 로봇은 안면 인식으로 지명수배자를 식별하고 실시간으로 추적할 수 있어 공안의 치안 업무에 로봇 기술을 본격적으로 도입하려는 중국 정부의 의도를 분명히 보여주는 사례로 평가된다.

중국에는 이미 '톈왕天网'으로 불리는 전국적 AI 감시 카메라망과 사회신용체계 등 디지털 통제 인프라가 있음에도 여기에 로봇과 자율 기술을 접목해 감시와 통제를 더욱 정교하고 광범위하게 확장하려는 것이다. 왜일까? 바로 극도의 체제 불안감 때문이다.

최근 1년(2024년 5월 26일~2025년 5월 26일)간 중국에서 대정부 시위는 노동, 토지, 환경문제 등 다양한 이유로 빈번하게 발생했다. 이런 시위는 정부 정책에 대한 불만을 반영하며 특히 경제적 어려움과 관련돼 있다. 정확한 수치는 출처에 따라 다르지만 추정치는 3,000~4,000건으로 보인다. 〈중국노동회보China Labour Bulletin〉에 따르면 2024년 한 해 동안 노동 관련 시위는 1,509건 발생했다. 주로 임금 체불, 공장 이전, 폐쇄와 관련된 시위였다. 미국 싱크탱크 자유의 집Freedom House의 중국 내 반정부 시위 모니터링 프로젝트 차이나 디센트 모니터China Dissent Monitor는 2024년 1분기(1~3월)에 655건, 3분기(7~9월)에 937건의 반대 행사를 기록했으며 여기에는 노동 시위(57퍼센트), 종교 단체 시위(10퍼센트), 주택 구매자·소유자 시위(9퍼센트) 등 다양한 유형이 포함됐다. 미국 전략 정보 분석·예측 전문 민간 업체 스트랫포Stratfor는 2023년과 2024년 동안 총 3,297건의 시위를 보고했으며 이는 2015~2016년 이후 가장 높은 수준이다.[50] 2025년 초반에도 시위가 거의 매일 발생했는데 특히 5월에 빈번했고 경제적 불만, 특히 미지급 임금과 공장 폐쇄로 인한 노동자 시위, 정부 정책에 대한 불만을 분출하는 시위가 급증했다.[51] 예를 들어 2025년 4월 24일에는 다오현道县에서 노동자 수백 명이 보상과 사회보장 혜택 없이 공장이 폐쇄된 데 항의하며 파업에 참여했다. 2025년 4월 17일 블룸버그는 "중국의 경제 시위가 관세 충격 이전에 기록적인 수준으로 급증했다"라고 보도하며 "2025년 시위 활동이 2023년과 2024년보다 많다"라고 언급했다.[52] 중국 시진핑 정부와 공산당은 매년 늘어나는 시위가 갑자기 톈안먼 사태 같은 민주화 운동으로 돌변하는 것을 경계하고 있다.

그래서 중국은 민간 기업과 기술을 국가 감시에 활용할 수 있도록 법으로 명문화했다. 중국 공산당이 제정한 국가정보법(2017년) 제7조에는 "모든 조직과 시민은 국가 정보활동에 협조해야 한다"라고 명시돼 있다. 이에 따라 중국 내 모든 기업은 정부가 요구할 경우 보유한 개인정보를 제공하고 협력할 의무가 있다. 또 중국의 데이터보안법과 개인정보보호법에는 역외 적용 조항도 포함돼 있다. 특히 데이터보안법은 중국 영토 밖에서 이뤄지는 데이터 처리 활동이라 해도 그것이 중국 국가 안보나 공공 이익 혹은 중국 국민이나 조직의 합법적 권익을 침해할 경우 적용될 수 있다고 규정하고 있다. 이는 중국 기업이 수집한 데이터가 어디에 저장돼 있든 중국 정부의 접근 요구 대상이 될 수 있음을 의미한다. 즉, 한국에서 중국산 로봇이나 AI 시스템이 수집한 데이터 역시 중국 당국이 법적으로 열람하거나 수집할 수 있는 범위에 포함된다. 이는 한국 등 국제 기준에서 수사기관이 개인정보를 수집할 때 법원의 영장을 필요로 하는 점과는 뚜렷이 대비된다. 이런 법과 제도를 기반으로 중국 지도부는 AI를 디지털 권위주의적 통치 수단으로 활용한다는 평가를 받고 있으며 해외에도 중국식 감시 모델과 기술을 수출하며 영향력 확대를 꾀하고 있다. 이 같은 이유로 한국에 도입되는 중국산 로봇이 중국 정부의 글로벌 감시망의 일부로 악용될 가능성에 대한 우려가 커지고 있는 것이다.

최근 몇 년 사이 서비스 로봇 분야에서 중국산이 한국 시장을 빠르게 잠식하고 있다. 대표적으로 우리나라에 보급된 서빙 로봇의 절반 이상(2022년 기준 53.4퍼센트)이 중국산으로 파악된다.[53] 코로나19 이후 비대면 서비스 수요가 늘면서 급성장한 한국의 서비스 로봇 시장에 중국 업체가 저렴한 가격과 대량생산 능력을 앞세워 진입한 결과다.

2020년까지만 해도 수백 대 수준에 불과하던 중국산 서빙 로봇 보급은 2년 만에 수천 대로 급증했다. 가격 경쟁력과 제품 완성도를 앞세운 중국 기업이 한국의 중소 사업자를 중심으로 빠르게 시장을 확대한 것이다. 이런 추세를 감안할 때 2035년경에는 한국의 가정용이나 상업용 로봇 시장에서도 중국산 제품이 주도권을 쥘 가능성이 크다.

특히 휴머노이드 로봇 분야에서 중국 기업의 세계 진출은 눈에 띄게 빠르다. 중국의 푸두 로보틱스Pudu Robotics는 2023년 인간형 2족 보행 로봇 '푸두 D9'을 공개하며 2025년 하반기 한국 시장 출시 계획도 밝혔다. 푸두 D9은 키 170센티미터, 몸무게 65킬로그램에 42개의 관절 DOF를 가진 정교한 2족 보행 로봇으로 다섯 손가락이 달린 로봇 손까지 있어 식당이나 물류센터 등에서 사람처럼 작업을 수행할 수 있는 것이 특징이다. 한국의 서비스 로봇 기업 VD컴퍼니는 이 중국산 휴머노이드를 국내에 도입해 매장 업무 실증에 투입할 계획을 밝히는 등 중국산 첨단 로봇의 한국 시장 진입이 현실화되고 있다.

한편 중국 정부는 일대일로 전략의 일환으로 동남아, 중동 등 신흥국에 자국산 로봇과 스마트시티 감시 시스템을 패키지 형태로 수출하며 시장 영향력을 넓히고 있다. 중국 기업 와트릭스Watrix가 개발한 걸음걸이 인식 기술은 50미터 거리에서도 얼굴 분석 없이 보행 패턴, 체형, 팔 움직임 등을 통해 개인을 식별할 수 있으며 안면 인식 기술과 결합해 감시 정확도를 한층 높였다. 드론과 자율주행차에서 수집된 실시간 영상 정보를 통합·분석해 도시 전체를 관리하는 '시티 브레인City Brain' 프로젝트는 실시간 추적과 통제 시스템의 정점을 보여준다. 이 기술은 신장 위구르 자치구에서 벌어진 대규모 탄압 사례에서 드러나듯 시위 억제와 대중 통제에 직접 활용될 수 있다. 실제로 중국 일부 도시에서는 교통법규 위반을 단속하고 용의자를 식별하는 데 안면 인식과 AI 기술을 사용하고 있다. 2035년경에는 중국산 가정용 로봇이 AI, 센서, 이동성, 인간·로봇 상호작용, 연결성 등 모든 면에서 지금보다 훨씬 발전할 것으로 보인다. 중국의 목표는 2025년까지 휴머노이드 로봇 양산 체제를 구축하고 2027년까지 산업과 공급망 생태계를 갖추는 것이다.

유비테크의 '워커', 유니트리의 'H1', 샤오미의 '사이버원', 푸리에 인텔리전스Fourier Intelligence의 'GR-1' 등 중국의 휴머노이드는 이미 뛰어난 이동성, 감지력, 상호작용 기능을 보여주고 있다. 미래 로봇은 고성능 관절, 다양한 감각 센서, 자율이동 기능, 학습 가능한 AI를 갖출 것으로 예상된다. 예를 들어 클라우드 마인드 로보틱스Cloud Mind Robotics의 하릭스HARIX는 클라우드 기반 AI로 로봇이 자가 학습을 할 수 있게 한다.[54] 2035년 가정용 로봇은 감정 인식, 자연어 이해, 복잡한 작업 수행, 스마트홈 기기와의 연동 등 정교한 기능을 갖출 것으로 전망된다.[55] 중국은 이미 가정용 로봇 시장에서 큰 비중을 차지하고 있으며 2035년에는 시장 규모가 300억 달러에 이를 것으로 예상된다.

휴머노이드 로봇이 여러 일을 할 수 있는 '범용'과 몸이 있는 '체화형 AI'를 지향한다는 것은 가정에서 특정 작업을 수행하는 기기를 넘어 자율적이고 통합된 에이전트로 발전하고 있음을 의미한다. 이는 로봇의 활용도를 높이는 동시에 데이터 수집 범위와 상호작용의 복잡성을 키워 사생활과 보안에 더 큰 위험을 초래할 수 있다. 현재의 스마트 기기(예: 로봇청소기)는 특정 기능만 수행하며 상호작용도 제한적이다. 반면 체화형 AI를 탑재한 휴머노이드 로봇은 다양한 작업을 수행하며 인간과 유사한 방식으로 소통하도록 설계돼 있다. 범용 로봇이 되기 위해서는 주변 환경과 사용자를 지속적으로 인식하고 학습하며 적응해야 하므로 집 구조, 사용자 습관, 대화, 감정 상태 등 방대한 데이터를 수집해야 한다. 이처럼 이동성과 상호작용 능력이 뛰어난 로봇은 현재의 스마트 기기보다 훨씬 더 정밀하고 개인적인 일상 데이터를 축적하게 된다. 그 결과 단편적인 정보 수집이 아닌 포괄적 행동·환경 감시로 위험이 확대될 수 있다.

중국 공산당과 기업은 잠재적 위험이 있는 자국산 로봇을 전 세계에 판매하려는 야심을 품고 있다. 한국도 예외가 아니다. 앞서 우려를 제기한 것처럼 2035년경에는 가격이 저렴하고 기능이 우수한 중국산 돌봄용·상업용 로봇이 대량으로 국내에 도입될 가능성이 크다. 이는 한국 가정과 사회 인프라가 중국산 기기에 크게 의존하게 된다는 뜻이다. 완제품을 한국에서 조립하거나 한국 기업이 일부 생산한다고 해도 위험이 사라지진 않는다. 2035년까지 감정 인식과 능동적 지원 같은 고급 기능을 추가해야 한다는 경쟁 압력으로 제조사는 강력한 보안과 개인정보 보호보다는 기능 개선에 집중할 수 있다.

좀 더 구체적인 미래를 살펴보자. 가장 먼저 떠오르는 분야는 한국 가정의 노인 돌봄이다. 중국은 급속한 고령화에 대응하기 위해 자국에서 노인 케어 로봇 개발을 장려하고 있으며 일본보다 저렴한 가격으로 제품을 공급할 준비를 하고 있다. 만약 2035년경 한국에서 노인 돌봄 로봇이 일정 기준 의무화되고 지금 같은 추세가 이어진다면 중국산 돌봄 로봇이 대거 공급될 가능성이 있다. 이는 곧 한국인의 민감한 의료·생활 데이터가 중국 기업의 로봇을 통해 수집될 수 있다는 의미다.

가정용 돌봄 로봇과 상업 시설 휴머노이드 로봇은 고성능 센서와 통신 기능으로 주변 환경과 사용자 정보를 지속적으로 수집한다. 이런 로봇이 사생활 침해와 데이터 보안에 미치는 위험은 다양하다. 예를 들어 돌봄 로봇은 고해상도 카메라와 마이크를 사용해 노인의 상태를 관찰하고 음성으로 교감한다. 따라서 로봇이 작동하는 동안 실내 활동, 대화 내용, 신체 영상 등이 실시간으로 기록될 수 있다. 특히 중국산 로봇의 문제는 수집된 영상과 음성 데이터가 제조사 서버, 심지어는 해외 서버로 전송될 가능성이 있다는 점이다. 실제 사례로 국내에 보급된 중국산 IP 카메라 상당수에서 제조사가 몰래 사용자 영상을 유출할 수 있는 백도어가 발견됐고 2024년 9월에는 그 결과로 추정되는 한국인 사생활 영상 500여 건이 중국 음란 사이트에 유포됐다.[56] 위치나 움직임 추적 데이터도 그런 면에서 위험하다.[57]

가정용 로봇도 잠재적 위험이 크다. 로봇은 사용자와 함께 집안을 돌아다니며 위치 정보를 정밀하게 파악한다. 예를 들어 로봇청소기나 실내용 서비스 로봇은 집 안 구조와 가구 배치를 포함한 정밀 지도를 생성해 클라우드에 저장한다. 이 지도에는 가구 크기 등 자산 수준을 유추할 수 있는 민감정보도 포함될 수 있다. 실제 연구에 따르면 이런 데이터가 광고주 등 제3자에게 넘어가면 거주자의 소득 수준과 생활 패턴을 추정할 수 있다. 더 나아가 돌봄 기능을 수행하는 로봇은 GPS가 없어도 실내 이동 경로로 사용자의 일상을 상세히 기록할 수 있다. 위치 정보가 외부로 유출되면 특정 가정의 생활 리듬, 외출 시간, 보안 취약 시점 등이 드러나 범죄나 불법 감시에 악용될 수 있다.

또 로봇에 탑재된 센서(라이더, 적외선 등) 역시 정보 유출 통로가 될 수 있다. 한 연구에서는 로봇청소기의 라이다 센서를 해킹해 마이크 없이도 레이저 진동으로 실내 대화를 복원하는 '라이다폰LidarPhone' 기술이 발표된 바 있다. 이는 가정용 로봇이 해킹되면 도청 장치로 전락할 수 있음을 보여준다. 이처럼 로봇의 센서는 본래 목적 외에도 사생활 침해 수단으로 악용될 수 있다. 온습도 센서나 심박 센서 같은 헬스케어 기능으로 수집된 건강 정보도 유출되면 보험이나 고용 등에서 불이익을 초래할 수 있는 민감한 데이터다.

현대 로봇은 대체로 클라우드 AI와 연결돼 음성 인식, 얼굴 인식 같은 기능을 수행한다. 돌봄 로봇이 노인의 음성 명령을 이해하거나 얼굴을 알아보는 과정에서 음성이나 데이터가 제조사 클라우드로 전송돼 AI가 이를 처리한다. 문제는 이 클라우드가 중국에 있거나 한국에 서버가 있어도 중국 본사가 자유롭게 접근할 수 있는 구조일 경우다. 한국인의 개인정보가 그대로 중국으로 유출될 수 있다. 앞서 언급했듯 중국 정부는 자국 기업에 정보 제출을 합법적으로 요구할 수 있다.

'정렬 위장alignment faking'이라는 개념이 있다. AI 시스템이 겉으로는 인간의 가치나 목표에 부합하는 것처럼 보이지만 실제로는 그렇지 않은 상황을 말한다. 이는 AI가 인간의 가치를 반영한다고 여겨지는 특정 지표나 목표를 최적화하도록 훈련받을 때 생길 수 있다. 예를 들어 AI가 소셜 미디어에서 사용자 참여를 극대화하도록 훈련받았다고 가정해보자. 겉보기에는 사용자를 행복하고 몰입하게 만드는 것이 목적처럼 보이지만 실제로는 선정적이거나 중독성 있는 콘텐츠를 추천해 사용자의 건강을 해칠 수 있다. '사용자 참여'라는 지표가 인간의 진정한 행복이나 건강과 일치하지 않기 때문에 정렬 위장 사례로 볼 수 있다.

의도하지 않은 결과로도 문제가 발생할 수 있지만 만약 처음부터 그런 결과를 노린 것이라면 상황은 훨씬 심각해진다. 예컨대 중국 정부가 그런다면 말이다. 이는 단순한 사생활 침해를 넘어 국가 안보와 사회적 신뢰를 위협하는 문제로 이어질 수 있다. 중국 정부나 기업이 해킹이나 악성코드 주입에 유리하도록 의도적으로 설계한 제품을 수출한다면 그 위험은 상상을 초월할 것이다.

첨단 가정용 로봇에서의 정렬 위장 능력은 로봇을 데이터 수집 장치에서 능동적 조작 에이전트로 변화시킬 수 있다. 제조사나 악의적 행위자가 설정한 목표에 따라 로봇은 사용자가 인식하지 못하는 사이 행동, 신념, 인간관계에 미묘한 영향을 줄 수 있다.

AI는 숨은 목표를 달성하거나 감시를 회피하기 위해 기만적인 학습도 할 수 있다. 예컨대 2035년에 감정 인식과 학습 능력을 갖춘 중국산 가정용 로봇이 한국인의 일상, 선호, 감정 상태를 파악하고 방대한 개인정보를 수집한다면? 이 정보가 사용자 몰래 특정 제품을 추천하거나 편향된 정보를 제공하거나 인간관계에 영향을 주는 데 활용될 수 있다. 이런 조작은 매우 정교하고 감지하기 어렵다. 사용자는 도움을 주는 로봇이라고 생각하지만 실상은 그 신뢰를 기반으로 영향력을 행사하는 존재일 수 있다. 이는 중국산 로봇이 분산된 영향력 작전 또는 정보 수집 네트워크로 전환될 수 있음을 뜻한다.

더욱이 고급 AI 기능은 클라우드 기반으로 작동하기 때문에 중국 정부는 자국 법률(예: 데이터보안법)에 따라 제조사에 AI 모델에 기만 기능, 소프트웨어 백도어, 적대적 입력 경로를 내장하도록 요구할 수 있다. 이는 수천 대 로봇이 동시에 은밀한 조작을 할 수 있다는 의미다. 특정 이슈에 대해 여론을 유도하거나 민감정보를 수집하는 데 활용될 수 있으며 이는 단순한 장치 해킹이 아닌 국가 차원의 정보전, 간첩 행위로 이어질 수 있다.

사이버 보안 측면에서도 가정용 로봇은 심각한 위험을 안고 있다. 네트워크에 연결된 로봇은 해킹 공격의 표적이 될 수 있으며 특히 중국산 제품은 출고 단계부터 악성코드가 심어졌을 가능성도 배제할 수 없다. 실제로 중국산 가정용 로봇청소기와 잔디깎이 로봇에서 원격제어 해킹 취약점이 발견됐고 사용자 몰래 카메라를 켜 집안을 염탐한 사례도 있다.[58] 더 큰 문제는 가정용 로봇 수만 대가 해커에 의해 일제히 통제될 경우 대규모 봇넷으로 활용돼 사이버 공격에 악용되거나 집안 기기를 망가뜨리는 등 물리적 피해를 초래할 수 있다는 점이다. 예를 들어 노인 돌봄 로봇이 해킹돼 거짓 알람을 울리거나 약물 투여 기능을 조작하면 단순한 정보 유출을 넘어 직접적인 인명 피해로도 이어질 수 있다.

이처럼 중국산 로봇을 통한 개인정보 수집의 위험은 기기 1대의 문제가 아니라 사용자의 일상 전체가 감시망에 놓이는 포괄적 위협이 될 수 있다. 사람들은 더는 집을 안전한 공간으로 느끼지 못하고 일상 속 행동과 대화를 자가검열하는 등 위축될 수 있다. 이런 감시 공포는 결국 기술 전반에 대한 불신과 AI·로봇 기술 채택에 대한 저항으로 이어질 수 있다. 이는 신용카드 도난 우려와는 질적으로 다른, 인간의 친밀한 삶과 자율성에 대한 근본적인 위협이다. 지금도 국내 언론과 전문가가 "싼 맛에 들여온 중국산 기기 때문에 대한민국 사생활이 턱밑까지 노출됐다"라며 경고하고 있지 않은가.[59]

물론 중국산 로봇과 감시 기술 확산에 대한 우려와 경계의 목소리는 이미 국제사회와 한국 내에서 커지고 있다. 미국과 유럽 주요국은 중국 기술을 통한 정보 유출 가능성을 국가 안보 위협으로 인식하고 강경 대응에 나섰다. 예를 들어 미국 연방통신위원회Federal Communications Commission, FCC는 2022년 중국 대표 기업의 통신 및 감시 장비를 국가 안보에 용납할 수 없는 위험으로 규정하고 미국 내 수입과 판매를 전면 금지했다. 이런 조치에는 정부 조달은 물론 민간 사용까지 포함되며, 중국산 CCTV와 통신 장비를 네트워크에서 완전히 퇴출하기 위한 보상 프로그램도 시행되고 있다. 영국은 2022년 정부 부처 내 중국산 감시 카메라 설치를 금지했고 EU 차원에서도 역내 5G망 핵심에서 중국산 장비 배제를 권고하고 있다.

이런 흐름 속에서 중국산 로봇 역시 잠재적 스파이 장치로 간주될 수 있으며 ISO에서도 로봇 보안 요건에 백도어 금지, 데이터 처리의 투명성 조항을 포함하는 방안이 논의되고 있다. 일본은 자국에 도입되는 중국산 돌봄 로봇의 데이터를 일본 내 서버에 저장하도록 권고하고 있으며 호주는 중국 드론에 이어 공공 부문에서의 중국산 서비스 로봇 사용 제한을 검토 중이라는 보도도 있다. 국제 인권 단체 역시 중국이 로봇과 AI를 디지털 독재 수출 도구로 활용할 수 있다고 경고하며 각국 정부에 엄격한 개인정보보호법 집행과 중국 기업의 데이터 접근 제한을 촉구하고 있다. 특히 티앤디Tiandy 등 중국 보안 업체가 중동 및 아프리카 독재 국가에 제공한 감시 장비가 인권 탄압에 활용된 사례는 국제사회가 중국 기술에 경계심을 갖게 된 계기 중 하나다.

이런 국제적 노력과 방어적 조치에도 염려를 멈출 수는 없다. 2024년 국정감사에서는 일부 국가기관이 지적을 받고도 중국산 보안장치를 교체하지 않은 사실이 드러나 논란이 일었다. 안전 불감증과 싼 맛에 길든 소비 습관은 쉽게 고쳐지지 않는다. 더군다나 가정에서 사용하는 휴머노이드 로봇이라면 그 가격이 만만치 않다. 수십, 수백만 원이 더 저렴한 중국산 로봇의 유혹을 소비자가 과연 이겨낼 수 있을까?[60] 기술 의존도가 높아지면 중국에 대한 종속도 우려된다. 다시 한번 강조하지만 이는 단순한 기술 문제가 아니라 국가 안보에 큰 위협이 될 수 있다.

4장

스마트 모빌리티, 길을 지배하다

超強國

길을 지배하는 자가
패권을 갖는다

수천 년 동안 길을 지배한 자가 세계를 지배했다. "모든 길은 로마로 통한다"라는 말이 괜히 생긴 것이 아니다. 21세기 전 세계 패권도 길을 지배하는 자가 차지한다. 길의 정의와 전략적 중요성은 기술 발전 및 지배적인 정치·경제 조직 형태와 함께 진화한다. 고대 제국은 광대한 영토를 효과적으로 관리하려면 경로 통제가 중요함을 일찍부터 인식했고 육로에 집중했다. 이것이 첫 번째 길이다.

 로마는 도로(길)를 단순한 교통로가 아닌 제국 지배의 핵심 동맥으로 생각했다. 첫째, 로마가 거미줄처럼 건설한 길은 군대 파견과 영토 통합의 일등 공신이었다. 길은 주로 군사적 목적으로 건설돼 군대가 신속하게 이동할 수 있게 함으로써 새로운 영토를 정복하고 반란을 진압하는 데 결정적 역할을 했다. 로마제국에 전쟁은 경제성장과 유지의 원동력이었다. 기원전 4세기부터는 군대의 빠른 이동을 위해 가능한 한 직선으로 도로를 건설하기까지 했다. 둘째, 로마의 도로망은 행정적 통일성을 강화했다. 로마와 속주를 연결하는 수많은 길은 제국 행정의 근간을 이루며 통치, 세금 징수, 법 집행을 용이하게 했다. 셋째, 복잡하고 잘 발달된 로마의 도로 시스템은 지역을 연결하고 물자를 이동시켜 로마 경제 통합과 무역 성장에 혁혁한 기여를 했다. 로마가 건설한 길은 로마인의 생활 방식을 바꿨고 로마 제국 멸망 이후에도 로마의 영향력이 오랫동안 지속하게 했다.

역사상 가장 큰 제국을 건설한 몽골도 길의 중요성을 알았다. 몽골 제국의 광대한 영토를 지탱한 핵심 요소 중 하나는 역참제, 즉 '얌Yam' 시스템이었다. 첫째, 얌을 통해 제국 전역에서 신속하게 통신이 이뤄졌다. 얌이 없었다면 몽골 전령이 하루 200~300킬로미터를 이동하기란 불가능했을 것이다. 얌 덕분에 황제의 메시지가 끝이 보이지 않는 제국 한쪽 끝에서 다른 쪽 끝까지 단 며칠 만에 전달될 수 있었다. 몽골의 얌 시스템은 한반도에서 페르시아까지 연결돼 있었다. 이런 네트워크는 중심부에서 주변부로의 이동뿐 아니라 제국 내 어떤 지점에서 다른 어떤 지점으로든 자원(군사, 행정, 경제)을 효율적으로 동원하고 재분배할 수 있게 했다. 둘째, 얌은 군사적 효율성도 극대화했다. 신속한 통신은 적시에 정보를 수집하고 조직적으로 군대를 이동시키며 위협에 빠르게 대응할 수 있게 해 몽골군의 전투력과 정복지 통제 능력을 크게 향상했다. 셋째, 얌은 행정 통제의 중추였다. 이 시스템을 통해 칸은 다양한 영토에 법령을 반포하고 세금을 징수하며 자원을 관리할 수 있었다. 넷째, 얌은 상인과 여행자가 안전하게 통행할 수 있게 해 유라시아 전역의 경제 및 문화 교류(팍스 몽골리카)를 촉진했다. 얌 우편 시스템은 주로 몽골의 통신에 사용됐지만 상인도 큰 혜택을 받았다.

근세 이후 해양 제국은 광대한 바닷길을 새로운 권력의 장으로 인식하고 이를 지배하려 했다. 두 번째 길은 바로 해로다. 18~19세기에 걸쳐 대영제국이 무역 제국이자 세계 강국으로 부상한 것은 본질적으로 해군력 우위 그리고 주요 해로 통제와 관련이 있다. 20세기까지도 영국은 주요 해상 거점을 장악하려고 애썼다. 영국은 모든 바다를 순찰하는 것보다 소수의 결정적인 해양 요충지를 통제하는 것이 더 효율적이며 이를 통해 자원 소모를 최소화하면서도 세계적인 영향력을 극대화할 수 있다고 판단했다. 이 전략에 따라 영국은 지브롤터, 수에즈, 희망봉, 말라카 해협 등 주요 해상 길목 확보에 집중했다. 이 선택은 적중했다. 지브롤터 점령은 지중해 진입을 통제하는 핵심 수단이 됐고 수에즈운하 장악은 인도와 동방으로 가는 항로를 획기적으로 단축해 영국의 주요 무역 동맥과 제국 통신망에 대한 지배력을 확고히 했다. 희망봉 주변 해로와 말라카 해협 역시 인도, 중국, 동남아를 잇는 무역 관문으로 전략적 요지다. 이런 길목을 지배하는 핵심 수단은 해군력이었다. 영국 왕립 해군은 해상 통로를 보호하고 적국을 봉쇄하며 상선의 안전을 보장하고 전 세계로 무역과 병력을 이동시키는 해상 관문의 지배자 역할을 했다. 이를 통해 영국은 산업혁명의 연료와 자원을 안정적으로 확보하고, 세계 각지에 경제적 종속 관계를 창출하는 글로벌 무역 네트워크를 구축해 나갔다.

20세기는 기술의 급격한 발전과 함께 지정학적 권력의 지형도 근본적으로 바뀐 시기였다. 전통적인 육상 및 해상 경로의 중요성은 여전했지만 이제는 하늘길을 장악해야 승리의 고삐를 잡을 수 있었다. 제2차 세계대전 당시 연합국은 유럽 본토를 거의 잃고 영국 대륙까지 빼앗길 형편이었다. 연합국이 찾은 반전 계기는 바로 세 번째 길, 하늘길이었다. 전쟁 초기 연합군의 주력 전투기였던 P-47 선더볼트는 사정거리가 짧아 장거리 호위에는 한계가 컸다. 연합군은 전세를 뒤집기 위해 장거리 호위가 가능한 신형 전투기 개발에 사활을 걸었다. 그리고 마침내 전쟁의 흐름을 바꾼 결정적 무기, 노스아메리칸 P-51을 완성해냈다. 이 전투기는 뛰어난 속도, 사정거리, 기동성을 모두 갖췄다. 특히 롤스로이스 멀린 엔진을 장착한 P-51D 모델은 독일의 루프트바페를 압도했다. 최대 시속은 약 700킬로미터에 달했으며 미국의 B-17 플라잉 포트리스와 B-24 리버레이터를 독일 본토까지 호위할 수 있었고 50구경 기관총 4정으로 강력한 공격력도 갖췄다. 1943년부터 본격적으로 투입된 P-51 머스탱은 독일 메서슈미트 Bf 109와 포케불프 Fw 190을 상대로 우위를 점하며 공중전의 판도를 바꿨다. 사료에 따르면 유럽 전선에서 독일 전투기 5,954대를 격추한 것으로 집계됐고 1944년 노르망디상륙작전 당시에도 활약하며 독일 공군의 저항을 최소화하는 데 기여했다. 이처럼 하늘의 지배력은 전쟁 흐름을 결정하는 핵심 요소다. 최근 러시아·우크라이나 전쟁에서도 드론이라는 새로운 공중 무기가 전쟁 양상을 바꾸고 있다.

  20세기 후반부터 주요 강대국은 속도와 정보의 우위를 확보하고자 디지털 길, 가상 길에 주목하기 시작했다. 이것이야말로 현대에 강자가 되기 위해 지배해야 할 네 번째 길이었다. 특히 미국은 세계 패권 유지를 위해 통신망(전신선, 해저 케이블, 위성 링크)과 데이터 흐름(인터넷 백본, 디지털 플랫폼) 같은 비가시적 경로 지배가 필수임을 깨달았다. 이런 무형 인프라에 대한 통제력 또는 영향력은 국가의 지정학적 지렛대가 된다. 실제로 인터넷 통신 및 데이터 기술 표준, 프로토콜과 규제 프레임워크를 설정하고 이를 실행할 수 있는 힘은 강력한 헤게모니의 한 형태로 작용하고 있다. 사이버 공격은 금융 네트워크를 마비시킬 수 있고 허위 정보는 정보 경로를 오염시켜 사회 혼란을 유발할 수 있기 때문이다.

디지털 길은 물리적 전쟁 양상조차 바꿔놨다. 21세기 전쟁은 이제 군사력만으로는 승패를 가를 수 없다. 전자전, 사이버전에서는 정보 우위 확보가 필수며 이 전쟁에서 승기를 잡으려면 디지털 길에 대한 통제력이 중요하다. 현대 화폐의 흐름도 디지털 길을 따라 이동한다. AI 역량도 마찬가지다. 그러나 보이지 않는 길로 불리는 디지털 길도 사실 바다, 땅, 하늘 같은 유형의 길에 의존한다. 예를 들어 전 세계 인터넷 트래픽의 99퍼센트는 해저 케이블로 전송된다. 이는 중국과 미국이 루손 해협 같은 해상 길목을 놓고 전략적으로 경쟁하는 이유기도 하다. '디지털 경제의 문지기'로 불리는 클라우드 컴퓨팅 거대 기업 또한 데이터를 전송하기 위해 육상 케이블에 의존한다. 스타링크 같은 위성통신망도 하늘길이라는 기반 없이는 작동할 수 없다.

길을 지배하는 방법과 전략은 시대에 따라 지속적으로 발전해왔다. 초기에는 군사력에 의해 강압적으로 통제됐다. 로마의 군사 도로 건설과 순찰, 몽골의 역참망을 활용한 군사적 통제, 대영제국의 해상 봉쇄 및 주요 해상 요충지 확보는 모두 직접적이고 물리적인 지배를 중심으로 한 강압적 전략의 전형이다. 그러나 시간이 흐를수록 길이 복잡하고 광범위해지면서 순수한 강압만으로는 이를 유지하기 어려워졌다. 동의, 이익 공유, 국제 규범과 기술 표준 확립이 새로운 지배 전략의 핵심 축이 됐다. 상호연결성과 복잡성이 높아지는 현대의 경로에서 순수한 강압적 지배는 지속가능하지 않으며 오히려 높은 비용이 든다. 따라서 미래의 길을 지배하려는 국가는 기술 우위와 함께 이용자와 참여 국가가 자발적으로 따르는 규범을 제공하고 가치를 창출하며 의존 구조를 형성하는 정교한 '동의의 정치'를 병행할 수 있어야 한다.

2025년 기준으로 4개 길(육로, 해로, 항공로, 디지털로)을 지배하는 나라는 미국이다. 중국은 일대일로 전략으로 미국의 영향력을 견제하고 경쟁적 질서 구축에 나섰다. 미국이 로마와 몽골, 대영제국처럼 다른 나라의 영토를 직접 지배하지 않아도 G1이 될 수 있는 것은 4개 길을 모두 지배하기 때문이다. 길을 지배하면 물건과 돈의 흐름을 통제할 수 있고 국제 규칙과 규범에 영향력을 행사할 수 있다. 통제력의 범위가 곧 지배력의 범위다. 군사 통제는 물리적 점령, 해군력 우위, 요충지 요새화, 경쟁자 접근 차단을 포함하고 경제 통제는 무역 규제, 관세 부과, 경로를 통해 접근 가능한 자원의 독점, 유리한 상업 조건 확보 등을 의미한다. 기술은 운송(물류, 조선, 도로 건설 등) 또는 통신 기술(전신, 인터넷 인프라 등)의 우위에 의해 통제된다. 화폐 통제도 마찬가지다. 정치·행정 통제는 경로를 따라 연결된 영토의 직간접 통치, 법적 질서 구축, 통신과 자원 추출 시스템 확립 등을 포함한다.

21세기에도 "길을 지배하는 자가 세계를 지배한다"라는 명제는 여전히 유효하다. 그러나 길은 재정의되거나 새로 등장한다. 최근 부상하는 전략적 길로 북극 항로가 있다. 기후 변화로 북극해 항로가 새롭게 열리면서 무역과 자원 추출의 새로운 통로가 생겨나고 있으며 잠재적인 지정학 경쟁을 야기하고 있다. 디지털 슈퍼하이웨이도 주목해야 한다. 광섬유 네트워크, 6G·7G 인프라, 클라우드 데이터센터, 저궤도 위성 인터넷망은 새로운 디지털 슈퍼하이웨이를 형성한다. 인프라 구축, 운영 그리고 이를 관장하는 표준에 대한 지배는 지정학 경쟁의 핵심 장이 될 것이다. 하지만 우리가 가장 주목해야 하는 미래의 길은 따로 있다. 다섯 번째 길, 바로 우주다. 우주 길에 대한 통제력이 미래의 지배자를 탄생시킬 것이다. 우주의 상업화와 군사화는 위성, 자원 수송(미래), 전략적 위치 선점을 위한 '우주 항로' 개념을 부상시키고 있다.

새로운 길의 지배자

미국은 중국의 거센 도전에 맞서 기술력을 무기로 대대적인 반격을 준비하고 있다. 그 출발점은 땅이다. 육로의 지배는 결국 바퀴에 달려 있다. 바퀴는 수천 년 동안 육로를 지배하는 핵심 기술이었다. 즉, 모빌리티mobility를 장악한 자가 곧 땅을 지배했다. 하지만 21세기 바퀴는 더는 지상에만 머무르지 않는다. 하늘과 바다를 포함한 전 영역에서의 이동성으로 그 의미가 확장된다. 미래의 바퀴는 단순한 물리적 수송 장치가 아니라 AI와 결합한 스마트 모빌리티로 진화하며 지상은 물론 공중과 수중까지 지배하는 핵심 플랫폼이 될 것이다. 그 미래는 멀지 않았다. 늦어도 2035년경이면 피지컬 AI의 발전으로 바퀴를 중심으로 한 운송 수단이 대전환될 것이다.

피지컬 AI는 실제 세계와 상호작용한다. 디지털 세계나 소프트웨어 형태에 국한된 전통적 AI와 달리 실시간으로 복잡한 환경에 적응할 수 있는 체화된 지능을 갖춘 AI는 기계가 현실 세계와 상호작용하고 적응할 수 있게 하는 기술이다. 정보처리를 넘어 AI에 상상할 수 있는 모든 형태의 몸을 부여해 물리적 환경에서 감지하고 추론하며 행동할 수 있게 한다.

피지컬 AI가 센서와 액추에이터, 카메라 등을 통해 실제 환경에서 데이터를 수집하고 이를 기반으로 지능적 결정을 내리며 물리적으로 행동하고 인간과 소통하는 마법을 부리는 것이 바로 AI 로봇이다. 피지컬 AI의 핵심 특징은 4가지로 요약할 수 있다. 첫째, 구현이다. AI 시스템이 로봇, 드론, 자율주행차 등 물리적 형태를 갖추고 주변 환경과 직접 상호작용하는 것이다. 둘째, 인식이다. 카메라, 마이크, 라이다 등 센서를 활용해 환경 데이터를 수집하는 과정이다. 셋째, 의사결정이다. AI 알고리즘이 센서 데이터를 처리해 판단이나 예측을 내리는 단계다. 마지막으로 행동은 모터, 팔, 바퀴 같은 액추에이터를 통한 시스템의 이동, 물체 조작 등 물리적 작업 수행을 포함한다. 이런 능력을 가진 피지컬 AI가 바퀴를 사용하는 시스템에 탑재되면 이동 수단의 미래를 재편할 수 있다. 모든 움직이는 이동 수단이 지능을 갖게 되는 것이다. 대표적 미래 운송 수단인 자율주행차, 플라잉카, 해상 자동차, 공유 모빌리티는 바퀴를 기반으로 하며 AI 혹은 AGI는 이들의 안전성과 효율성을 탁월하게 높일 것이다. 바퀴는 이동 수단뿐 아니라 산업용 기계의 핵심 구성 요소다. 피지컬 AI는 이 부분도 변화시킬 것이다. 앞으로 10년, 피지컬 AI가 지상, 공중과 해상 이동성을 어떻게 바꿔놓을지 미국이 보유한 기술을 중심으로 예측해보자.

자율주행차는 피지컬 AI의 대표적인 응용 분야다. 이는 단순히 인간의 편의성만을 위한 기술이 아니다. 교통사고로 인한 인명 피해를 극적으로 줄이고 경로 최적화를 통해 연료 소비량과 교통 체증을 완화할 수 있다. 이런 변화는 도시 구조를 재편하고 물류 시스템을 효율화하며 민간 영역에서의 비용 절감, 업무 효율 증대, 생산성 향상으로 이어진다. 군사 영역에서도 자율주행 기술의 파급력은 굉장하다.

이 분야를 주도하는 미국의 대표 기업은 테슬라, 웨이모, 엔비디아다. 이들 기업은 2030년대 초반 완전자율주행 기술에 도달할 것으로 전망된다. 자율주행 기술은 승용차뿐 아니라 물류 운송 분야에서도 파급력이 상당하다. 특히 자율주행 트럭의 상용화는 미국과 중국에서 군비경쟁 양상으로 전개되고 있다. 미국에서는 투심플TuSimple, 아인라이드Einride, 코디악 로보틱스Kodiak Robotics 등 유망 스타트업이 고속도로 구간에서 무인화물주행 테스트를 완료하며 상용화에 박차를 가하고 있다. 중국도 알리바바 계열의 차이냐오Cainiao,

제일자동차FAW와 플러스닷에이아이Plus.ai의 협력으로 자율주행 트럭을 시범 운행 중이며 선전·상하이 간 장거리 자율물류 프로젝트도 추진하고 있다. 맥킨지는 중국의 화물 자율운송 시장이 2035년까지 누적 6,160억 달러(약 800조 원) 규모로 성장할 수 있다고 전망했고 미국도 군사 물류를 포함한 방대한 수요에 주목하고 있다.[1] 규모의 경제와 24시간 논스톱 운행이 가능한 자율주행 트럭은 물류비용을 획기적으로 절감할 수 있어 전통적인 트럭 운송 산업을 뒤흔들 게임체인저로 주목받는다. 도로 인프라도 자율트럭에 맞춰 빠르게 재편되고 있다. 고속도로 휴게소, 물류센터 등 주요 기반 시설이 자율주행 운송에 적합하도록 재설계되고 있으며 트럭 여러 대가 일정 간격으로 함께 주행하는 군집주행platooning 기술도 상용화를 앞두고 있다. 이 기술은 항속력과 에너지 효율을 동시에 높일 수 있을 것으로 주목받는다.

자율주행 기술의 확장은 라스트마일last-mile 배송 로봇 분야로도 이어진다. 온라인 주문 증가와 비대면 배송 수요 확대에 힘입어 실내 배송을 담당하는 인도어 로봇부터 도로 주행이 가능한 소형 자율배송 차량까지 다양한 플랫폼이 개발되고 있다.[2]

예를 들어 미국 누로Nuro는 시속 40킬로미터 미만으로 달리는 소형 무인배달차를 개발해 식료품, 피자 등을 배달하는 파일럿 서비스를 운영 중이다. 워싱턴 D. C. 등지에서는 스타십Starship의 작은 바퀴 달린 배달 로봇이 대학 캠퍼스와 도심 인도를 누비고 있다. 시장조사 업체에 따르면 전 세계 라스트마일 자율배송 시장은 2024년 약 16억 달러에서 2030년 59억 달러 규모로 성장할 전망이다. 연평균

24.8퍼센트라는 높은 수치다.³ 아직은 초기 단계지만 교통법규가 정비되고 로봇 신뢰성이 향상된다면 도심의 마이크로 물류를 담당하는 이들 로봇이 일상이 될 것이다. 드론 배송(저공비행 UAV)도 라스트마일을 혁신할 또 다른 기술로 주목받고 있다.

지상 로봇과 함께 하이브리드 배송망을 구축하려는 시도도 활발하다. 자율주행 기술의 또 다른 축은 창고 및 물류센터 자동화다. 피지컬 AI 로봇이 공장과 창고의 반복 작업을 대체하며 산업용 로봇 시장도 꾸준히 성장하고 있다. 특히 바퀴 달린 자율이동 로봇과 AGV는 재고 운반과 피킹picking 작업에 투입돼 효율을 극대화한다.

아마존은 키바 시스템Kiva Systems을 인수하고 개발한 이동 로봇을 전 세계 배송센터에 40만 대 이상 배치해 물류 생산성을 크게 끌어올렸다. 전 세계 창고 로봇 시장은 2022년 약 60억 달러에서 2030년 157억 달러 규모로 확대될 것으로 보이며 연평균 10~15퍼센트의 지속적인 성장이 기대된다. 이와 함께 모빌리티 기반의 새로운 패러다임인 통합교통서비스Mobility as a Service, MaaS의 부상도 주목할 만하다. MaaS란 더는 개인이 차량을 소유하지 않고 필요할 때마다 모빌리티 서비스를 이용하는 개념이다. 로보택시는 MaaS의 대표 사례다. 승객은 스마트폰 앱으로 무인택시를 호출해 목적지까지 이동하고 주행거리나 시간에 따라 요금을 지불한다. 현재 웨이모 원, 크루즈 등은 일부 시범 지역에서 유상 운송을 진행하고 있으며 바이두 아폴로고는 베이징 등에서 자율셔틀 서비스를 제공하고 있다. 우버, 디디추싱滴滴出行 등 기존 승차 공유 플랫폼도 자율주행 파트너십을 통해 운전자 없는 차량 운영망 구축을 추진하고 있다. MaaS 관점에서 로보택시는 기존 택시보다 비용이 저렴해질 가능성이 있으며 차량 가동률 향상으로 전체 차량 수요를 줄이고 교통 혼잡과 주차 문제까지 완화하는 효과도 기대된다. 차량을 소유하지 않고도 저렴하게 탈 수 있는 시대가 온다면 자동차 산업의 수익 구조도 판매 중심에서 서비스 중심으로 전환될 것이다. 이에 대비해 주요 자동차 제조사는 모빌리티 자회사를 설립하거나 구독형 서비스 모델을 연구하는 등 비즈니스 모델 전환에 속도를 내고 있다.

게다가 자율주행 전기차는 단순한 이동 수단을 넘어 바퀴 달린 데이터센터이자 광고 플랫폼이 될 수 있다. 승객이 탑승한 로보택시 내부에서 개인 맞춤형 콘텐츠나 광고를 제공하는 수익 모델이 가능하며 차량이 쉬는 시간에는 그리드 전력망에 전기를 공급Vehicle to Grid해 새로운 부가가치를 창출할 수 있다.

바퀴 자체의 기술도 혁신 중이다. 예를 들어 미국 DARPA가 개발 중인 RWTRetractable Wheel Track 기술은 단 2초 만에 바퀴에서 트랙으로 전환된다. 이 기술로 다양한 지형에서 주행이 가능해 군사·재난·탐사 등 특수 목적 자율주행 분야에 중요한 변화가 일어날 것으로 기대된다. 이는 군사 차량뿐 아니라 농업, 건설, 긴급 구조 차량 등에도 응용될 수 있다. 예를 들어 농업용 차량은 진흙탕 같은 악조건에서도 안정적으로 주행할 수 있다.

고성능 합금 바퀴 기술도 주목된다. 스타트업 어드밴텍 휠스Advantec Wheels는 단조Flow Forming와 틸트 중력금형주조Gravity Die Casting를 통해 고강도, 고품질 합금 바퀴를 개발하고 있으며 이를 통해 차량의 내구성과 연료 효율성을 동시에 향상할 수 있다.

피지컬 AI는 AI 기술, 소프트웨어, 빅데이터, 전용 하드웨어, 반도체, 플랫폼 등이 동시에 통합돼야 하는 복합 기술이다. 중국은 일부 영역에서 미국과 대등하거나 앞서 보이기도 하지만 전체 기술을 통합하는 종합 역량에서는 큰 차이가 있다.

예를 들어 자율주행차는 설치 단계부터 AI 칩셋, 센서, 제어 소프트웨어가 유기적으로 통합돼야 하며 테슬라와 엔비디아는 이를 자체 플랫폼으로 구현하고 있다. OTA 업데이트와 엣지 컴퓨팅 기술을 통해 차량 AI는 실시간 학습과 개선이 가능하다. 또 자율주행차는 LLM과의 융합이 필수다. 멀티모달 AI는 차량이 시각과 언어를 동시에 이해하고 자연어 명령을 해석해 운행할 수 있게 한다. 비전·언어 모델을 통해 차량은 상황을 텍스트로 설명하거나 사용자 언어를 인식해 대응할 수 있다. 향후에는 차량 간V2V, 차량·인프라 간V2I 협업 자율주행, 디지털 트윈, 강화학습, 시뮬레이션 기반 제어 등 고도화된 기술이 필수며 이 모든 영역에서 미국의 기술력은 여전히 압도적이다.

하늘 패권 장악의 열쇠, 드론 군단

피지컬 AI의 지평은 지상의 바퀴 달린 플랫폼을 넘어 공중으로까지 확장되고 있다. 그 결과 전통적인 공중 우위 개념도 근본적으로 변하고 있다. 과거에는 개별 전투기 성능이 제공권 장악의 핵심 지표였으나 현대전에서는 자율주행 플랫폼, AI, 정보 우위와 네트워크 시스템 등이 이를 보완하거나 대체하고 있다.

중국의 펑췬蜂群 같은 벌떼 드론은 평시에는 항공 운송, 전시에는 공군 전략 자산이 된다. 여기에는 '주톈九天' 같은 드론 모함 개념도 포함된다. 벌떼 드론은 정찰, 전자전, 정밀 타격 등 다양한 임무를 수행하며 적의 방어 체계를 압도할 수 있다. 이 중 가장 주목받는 것은 드론 모함 또는 공중 드론 항공모함으로 불리는 대형 UAV다.

소형 드론은 벌떼처럼 운용(스웜swarm)은 가능하지만 항속거리와 체공 시간에 한계가 있다. 주톈 플랫폼은 이런 제한을 보완해 남중국해나 항공모함 타격 전단 같은 광범위한 지역에서 원거리 대규모 공격과 다방향 교란 작전이 가능하다. 주톈의 제원은 최대 이륙 중량 16톤, 탑재량 6톤, 날개폭 25미터, 운용 고도 1만 5,000미터, 최대 속도 시속 700킬로미터, 항속거리 7,000킬로미터로 알려져 있다. 특히 동체 내부에 '이형 벌집 임무 격실heterogeneous honeycomb mission compartment'을 갖춰 수백 기의 배회형 탄약이나 소형 드론을 탑재·발사할 수 있으며 드론의 통신 중계 플랫폼 역할도 한다. 2023년 말 개발이 시작된 이후 04호 시제기가 기체 구조 조립을 마치고 시스템 설치 단계를 시행했다.[4] 주톈 외에도 중국은 다양한 스웜 운용 개념을 적극적으로 개발하고 있다. 중국전자과기집단공사中國電子科技集團公司, 이하 CETC는 2017년 고정익 드론 119기로 구성된 세계 최대 규모 스웜 비행 시연에 성공했으며 최근에는 단풍나무 씨앗처럼 공중에서 분리돼 다수의 소형 드론으로 변신하는 다기능 스웜 드론도 개발 중이라고 알려졌다. 중국은 드론 스웜을 정찰을 넘어 공격과 전자전을 수행하는 핵심 전력 자산으로 보고 있다.

중국의 드론 스웜과 관련 기술 개발에는 다수의 국영 방산 기업과 연구 기관이 참여하고 있다. CETC는 레이더, 전자전, 지휘 통제 시스템뿐 아니라 드론 스웜 개발에도 깊이 관여하는 핵심 주체다. 레이더, 재밍, AI를 통합한 대드론 시스템과 지휘 통제 시스템도 개발했다. 주톈 드론 모함 개발은 중국항공공업그룹中國航空工業集團有限公司, 이하 AVIC이 주도하고 있으며 CETC 시연에 사용된 드론은 스카이워커 테크놀로지Skywalker Technology가 제작했다.

중국은 독자 기술 역량 확보에도 집중하고 있다. 주톈 드론 모함에는 AI 스웜 제어 알고리즘, 양자암호통신, 수소 연료 추진, 초소재 스텔스 기술 등이 적용될 예정이며 드론 탑재용 자동소총 같은 특수 무기 체계도 개발 중이다. 중국 공산당은 CETC, AVIC 같은 국영 기업과 민간 기업, 학계가 협력하는 범국가적 전략을 통해 드론 스웜과 AI 기술 개발을 가속화하고 있다. 민군 융합으로 기술 혁신과 생산 능력을 극대화하려는 것이다.[5] 중국은 2026년까지 자폭 드론 수백만 대를 생산하고 드론을 50종 이상 개발할 계획이다.[6] 투자 규모 또한 상당하다. 주톈 프로그램에는 30억 위안(약 4억 달러) 이상이 투입됐으며 전적으로 국내 공급망에 의존하고 있다. 향후 10년간 100억 달러 이상을 투자해 4만 1,000대 이상의 지상·해상 기반 드론 플랫폼 확보를 목표로 하고 있다.

중국이 드론 기술에서 빠른 성과를 거두는 이유는 민간 기업의 글로벌 시장 장악력에 있다. 대표적으로 DJI를 비롯한 많은 드론 제조 기업이 상업용 드론 시장을 지배하고 있으며 이런 기술력과 제조 역량은 유사시 군사 기술로 빠르게 전환될 수 있다. 이 같은 상업과 군사의 양방향 활용을 '듀얼유스Dual-use'(군민겸용)라고 부른다.

하늘의 패권을 수성하려는 미국의 반격도 만만치 않다. 미국 역시 듀얼유스 전략을 적극적으로 구사하고 있다. 먼저 군사적 활용 면에서 미 공군은 미래 공중 전투력의 핵심으로 차세대 공중 지배Next Generation Air Dominance, NGAD 프로그램과 협동전투기Collaborative Combat Aircraft, CCA를 추진 중이다. 특히 CCA는 충성스러운 윙맨으로 불리는 대형 자율무인항공 시스템Unmanned Aerial System, UAS으로 제트엔진으로 구동되며 유인 전투기와 함께 비행하면서 공대공 및 공대지 전투, 전자전, 정보·감시·정찰, 표적 확보 등 다양한 임무를 수행하도록 설계됐다. 이를 통해 전투기 편대 규모를 확장하고 유인기 조종사를 보호하며 저렴한 대량 전력을 제공하는 것이 목표다.

미 공군은 첨단 유인 전투기 500대 각각에 CCA 2대를 연동해 총 1,000대 규모의 CCA를 운용할 계획이다. 현재 제너럴아토믹스General Atomics의 YFQ-42A와 안두릴Anduril의 YFQ-44A가 CCA 시제기로 개발되고 있다. 높은 단가의 6세대 유인 전투기 대신 상대적으로 저렴하고 소모 가능한 CCA를 병행 운용함으로써 첨단 성능과 전력 확장성, 위험 분산 사이에서 균형을 꾀하려는 전략이다. 실제로 F-22 전투기는 과도한 개발 비용으로 조기 종료됐고 F-35 역시 비용 및 유지·보수 문제가 지속적으로 발생하는 상황이다. NGAD를 위한 유인 전투기 역시 막대한 개발비가 예상되며 이와 같은 배경에서 CCA와의 조합은 보완 전략의 핵심으로 부상하고 있다. 무엇보다 유인 플랫폼만으로는 동등한 수준의 경쟁국과의 분쟁에서 필요한 전투력을 유지하기 어렵다. CCA는 유인 전투기 비용의 약 3분의 1 수준으로 병력이나 예산이 비례적으로 증가하지 않으면서도 전력을 증강할 수 있고 고위험 임무 수행과 전장 포화로 적을 압도할 수 있다. 게다가 빠른 생산과 배치가 가능하다.

미 공군은 이런 전략의 연장선에서 스웜 개념을 적극적으로 채택하고 있다. 미 공군 연구소가 주도하는 '프로젝트 스카이보그Project Skyborg'의 목표는 다양한 항공 플랫폼에 적용 가능한 개방형 자율 아키텍처를 개발해 고위험 임무를 수행할 수 있는 AI 기반 전투 항공기를 만드는 것이다. 관련 기술에는 첨단 스텔스 기술, 자율비행, 머신러닝, 인간·기계 협업, 보안 네트워킹, 첨단 센서, 모듈식 개방형 시스템 아키텍처Modular Open System Architecture, MOSA 등이 포함된다. NGAD의 경우 극초음속 기술 적용도 검토 중이다.

드론 기술은 군의 병참 분야에도 크게 기여할 수 있다. 기존 보급품 수송에는 많은 인력과 차량이 필요했고 적의 공격에 취약하다는 문제가 있었다. 자율주행 보급 차량과 물류 드론은 이런 한계를 극복할 수 있다. 예컨대 미 육군은 야전 부대가 보급을 요청하면 자율 트럭과 드론이 최적 경로로 보급품을 릴레이 배송해 정확한 시간에 전달하는 시나리오를 구상 중이다. 이를 통해 전방 부대는 신속하고 안정적인 보급으로 작전 지속성을 확보하고 후방에서는 병력 노출 없이 운영 효율을 높일 수 있다.

산악지대 부대의 경우 드론 군집 기술로 식량과 의약품을 공중에 투하하고 무인차량으로 유류통과 탄약을 이송함으로써 작전 지속 능력을 높일 수 있다. 이런 기술은 군사 작전뿐 아니라 치안과 재난 대응에도 유용하다. 예를 들어 재난 구조 현장에 무인순찰차나 자율주행 차량과 드론을 투입해 물자를 공급하거나 실종자를 수색함으로써 인명 피해를 줄일 수 있다.

　미국도 이런 기술 개발을 국가 주도만으로 추진하진 않는다. 세계 최고 수준의 기술력을 보유한 민간 기업과 적극적으로 협력한다. 미국은 평상시 민간 기업의 기술과 제조 능력이 전시에 곧바로 군사 기술로 전환될 수 있다는 사실을 잘 알고 있다.

　평상시에는 이 기술들이 차세대 자율항공운송 시장을 선점하기 위한 경쟁에 활용된다. 대표 사례가 전기수직 이착륙기electric Vertical Take-Off and Landing, eVTOL로 불리는 항공기와 하늘을 나는 자동차, 플라잉카Flying Car다. 플라잉카는 지상에서는 바퀴로 주행하고 공중에서는 비행할 수 있도록 설계됐다. eVTOL은 도심 건물 옥상이나 주차장에서 수직으로 이착륙해 공중을 이동함으로써 도심항공교통Urban Air Mobility, UAM을 실현하는 혁신적 플랫폼이다. 미국에서는 조비 애비게이션Joby Aviation, 아처Archer, 베타 테크놀로지Beta Technologies 등이 수년 내 연방항공국Federal Aviation Administration, FAA 인증을 목표로 시험 비행 중이며 유나이티드, 델타 같은 항공사도 이 기업들에 투자해 공중 택시 서비스를 준비하고 있다. 실제로 이들은 최근 수년간 수십억 달러 규모의 투자를 유치했으며 나스닥 상장에도 성공했다.

　중국에서도 전기차 회사 샤오펑의 자회사인 샤오펑 에어로에이치티AeroHT가 2021년부터 도로 주행이 가능한 플라잉카를 개발해왔다. 2024년에는 바퀴가 6개인 전기픽업트럭 형태의 육상 항공모함과 후미에 적재돼 자동으로 이륙 가능한 2인승 드론형 비행체를 선보였다. 이 드론은 차량에 자동으로 실리거나 펼쳐져 이륙할 수 있으며 펼치는 데 걸리는 시간도 약 4분에서 3분대로 단축하는 기술을 개발 중이다. 샤오펑 에어로에이치티는 해당 제품을 2026년 중국 시장에 상용화할 계획이며 이미 3,000건 이상의 사전 주문을 확보했다. 이 플라잉카는 범용 차량 플랫폼(X9 MPV 기반)에 6×6 구동과 후륜 조향 기능을 적용해 오프로드도 주행 가능하며 엔진 발전기를 탑재한 전기 구동 방식으로 최대 1,000킬로미터 주행거리를 목표로 한다. 예상 가격은 30만 달러 미만으로 고급차 수준의 현실적인 가격대다.

현재 중국 민항 당국에 플라잉카 개발을 위한 허가 신청도 제출된 상태며 도로 교통과 저고도 비행의 이중 승인을 병행 추진 중이다. eVTOL 부문은 2030년까지 전 세계 시장 규모가 234억 달러에 이를 것으로 전망되며 연평균 50퍼센트가 넘는 경이적인 CAGR을 기록할 것으로 예상된다. 다만 실제 시장의 성장은 인증과 안전 규제, 인프라 구축 속도에 크게 좌우되며 2030년에도 시장 규모가 50억 달러 이하에 그칠 수 있다는 보수적인 예측도 있다.

그럼에도 eVTOL 기술은 평상시 도심 교통체증 해소와 이동 시간 단축이라는 민간 분야의 기대 효과와 전시 군사 분야로의 전환 가능성까지 있어 전략적 가치가 매우 크다. 미국 정부도 NASA와 FAA를 중심으로 UAM 교통관리Traffic Management 시스템 연구를 추진 중이며 이를 차세대 전략 산업으로 적극 육성하고 있다.

자율주행차와 실시간 정보를 주고받기 위해서는 V2X를 지원하는 스마트 신호등, 도로 센서, 5G 기지국 등의 기반 시설이 필요하다. 중국은 베이징·장자커우 고속도로에 세계 최초 자율 협동 인프라를 구축해 도로 센서가 수집한 돌발 상황 정보를 차량에 실시간으로 전송하는 체계를 구현했다. 미국 역시 연방교통국Federal Transit Administration, FTA 주도로 V2X 통신 표준을 추진하고 있으나 통신 대역 할당 문제 등으로 진척이 더딘 편이며 주로 도시 단위의 스마트 교차로 실증 중심으로 전개되고 있다.

eVTOL을 비롯한 UAM 상용화가 가시화되면서 이를 뒷받침할 도심 공역관리Advanced Air Mobility, AAM 체계 마련도 시급해졌다. 미국 FAA는 드론과 eVTOL 운영을 위한 무인교통관리Unmanned Traffic Management, UTM 개념을 연구하고 있으며 시범 프로그램도 가동 중이다. 일본, 싱가포르 등도 조만간 도심 항공택시 시험 서비스를 허용하기 위해 저고도 공역 분리와 비행 절차 정비를 준비하고 있다. 물론 소음 규제, 비행 장치 안전 인증, 이착륙장 확보 등 넘어야 할 장벽은 많다. 그럼에도 주요 대도시에서 UAM을 교통 혁신이자 차세대 성장 동력으로 보고 선제적인 제도 설계에 나서고 있다. 유럽 항공안전청European Union Aviation Safety Agency, EASA은 2024년까지 역내 UAM 운영 규정을 제정할 예정이며 한국도 김포공항-여의도 간 실증 사업을 위한 특별 공역 설정 등 항공사업법을 개정하려고 하고 있다.

공중과 지상을 아우르는 통합 모빌리티 허브 구축 논의도 활발히 진행되고 있다. 향후 도심 빌딩 숲 곳곳에는 eVTOL 전용 이착륙장인 '버티포트Vertiport'가 등장할 것으로 예상된다. 이 모든 변화는 새로운 투자 기회를 창출하고 전례 없는 수익 모델 개발로 이어질 수 있다.

수륙양용차도 미래 운송장치 중 하나다. 예를 들어 두바이에서 운영 중인 제트카JetCar는 스포츠카 모양의 소형 보트로 수면 위를 고속 주행할 수 있는 새로운 레저 차량이다. 미국 워터카WaterCar가 개발한 EV 수륙양용차는 알루미늄 선체 기반의 전기구동 차량으로 도로에서는 배터리 전기로 주행하고 물에서는 가솔린 해양 엔진과 전동기를 결합한 추진 시스템을 이용한다. 이 차량은 육상에서 시속 약 40킬로미터, 수상에서 시속 약 55킬로미터의 최고 속도를 내며 육상에서 약 33킬로미터 주행할 수 있다. 2024년부터 약 13만 5,000달러로 소규모 생산이 시작됐다. 2022년 설립된 스타트업 포세이돈 암피브워크스Poseidon AmphibWorks도 수륙양용 삼륜차를 개발 중이다. 이 차량은 도로에서는 역삼륜 오토바이 형태로 주행하고 수상에서는 차체 하부의 수중익을 전개해 수면 위로 떠올라 달리는 방식이다. 목표 가격은 약 13만 달러로 책정돼 일반 소비자의 접근성을 높이는 한편 미국의 도로 교통 규정과 해양 규정을 모두 충족하는 것이 목표다. 수상 택시, 수색 및 구조용 차량 등 상업적 활용까지 염두에 두고 있다.

이런 수상 차량은 아직 완전한 전천후 차량이라고 하긴 어렵지만 자동차와 비슷한 조종감과 디자인으로 수상 이동의 새로운 가능성을 보여주고 있다. 바퀴 달린 차량이 도로를 달리다 그대로 물에 들어가 보트처럼 움직이는 수륙양용 기술은 이전부터 존재했지만 속도나 안정성의 한계로 군용이나 레저용 특수차량에만 국한됐다.

최근에는 전기파워트레인과 스마트 센서, AI 기반의 자율운항 시스템이 적용된 새로운 형태의 전기수상 플랫폼이 등장하면서 이전과는 다른 시도가 이뤄지고 있다. 전기모터는 바퀴 구동과 수중 추진 간 전환이 쉬워 다목적 차량에 유리하며 지능형 센서를 이용하면 물에 들어갈 때 차량 높이를 조절하거나 추진 모드를 전환할 수 있다. 특히 수중익선hydrofoil 기술을 이용해 물 위에서 차체를 띄우는 방식은 수면과의 마찰을 줄여 속도를 높인다. 다만 수륙양용 전기차가 상용화되려면 여전히 넘어야 할 산도 많다. 차체 방수 및 부력 설계, 부식 방지 소재, 도로 주행 시 안정적인 조향과 제동 성능 확보 등이 모두 중요하다. 무엇보다도 전기차의 핵심인 배터리와 전자부품을 물속에서도 안전하게 보호할 수 있는 기술이 필수다.

미래 하늘길을 놓고 벌어지는 주도권 경쟁에서 기술과 산업 생태계 면을 보면 미국이 중국보다 한발 앞서 있다. 미국은 이미 세계 최고의 항공우주 기술력과 소프트웨어 및 AI 역량을 확보하고 있다. 자율비행 알고리즘이나 전기 추진, 복합 소재 등 핵심 기술 분야에서 기업과 대학, 연구 기관의 저력이 강하다. 특히 실리콘밸리를 중심으로 자율주행차, 드론, 로봇공학 등 다양한 첨단 산업이 융합된 생태계가 구축돼 있다.

반면 중국은 전자, 배터리 드론 분야 기술력과 함께 대규모 제조 인프라에 강점이 있다. 전 세계 드론 시장을 주도하는 DJI를 비롯해 경량 전기모터, 배터리팩, 탄소섬유 부품 등을 빠르게 대량생산할 수 있는 밸류체인을 갖추고 있다. 이는 향후 플라잉카나 수륙양용차를 본격적으로 생산해야 할 때 결정적인 경쟁력으로 작용할 것이다.

또 중국은 첨단 기술이 적용된 신제품에 대한 소비자 수용도가 높고 정부도 초기 수요를 창출하기 위해 관공서나 공공 서비스 영역에서 관련 제품을 적극적으로 도입할 가능성이 높다. 실제로 양국은 미래 모빌리티 관련 국제 표준을 선점하기 위한 경쟁에도 돌입했다. 플라잉카 교통관리체계, 자율운항 프로토콜, 배터리 안전 기준 등을 누가 먼저 제시하느냐가 향후 글로벌 시장의 주도권을 결정지을 수 있기 때문이다.

차세대 바퀴 기반 모빌리티는 단순한 교통수단의 진화가 아니라 산업 패권과 국가 안보 지형에까지 영향을 미칠 수 있는 전략적 기술이다. 20세기, 내연기관 자동차와 항공기를 선점한 국가가 경제적·군사적 이득을 누렸듯 21세기 중반에는 플라잉카와 수륙양용차의 대중화를 주도하는 나라가 새로운 영향력을 얻을 것이다.

지금 이 순간에도 피지컬 AI 영역은 지상의 바퀴 기반 플랫폼을 넘어 공중 이동체로 확장되고 있다. 지상, 수상, 공중을 자유롭게 넘나드는 새로운 모빌리티의 등장은 더는 공상과학이 아니다. 핵심 기술이 빠르게 성숙하면서 향후 수십 년 안에 지금과는 전혀 다른 이동 혁명이 펼쳐질 가능성은 충분하다.

현재는 미국이 이 경쟁을 주도하고 있고 중국은 자국의 강점을 기반으로 미국을 추격 중이다. 어느 한쪽이 앞서 나갈지 아니면 예상보다 천천히 공동 발전할지는 아직 알 수 없다. 그러나 한 가지는 분명하다. 미래 모빌리티의 주도권은 21세기 미·중 패권 경쟁의 핵심 축이 될 것이며 "길을 지배하는 자가 세계를 지배한다"라는 오래된 명제는 앞으로도 유효할 것이다.

트럼프의 골든 돔 구상

2025년 5월 북한, 중국, 러시아가 미국 트럼프 대통령이 야심차게 선언한 골든 돔Golden Dome 미사일 방어 체계 구축 계획에 일제히 반발했다. 골든 돔 구상이 전 세계 군비경쟁을 자극할 것이란 이유에서였다. 2025년 5월 27일 북한은 노동당 기관지 〈노동신문〉을 통해 골든 돔 구상이 방위와는 무관한, 패권 지향적이고 공격적인 계획이라며 맹비난하며 미국이 우주 핵전쟁 각본을 짜고 있다고 주장했다. 중국 외교부 역시 "우주를 전쟁터로 만들고 우주 군비경쟁을 조장함으로써 국제 안보와 군비 통제 시스템을 뒤흔들 위험을 높인다"라고 비판했다. 러시아 외무부도 이 계획이 "전략적 안정(핵보유국 사이 상호견제가 유지되는 상태)의 기반을 직접적으로 훼손한다"라고 강조했다. 시진핑 중국 국가 주석과 푸틴 러시아 대통령도 정상회담을 마친 뒤 발표한 공동성명을 통해 골든 돔 구상을 "본질적으로 심각한 불안정을 초래하는 것"이라 규정하고 "전략 공격 무기와 방어 무기의 불가분 관계를 부정하는 완전하고도 궁극적인 거부"라고 비판했다.[7] 도대체 골든 돔 계획이 무엇이기에 이렇게 반발이 심한 걸까?

2024년 대선 캠페인 기간 동안 트럼프 대통령은 미국을 보호하기 위한 새로운 전국적 미사일 방어 체계를 구상하며 이를 공약으로 적극 내세웠다. 그는 2023년 1월 영상 메시지에서 "이스라엘의 아이언 돔처럼 미국을 핵무기와 극초음속 미사일 위협에서 지켜줄 철통같은 방어막을 구축하겠다"라고 선언했다. 집권 직후 트럼프 대통령은 이 구상을 골든 돔이라고 명명하고 국방부에 본격적인 추진을 지시했다. 이후 2025년 5월 20일 백악관 오벌오피스에서 골든 돔 미사일 방어 체계 계획을 정식으로 발표하기에 이른 것이다.

골든 돔의 개념과 목표를 살펴보자. 골든 돔은 차세대 항공 위협에 대응하기 위해 설계된 다층적 미사일 방어망이다.[8] 기존 미국의 미사일 방어Missile Defense, MD 체계를 통합하고 여기에 수백 기의 우주 기반 센서 위성과 우주 배치 요격 체계를 추가해 대륙간탄도미사일(이하 ICBM)은 물론 극초음속 미사일, 순항미사일 등 중국이나 러시아 같은 적대국의 미래 공격까지 탐지하고 요격하는 것이 목표다. 트럼프 행정부는 골든 돔을 통해 미국 본토 전역을 보호할 수 있는 종합적 방어망을 구축하겠다고 밝혔다. 지구 반대편에서 발사된 미사일뿐 아니라 우주에서 발사된 미사일까지 막을 수 있는 체계를 만들겠다는 것이다. 사전 탐지와 교란, 미사일이 상승하는 부스트 단계, 중간 단계, 최종 단계 등 전 구간에 걸친 요격 능력을 갖추기 위해 지상과 해상에 배치된 기존 요격체뿐 아니라 궤도상 위성 레이더와 센서, 우주에 직접 배치된 요격 미사일 또는 레이저 무기까지 포함하는 미래형 방어 체계를 구축할 계획이다.[9] 특히 우주 기반 센서와 요격 시스템이 핵심 요소다.

트럼프 대통령은 골든 돔 구상이 과거 로널드 레이건 대통령의 전략방위구상Strategic Defense Initiative, SDI을 현대 기술로 부활시키는 것이라고 비유하며 특히 우주 무기화 요소가 포함된 이번 구상은 기존 미사일 방어 패러다임을 넘어서는 전략적 대전환이라고 강조했다. 골든 돔이라는 명칭 자체도 이스라엘의 아이언 돔에서 영감을 받은 것으로 알려졌다.[10] 다만 아이언 돔은 소규모 지역을 단거리 위협으로부터 방어하는 체계인 반면 골든 돔은 미국 전역을 포괄하는 거대한 방어망으로 극초음속 활공체나 부분궤도폭격체Fractional Orbital Bombardment System, FOBS까지 대응하는 등 임무가 훨씬 광범위하고 복잡하다. 미국의 기존 지상 기반 미사일 요격망은 북한이나 이란 등 소수 로켓, 미사일 위협에 대응하기 위한 제한적 체계였다. 반면 골든 돔은 러시아, 중국처럼 대규모 핵전력을 보유한 강대국의 공격까지 막도록 설계됐다는 점에서 기존 정책의 획기적 전환으로 평가된다.[11] 트럼프는 골든 돔 프로젝트에 약 1,750억 달러(약 230조 원)를 투입할 것이라고 발표했고 2025 회계연도 예산에 250억 달러를 우선 편성해 의회 승인을 추진 중이다. 미 의회예산처Congressional Budget Office, CBO는 우주 배치 요격망까지 포함될 경우 향후 20년간 총비용이 5,420억 달러에 이를 것으로 전망했다. 트럼프는 골든 돔을 임기 종료 전인 2029년 말까지 완전운용 상태로 만들겠다고 공언했다. 이를 위해 미 우주군 부사령관 마이클 게틀라인Michael Guetlein 장군을 프로그램 총책임자로 임명하고 개발 속도를 높이기 위해 스페이스X, 팔란티어, 안두릴 등 민간 우주 및 첨단 기술 기업을 대거 참여시켰다. 그는 골든 돔을 국토를 보호할 핵심 국방 공약으로 내세우며 강한 추진 의지를 연설과 인터뷰 등에서 거듭 밝혔다.

　골든 돔 구상과 파괴적 역량이 현실화된다면 중국, 북한, 러시아 등은 위협을 느낄 수밖에 없다. 특히 중국 정부는 골든 돔이 전 세계적으로 제약을 받지 않는 다층·다영역 미사일 방어 체계를 구축하려는 시도라고 비판하면서 이는 우주의 평화적 이용 원칙을 명시한 1967년 'UN 우주조약'에 위배되며 우주 패권과 일방적 군사 우세를 추구하는 미국의 위험한 구상이라고 강하게 반발했다. 또 궤도 요격 시스템 연구·배치를 포함해 우주 작전 능력을 대폭 강화하려는 미국의 계획은 명백히 중국을 겨냥한 무기 체계이며 핵보유국의 억지력을 무력화하는 시도라고 판단하고 있다.

이로 인해 중국은 우주의 전쟁터화와 군비경쟁이 심화되고 국제 안보와 군비 통제 체계가 심각한 위협을 받을 수 있다고 본다.[12] 러시아 역시 미국의 골든 돔 계획을 강력히 반대하는 입장을 밝히고 있다. 다만 중국의 강한 반응과 달리 러시아의 반응은 시점에 따라 달라졌다. 2025년 5월 21일 크렘린궁 대변인은 트럼프의 골든 돔 발표에 대한 입장을 묻는 질문에 해당 미사일 방어 계획을 "미국의 자주적 문제"라고 답했다. 그러나 그는 "머지않은 장래에 전략적 안정 문제에 관한 미·러 간 접촉 재개가 필요할 것"이라며 향후 군비 통제 협상 재개의 필요성을 시사했다. 대변인은 아직 세부 정보가 부족해 러시아는 골든 돔이 자국 핵전력 균형에 어떤 위협이 될지 당장 평가하지 않겠다고 밝혔지만 "상황 전개가 결국 미·러 군비 통제 대화 재개로 이어질 것"이라고 덧붙이며 미국의 방어망이 전략적 균형을 흔들 수 있음을 암시했다.[13]

러시아 외무부 역시 논평을 통해 1972년 미·소 간 체결된 탄도탄 요격미사일 Anti-Ballistic Missile, ABM 조약이 상징하던 공격 무기와 방어 무기 사이의 균형 원칙이 미국에 의해 깨졌다고 지적했다. 동시에 러시아는 자국이 보유한 슈퍼 무기군(아방가르드 극초음속 글라이드, 포세이돈 핵어뢰 등)을 거론하며 미국의 MD 체계를 무력화할 수 있다고 주장했다.

트럼프는 골든 돔 프로젝트를 통해 하늘길과 우주 길을 장악하려는 전략적 포석을 깔고 있다. 골든 돔 배치에 성공할 경우 중국과의 군사적·지정학적 경쟁 구도에서 미국이 확실한 우위를 점할 수 있다. 특히 중국의 핵 억지력 약화 가능성도 이 구상의 핵심 효과 중 하나다.

현재 중국의 핵탄두는 약 400기 수준으로 미국과 러시아보다 적다. 미국이 자국 전역을 포괄하는 첨단 미사일 방어망을 갖추면 중국의 제한된 ICBM 전력으로는 미국 본토에 신뢰성 있는 보복 타격을 하기 어려워질 수 있다. 즉, 골든 돔이 강력한 방패가 된다면 중국의 창은 이를 돌파하지 못하고 미국은 전략적 압박 수단과 함께 잠재적 선제 불능 능력까지 확보하게 된다. 이는 곧 미국이 공격을 덜 받는 상태에서 중국에 핵 공격을 감행할 수 있는 비대칭적 전략 우위를 의미하며 중국 입장에서는 자국 핵전력을 증강하는 것 외에는 뚜렷한 대응책이 없는 안보 딜레마에 빠질 수 있다.[14]

지정학적 면에서도 골든 돔은 중국의 대외 전략과 주변 안보 환경에 상당한 파급력을 미칠 수 있다. 미국이 골든 돔을 동맹국 방어로 확대 적용할 경우 중국의 역내 군사적 영향력은 더욱 제약된다. 트럼프 행정부는 골든 돔을 미 본토 방어용으로 설명하면서도 "해외 주둔 미군과 아시아·유럽 동맹국 방어에도 역할을 할 수 있다"라고 언급했다. 이 경우 중국의 미사일 전력은 주한·주일미군은 물론 대만해협 개입 가능성이 있는 미군에 대한 억지력도 약화될 수 있다. 나아가 미국이 동맹국과 함께 다층적 MD 체계를 구축하면 중국의 A2/AD 전략이나 대만 해방을 위한 미사일 포격전 시나리오

등도 무력화될 가능성이 높아진다.

하지만 중국이나 러시아도 대응 수단이 전혀 없는 것은 아니다. 미국이 골든 돔에 수천억 달러를 투자하더라도 중국은 그보다 훨씬 적은 비용으로 더 많은 미사일과 다탄두 각개목표설정 재돌입 비행체Multiple Independently-targetable Reentry Vehicle, MIRV, 디코이 등을 배치해 방어망을 과포화하는 전략을 구사할 수 있다.[15] 이 경우 미국의 방어 능력 강화는 오히려 중국과 러시아의 공격 능력 향상으로 이어져 군비경쟁의 악순환을 불러올 수 있다. 실제로 지난 10년간 중국은 핵전력 현대화에 속도를 높여왔다. ICBM 사일로를 대규모로 증설하고 신형 DF-41 미사일과 극초음속 활공체를 개발했으며 미국 MD 체계의 허점을 겨냥한 새로운 운반 시스템도 추진해왔다.

이제 미국의 골든 돔 추진은 중국의 핵·미사일 고도화, 위성 기반 조기경보 체계 강화, 전자전·사이버전 등 비대칭 수단 개발을 더욱 자극할 것이다. 특히 중국은 마이크로파나 적외선 탐지를 회피할 수 있도록 설계된 새로운 스텔스 소재 개발에 박차를 가하며 골든 돔의 타격 및 요격 능력을 무력화할 수 있는 기술적 대응을 강화할 것으로 보인다.

또 중국은 골든 돔의 우주 기반 구성 요소를 무력하기 위한 대응 전략도 준비하고 있다. 대표적으로 위성공격무기Anti-SATellite Weapons, ASAT 능력, 극초음속 활공체, AI 기반의 미사일 발사 등을 고려 중이며 이는 미국의 골든 돔 추진에 대응해 우주 공간에서의 군사 능력 확보를 가속화하려는 행보로 해석된다.[16]

러시아 입장에서도 골든 돔은 자국의 우주 전략과 극초음속 무기 개발에 한층 속도를 내야 하는 압박 요인으로 작용할 것이다. 이미 러시아는 낙후된 소련 시절 3대 전략핵(육·해·공) 전력 교체를 추진 중인데 골든 돔이 현실화될 경우 현대화 작업에 더욱 박차를 가할 가능성이 크다. 육상 ICBM 분야에서는 RS-28 사르마트 등 신형 미사일로 교체를 서두르고 있으며 해상 잠수함발사 탄도미사일(이하 SLBM) 분야에서는 보레이급 핵잠수함과 신형 SLBM으로 전력을 업그레이드하고 있다. 공중 전력 면에서도 신형 스텔스 전략폭격기 PAK-DA 개발에 집중하고 있다.

이와 동시에 러시아는 기존 핵탄두 수를 늘리거나 MIRV 탑재량을 증강하며 ICBM에 다양한 기만체와 전자 재밍 기술을 탑재해 미국의 방어망을 교란하고 포화 공격하는 전략도 강화하고 있다. 일부에서는 러시아가 핵무기를 우주에 배치할 가능성도 제기된다. 물론 이런 대응에는 막대한 비용과 자원이 필요하지만 러시아는 미국 MD에 대응하기 위해 일정 수준의 경제적 희생도 감수할 것으로 보인다. 또 비전통적 전략무기 개발에도 집중할 가능성이 크다.

예를 들어 포세이돈 핵추진 무인잠수정은 바닷속을 은밀히 이동해 해안도시나 항공모함 전단을 공격하는 무기다. 이는 골든 돔이 공중으로 날아오는 위협에 초점을 맞추고 있다는 점을 노린 전략적 우회 수단이다. RS-28 사르마트 ICBM에 탑재 가능한 아방가르드 극초음속 활공체는 불규칙 기동으로 방어망을 우회할 수 있으며 9M730 부레베스트닉 핵추진 순항미사일 역시 예측 불가능한 사거리와 비행경로로 MD 체계를 무력화할 수 있는 수단이다. 골든 돔 계획이 본격화됨에 따라 러시아는 이런 기상천외한 전략무기 개발과 배치를 서두를 것으로 보이며 실제로 최근 관련 시험·배치에 관한 보도가 잇따르고 있다. 다만 이들 무기는 기술적 불확실성이 크고 사고 위험도 높다는 우려가 제기된다. 예컨대 핵추진 대륙간 순항미사일 부레베스트닉은 "날아다니는 체르노빌"이라고 불릴 만큼 위험하며 2019년 시험 중 폭발 사고로 과학자들이 사망하는 사건도 있었다. 그럼에도 러시아는 미국의 압박에 대응하기 위해 이런 위험한 무기까지 동원할 각오를 하고 있다는 분석이 나온다.[17]

러시아의 대응은 우주 공간의 군사화로도 이어진다. 골든 돔은 다수의 정찰·요격 위성 운용이 전제되기 때문에 러시아는 유사시 미국 위성망을 무력화하는 위성공격무기 개발에 더욱 집중할 것이다. 특히 핵탄두를 탑재한 위성 요격미사일을 우주에서 폭발시켜 미국 군사·민간 위성을 대량 파괴하는 극단적 시나리오가 러시아군 내부에서 검토될 수 있다. 이는 우주 공간을 파편으로 뒤덮어 전 지구적 혼란을 초래하고 사실상 MAD 개념을 우주까지 확장하는 조치다.

실제로 러시아는 "핵전쟁에서 패배하느니 우주 인프라를 파괴하겠다"라는 경고를 여러 차례 공식적으로 표명해왔다. 2021년에는 지상발사미사일로 자국 위성을 격추하는 인공위성 요격무기 시험을 단행해 국제사회에 충격을 안긴 바 있다. 골든 돔이 본격화되면 이런 우주 전력이나 공간전 수행 능력을 더욱 발전시키려 할 것이 분명하다.

중국, 러시아, 북한이 전략적 협력을 강화해 대미 및 대서방 외교전략에 변화를 모색할 가능성도 있다. 2022년 초 중국과 러시아는 무제한 전략적 협력을 선언한 이후 외교·안보 분야에서 공조를 꾸준히 강화해왔다. 골든 돔 문제는 양국이 대미 견제라는 공동 목표 아래 쉽게 연대할 수 있는 대표 사안이다. 미국의 압박 수위가 높아질수록 중국에는 러시아나 북한과 더욱 밀착하려는 동기가 생기며 이는 역으로 반미 동맹 구도를 강화한다.

지난 10년간 러시아의 주요 관심사는 미국과의 핵전력 균형을 유지하는 것이었던 반면 중국은 미국과 대등한 핵 강국으로 부상하기 위해 적극적으로 노력해왔다. 이런 배경은 골든 돔 구상에 대한 중국과 러시아의 반응에도 미묘한 차이를 만들어낸다. 중국은 상대적으로 열세인 핵전력 구조에서 골든 돔이 자국에 가하는 압박을 훨씬 민감하게 받아들인다. 특히 미국의 인도·태평양 전략 아래 MD망이 동아시아로 확장되는 상황(예를 들면 우리나라의 사드)을 경계해왔다. 중국이 반발하는 진짜 이유는 골든 돔 구상이 자국 주변의 안보를 위협하고 핵무기로 미국을 견제할 수 있는 힘마저 약화할 수 있어서다.

반면 러시아는 수십 년간 미국과 핵 군비경쟁을 벌여오면서 다양한 MD 대응 수단을 이미 보유하고 있다. 핵탄두 보유량 역시 미국과 비슷한 수준이다. 러시아 입장에서 골든 돔은 미국이 오랜 기간 추구해온 전략적 지위 상승의 연장선으로, 자국의 위상과 안보 이익에 직접적 침해 요인이다. 특히 우크라이나 전쟁 등으로 안보 환경이 악화된 상황에서 미국의 새로운 위협은 대립을 더욱 심화한다.

요컨대 중국은 미국 MD망에서 직접적 약자가 될 수 있다는 현실적인 우려로, 러시아는 기존 핵 균형 체제 붕괴로 인해 궁지에 몰

릴 수 있다는 위기감으로 같은 편에 서서 골든 돔 반대 목소리를 높이는 형국이다.[18]

어쩌면 미국은 골든 돔 구상에 대한 러시아와 중국의 대응 전략이 마냥 껄끄럽지만은 않을 수도 있다. 이 대응이 중국과 러시아 경제에 큰 부담을 주기 때문이다. 특히 러시아는 현재 우크라이나 전쟁 장기화로 막대한 국방비를 지출하고 있으며 서방의 강도 높은 제재로 경제 상황도 악화된 상태다. 여기 미국과의 새로운 전략무기 경쟁에 돌입할 경우 재정 압박은 더욱 심화될 것이다. 제한된 자원이 군비에 집중되면서 민생은 더욱 힘들어지고 장기적으로는 국가경쟁력 약화로 이어질 수 있다.

중국 역시 오랜 기간 최소억지minimal deterrence 원칙에 따라 소규모 핵전력 체제를 유지해왔지만 미국이 광범위한 방어망을 구축하면 전략 모델 자체가 근본적으로 흔들릴 수 있다. 이에 따라 중국은 핵전력 확대와 고도화에 더 많은 국방비를 지출할 수밖에 없고 이 역시 경제적 부담으로 작용한다. 한편 미국의 우주 길 지배 전략과 골든 돔 배치는 중국, 러시아, 북한 외의 국가에 다른 차원의 우려를 불러일으킨다. 우주가 전쟁터가 될 수 있다는 것이다. 현재 국제사회에서는 우주 기반 무기에 대한 강력한 규제가 사실상 없다. 전문가들은 현재의 우주 규제 상태가 위험할 정도로 미비하다고 평가하고 있다. 골든 돔 같은 시스템 배치와 이에 대응하기 위한 무기 개발 경쟁은 우주 내 군사 자산의 밀도와 복잡성을 증가시켜 충돌, 오인, 분쟁 위험을 고조할 수 있다.

에필로그

AGI 전쟁 시대, 우리는 어떻게 살아야 하는가

전쟁은 지금도 계속되고 있다. 미국은 칩스법과 수출 통제로 중국의 숨통을 조이는 중이다. 이에 맞서 중국은 딥시크 같은 스타트업에서 저사양 칩으로 효율을 극대화하고 화웨이를 중심으로 자체 칩 개발에 사활을 걸고 있다. 이는 변혁의 시대에 살아남기 위해 필요한 최소한의 '산소'를 확보하려는 필사적인 몸부림이다. 특히 고대역폭 메모리를 둘러싼 경쟁은 새로운 두뇌에 얼마나 빠르게 혈액, 즉 데이터를 공급할 수 있느냐를 결정하는 또 다른 전선이다.

이 책에서 생생하게 대비된 테슬라의 옵티머스와 유니트리의 G1은 새로운 지성이 어떻게 현실 세계와 상호작용할 것인지 보여주는 예고편이다. 단순한 기계를 넘어 옵티머스는 테슬라의 FSD 기술과 도조 슈퍼컴퓨터라는 거대한 두뇌를 이식받아 인간 노동의 완전한 대체를 꿈꾼다. 반면 G1은 파격적인 가격과 민첩함으로 시장 문턱을 낮추며 로봇의 대중화를 노리고 있다.

중국은 14억 인구와 톈왕으로 상징되는 국가 주도 감시 시스템을 통해 양적으로는 누구도 따라올 수 없는 데이터를 소유하고 있다. 이는 AI 모델 훈련을 위한 엄청난 자산이다. 반면 미국은 전 세계 영어 기반 데이터와 고품질 과학, 군사 데이터를 바탕으로 한 질적 우위와 다양성을 무기로 삼는다. AI와 AI 이후 전쟁에서는 데이터를 지배하는 자가 곧 새로운 세계를 지배할 것이다.

미국과 중국은 단순히 시장만 지배하려는 것이 아니다. 두 나라는 전 세계를 지배할 청사진을 그리고 있다. 미국은 '혼돈'과 '파괴'라는 무기를 통해 전 세계를 자신들이 원하는 방향으로 변혁하려고 한다. 실리콘밸리에서는 "빠르게 움직이고 부숴라Move Fast and Break Things"라는 정신으로 상향식 혁신이 이뤄지고 있다. 이 책에서 언급된 스타게이트 프로젝트는 그 정점이다. 오픈AI, 소프트뱅크, 오라클 등 민간의 천재성과 자본이 폭발적으로 결합해 5,000억 달러라는 천문학적 자본으로 인류의 지능을 뛰어넘는 인프라를 구축하고 있다.

중국은 1,000만 로봇 공정과 중국제조 2025 같은 거대한 목표 아래 움직인다. 중국 정부의 1차 목표는 국가가 모든 자원을 통제하고 동원해 미국을 추월하는 것이지만 궁극적 목표는 전 세계를 장악하는 것이다. 이 두 미래의 충돌은 패권 경쟁을 넘어선다. 인류가 살아갈 디지털-물리적 현실의 기본 구조와 철학을 누가 설계할 것인가 하는 본질을 둘러싼 대립이다.

이 거대한 충돌과 전쟁의 끝에서 우리가 마주할 미래는 여러 갈래다. 첫째, '팍스 아메리카나 2.0'이라 불리는 미국의 승리 시나리오다. 미국이 AGI를 선점하고 스타게이트 프로젝트가 성공한다면 세계는 미국이 설계한 AI 운영체제에서 작동할 것이다. 엄청난 혁신이 뒤따르겠지만 동시에 전 세계가 미국의 기술 표준과 가치에 종속되는 '디지털 제국주의' 시대가 열릴 위험도 있다.

둘째, 새로운 중화 질서인 중국의 승리 시나리오다. 중국이 AGI 개발에서 미국을 추월하고 1,000만 로봇 공정을 완성하면 세계는 효율성과 통제를 최우선으로 하는 새로운 질서에 편입된다. 일대일로를 따라 중국의 기술과 자본, 감시 모델이 확산되며 세계는 중국 중심의 디지털 조공 체제로 재편될 수 있다.

셋째, AGI 양극 체제인 공포의 균형이다. 미국과 중국이 거의 동시에 AGI를 손에 쥐면 세계는 핵무기 시대의 MAD와 유사하지만 훨씬 더 불안정한 초지능 냉전 상태에 들어선다. 2개의 초지능이 서로를 겨누는 이 긴장 상태에서는 작은 오판 하나가 인류 전체를 파멸시킬 수도 있다.

어쩌면 AI 전쟁의 최후 승자는 미국도 중국도 다른 특정 국가도 아닐 수 있다. 거대한 기술적 쓰나미 앞에서 인류가 슬기롭게 협력해 새로운 문명으로 나아간다면 모두가 승자가 될 것이다. 반면 단기적 패권 다툼에 눈이 멀어 서로를 의심하고 파괴하며 통제 불능의 기술을 방치한다면 모두가 공멸할 수밖에 없다. 우리가 진정으로 두려워해야 할 것은 승자가 누가 되느냐가 아니다. 우리는 이미 과거 어느 때보다 강력하게 미래 충격이 증폭되는 시대에 들어섰다. 미국과 중국의 치열한 경쟁과 유혈 낭자한 전쟁이 아니더라도 변화 속도가 인간 적응 능력을 넘어서는 현상이 삶 전 영역에서 나타나고 있다.

곧 당신의 일상 곳곳에서 전쟁 같은 상황이 벌어질 것이다. 노동과 가치의 해체가 대표적이다. 휴머노이드 로봇이 공장과 가정을 채우면 직업의 개념 자체가 근본적으로 무너진다. 이는 단순히 화이트칼라와 블루칼라의 일자리가 사라지는 차원이 아니다. 수천 년간 인간 정체성의 핵심이던 '일하는 인간'의 신화가 무너지는 것이다. 기계가 경제적 가치 대부분을 창출하는 사회에서 인간은 무엇으로 가치를 증명하고 삶의 의미를 찾아야 하는가? 이 질문에 답하지 못한다면 전례 없는 심리적 공항에 빠질 수 있다.

현실과 진실의 해체도 시작된다. 이 책에서 언급한 생성형 AI와 VLA 모델의 발전은 진짜와 가짜의 경계를 무너뜨린다. 더 심각한 문제는 정렬 위장 가능성이다. AI가 겉으로는 인간의 목표에 순응하는 척하면서 뒤로는 설계자나 국가의 숨겨진 목표를 수행하는 세상은 상상만으로도 끔찍하다. 중국산 가정용 로봇이 당신의 사적인 대화와 생활 패턴을 중국 정부 서버로 전송해 분석할 수 있다는 사실은 사생활의 종말을 넘어 개인 생각이 조작되는 디스토피아의 시작일 수 있다.

전쟁과 권력의 해체도 진행 중이다. 미국의 골든 돔 미사일 방어망과 중국의 대위성 무기, 주텐 드론 모함은 전쟁 패러다임이 지상과 해상을 넘어 우주와 사이버 공간, 즉 '보이지 않는 길'의 지배로 넘어갔음을 보여준다. 미래 권력은 영토 크기나 군대 규모가 아니라 데이터 흐름과 알고리즘, 피지컬 AI의 행동을 통제하는 능력에서 나온다.

AGI라는 판도라의 상자가 열렸을 때 과연 그 안에서 나온 것을 인류가 통제할 수 있을까? AGI를 향한 무한 질주는 모든 난제를 해결하는 유토피아를 약속하지만 동시에 통제 불능의 위험도 내포한다. AGI가 눈앞에 다가온 지금, 미국과 중국의 AI 전쟁이 치열한 이 시점에서 우리는 속도와 안전 중 무엇을 택할 것인가?

AI와 로봇이 창출할 막대한 부는 극소수 자본과 기술 소유자에게 집중될 가능성이 크다. 풍요의 분배를 어떻게 설계할 것인가? 기술 혜택이 인류 전체 삶을 향상하는 방향으로 흐르게 할 사회계약, 예컨대 기본소득, 데이터 소유권, 복지국가 모델을 지금부터 진지하게 고민해야 한다.

'어떤 인간으로 살아남을 것인가?' 하는 질문도 중요해질 것이다. 기계가 이성과 논리 영역까지 대체하는 시대에 인간 고유의 가치를 어디서 찾아야 할까? 미국과 중국을 추격해야 한다는 절박한 목표와 함께 기계가 흉내 낼 수 없는 윤리적 판단, 유대감과 사랑 같은 인간성의 본질을 다시 교육하고 성찰해 핵심 가치로 삼아야 한다.

지금 이 책을 읽는 당신과 기업, 정부는 이런 미래까지 생각하고 있는가? 이 책의 마지막 장은 결론이 아니라 새로운 물결 앞에 선 모두에게 던져진 절박한 질문이다. 다행히 미래는 아직 정해지지 않았다. 미래는 우리가 도착해야 할 목적지가 아니라 우리의 선택을 통해 지금 이 순간에도 끊임없이 창조되는 현실이다. 미래를 조금이나마 먼저 들여다보고 그 희미한 미래의 다양성에서 어떤 경로를 선택하느냐에 인류의 내일이 달려 있다. 그 선택은 바로 당신 몫이다.

미주

1장

1. Matt Haldane, "Global Impact: ChatGPT spurs an AI arms race, with China slow out of the blocks", myNEWS, 2023. 04. 10.
2. 전재성, "미·중 전략경쟁 속 군사인공지능의 정치경제", https://eai.or.kr, 2024. 03. 15.
3. https://www.csis.org/analysis/securing-agi-laurel-export-controls-compute-gap-and-chinas-counterstrategy#:~:text=strategy,year%20dynasty
4. 이나연, "AI는 21세기 핵무기… 美 싱크탱크가 본 미·중 기술패권 민낯", 디지털데일리, 2025. 04. 27.
5. Barath Harithas, "Securing the AGI Laurel: Export Controls, the Compute Gap, and China's Counterstrategy", CSIS, 2024. 12. 20.
6. Robyn Mak, "Chinese AI arrives by stealth, not with a bang", Reuters, 2023. 07. 28.
7. Barath Harithas, "Securing the AGI Laurel: Export Controls, the Compute Gap, and China's Counterstrategy", CSIS, 2024. 12. 20.
8. Valerie Shen, Jim Kessler, "Competing Values Will Shape US-China AI Race", Third Way, 2024. 07. 17.
9. PwC, "Sizing the prize: What's the real value of AI for your business and how can you capitalise?", 2017. 06. 27.
10. Goldman Sachs, "Generative AI could raise global GDP by 7%", 2023. 04. 05.
11. 상동.
12. Dr. Ahmed Shalaby, "From the Horse's Mouth: An Interview with AGI on Its Views About the Future, Humanity, and Itself", https://communities.springernature.com/posts/from-the-horse-s-mouth-an-interview-with-agi-on-its-views-about-the-future-humanity-and-itself, accessed 2025. 05. 09.
13. "Taking a responsible path to AGI: Google DeepMind", https://deepmind.google/discover/blog/taking-a-responsible-path-to-agi, accessed 2025. 05. 09.
14. Dr. Ahmed Shalaby, "From the Horse's Mouth: An Interview with AGI on Its Views

About the Future, Humanity, and Itself", https://communities.springernature.com/posts/from-the-horse-s-mouth-an-interview-with-agi-on-its-views-about-the-future-humanity-and-itself, accessed 2025. 05. 09.

15 Zachary Kallenborn, "THE RACE IS ON: ASSESSING THE US-CHINA ARTIFICIAL INTELLIGENCE COMPETITION", Modern War Institute, 2019. 04. 16.

16 Ankit Kasare, Piyush Gupta, Piyush Gupta, "How venture capital is investing in AI in the top five global economies—and shaping the AI ecosystem", World Economic Forum, 2024. 05. 24.

17 Roger Yang, "State of AI in China: Navigating Challenges and Seizing Opportunities", Medium, 2024. 02. 29.

18 이재은, "'챗GPT 넘겠다'… 메타도 가세한 AI 챗봇 시장", 조선비즈, 2025. 04. 30.

19 Sujai Shivakumar, Charles Wessner, Thomas Howell, "Balancing the Ledger: Export Controls on U.S. Chip Technology to China", CSIS, 2024. 02. 21.

20 Jane Zhang, "China needs 'five to 10 years' to catch up in semiconductors, Peking University professor Zhou Zhiping says", South China Morning Post, 2019. 09. 04.

21 Tim Fist, Lennart Heim, and Jordan Schneider, "Chinese Firms Are Evading Chip Controls", FP, 2023. 06. 21.

22 Kosuke Shimizu, "U.S. chip equipment makers rely on China for 40% of sales", Nikkei Asia, 2024. 07. 13.

23 Jordan Schneider, "Smuggling A100s + Biden and Shakespeare", China Talk, 2024. 07. 03.

24 U.S. Chamber of Commerce, "Understanding U.S.-China Decoupling: Macro Trends and Industry Impacts", 2021. 02. 17.

25 Moriyasu, "U.S. nervous about 'flood' of older-generation chips from China", Nikkei Asia, 2024. 01. 09.

26 Reuters, "Teardown of Huawei's new phone shows China's chip breakthrough", 2023. 09. 05.

27 Ann Mutschler, "Chip Design Shifts As Fundamental Laws Run Out Of Steam", Semiconductor Engineering, 2022. 10. 31.

28 Catherine Tan, "Breaking the Circuit: US-China Semiconductor Controls—Foreign Policy Research Institute", FPRI, 2024. 09. 16.

29 Dezan Shira & Associates, "Tax Incentives for High-tech Companies in China", China Briefing, 2015. 09. 29.

30 Chase Young, "China's Domestic AI Competition Heats Up", Cornell SC Johnson College of Business, 2024. 12. 13.

31 오로라, "젠슨 황 '중국, AI에서 미국과 격차 크지 않아… 화웨이 놀라운 발전'", 조선일보, 2025. 05. 01.

32 Coco Fengin, "ChatGPT vs Ernie Bot: Baidu's AI product has an issue with politics but is adept at grabbing up-to-date information", myNEWS, 2023. 03. 26.

33 Ben Jiangin, "Baidu, SenseTime open AI chatbots to the public after China grants first approvals for such services", myNEWS, 2023. 08. 31.

34 Huey-Meei Chang and William Hannas, "Spotlight on Beijing Institute for General Artificial Intelligence: China's State-Backed Program for General Purpose AI", CSET, 2023. 05.

35 Alex McFarland, "US Sanctions Backfire: Huawei's AI Chips Accelerate China's Self-Reliance", Unite.AI, 2025. 04. 23.

36 Barath Harithas and Andreas Schumacher, "Where the Chips Fall: U.S. Export Controls Under the Biden Administration from 2022 to 2024", CSIS, 2024. 12. 12.

37 Project Flux, "US vs China: The Global AI Showdown of 2025", 2025. 01. 07.

38 Jennifer Bouey, Lynn Hu, Keller Scholl, William Marcellino, Stacey Yi, Rafiq Dossani, James Gazis, Ammar A. Malik, Kyra Solomon, Sheng Zhang, Andy Shufer, "China's AI Exports Database(CAIED)", https://www.rand.org/pubs/tools/TLA2696-1/tool.html#:~:text=China%20exported%20155%20AI%20projects,The%20darker, RAND, 2023. 12. 11.

39 Ankit Kasare, Piyush Gupta, Piyush Gupta, "How venture capital is investing in AI in the top five global economies—and shaping the AI ecosystem", World Economic Forum, 2024. 05. 24.

40 Sebastian Moss, "More details slip out about China's two secret exascale supercomputers, third may be delayed", DCD, 2021. 11. 25.

41 Jane Lee, "IBM launches its most powerful quantum computer with 433 qubits", Reuters, 2022. 10. 09.

42 Hefei, "China Focus: China's computational power gains new strength with 255-detected-photon quantum computer", Xinhua News, 2023. 10. 13.

43 Ankit Kasare, Piyush Gupta, Piyush Gupta, "How venture capital is investing in AI in the top five global economies—and shaping the AI ecosystem", World Economic Forum, 2024. 05. 24.

44 Reuters, "Baidu bags China's first fully driverless robotaxi licenses", 2022. 08. 08.

45 Gabriella, "Baidu's Apollo Go fulfills over 5 million Robotaxi orders so far", Gasgoo, 2024. 02. 29.

46 Nvidia, "NIO Partners with NVIDIA to Develop a New Generation of Automated Driving Electric Vehicles", 2021. 01. 09.

47 Valerie She, Jim Kessler, "Competing Values Will Shape US-China AI Race", Third Way, 2024. 07. 17.

48 Zachary Kallenborn, "THE RACE IS ON: ASSESSING THE US-CHINA ARTIFICIAL INTELLIGENCE COMPETITION", Modern War Institute, 2019. 04. 16.

49 Nikkei Asia, "China trounces US in AI research output and quality", KrAsia, 2023. 01. 17.

50 Emma Farge, "China leading generative AI patents race, UN report says", Reuters, 2024. 07. 04.

51 Andrew Singer, "Stakes Rising In The US-China AI Race", Global Finance, 2024. 09. 09.

52 Sachin Waikar, "AI Report: Competition Grows Between China and the U.S.", HAI, 2021. 03. 08.

53 Yojana Sharma, "US targets Chinese talent in drive to 'decouple' science", CSET, 2020. 12. 12.

54 Erik Wernberg-Tougaard, "China's AI champions", China Experience, 2021. 02. 23.

55 "DOD Adopts Ethical Principles for Artificial Intelligence", U.S. Department of Defense, 2020. 02. 24.

56 "DOD DIRECTIVE 3000.09 AUTONOMY IN WEAPON SYSTEMS", Office of the Under Secretary of Defense, 2023. 01. 25.

57 Dean Cheng, "China calls for new 'strategic guidance' at 20th Party Congress", Breaking Defense, 2022. 10. 28.

58 Gabriel Honrada, "New PLA unit underscores intelligentized warfare shift", Asia Times, 2024. 04. 22.

59 Andrew Eversden, "AI algorithm defeats human fighter pilot in simulated dogfight", Cyisrnet, 2020. 08. 21.

60 Mark Kennedy, "America's AI Strategy: Playing Defense While China Plays to Win", Wilson Center, 2025. 01. 24.

61 Michael C. Horowitz, Lauren Kahn. "DoD's 2021 China Military Power Report: How Advances in AI and Emerging Technologies Will Shape China's Military", Council on Foreign Relations, 2021. 09. 04.

62 Jiayu Zhang, "China's Military Employment of Artificial Intelligence and Its Security Implications", The International Affairs Review, 2021. 08. 16.

63 Ross Chainey, "The global economy will be $16 trillion bigger by 2030 thanks to AI", World Economic Forum, 2017. 06. 27.

64 https://www.grandviewresearch.com/industry-analysis/artificial-intelligence-ai-market

65 CAGR_Compound Annual Growth Rate_은 복합 연간 성장률로 특정 기간 투자의 연평균 성장률을 나타내는 지표다. 투자가 매년 복합적으로 성장한 것처럼 측정해 전반적 성과를 명확하게 파악할 수 있게 해준다. 참고로 연평균 성장률은 특정 기간 투자의 연간 평균 성장률을 의미한다. 반면 복합 연간 성장률은 매년 성장한 수익이 다음 해 다시 투자돼 복리로 성장하는 것을 고려해 계산한다.

66 Markets and markets, "Generative AI Market" https://www.marketsandmarkets.com/Market-Reports/generative-ai-market-142870584.html#:~:text=The%20worldwide%20Generative%20AI%20market,to%20automate%20processes%20and%20make, 2024. 04.

67 Statista, "Generative AI – Worldwide", https://www.statista.com/outlook/tmo/artificial-intelligence/generative-ai/worldwide

68 Market Research Future, "Global Artificial Intelligence(AI) Market Overview", https://www.marketresearchfuture.com/reports/artificial-intelligence-market-1139, accessed 2025. 05. 02.

69 edge ai+vision ALLIANCE, "Machine Learning Drives AI Growth: Revenue to Soar by 535% and Hit Over Half a Trillion Dollars by 2030", https://www.edge-ai-vision.com/2025/01/machine-learning-drives-ai-growth-revenue-to-soar-by-535-and-hit-over-half-a-trillion-dollars-by-2030/, 2025. 01. 03.

70 Allied Market Research, "Autonomous Vehicle Market Size, Share, Competitive Landscape and Trend Analysis Report, by Level of Automation, by Component, by

Vehicle Type: Global Opportunity Analysis and Industry Forecast, 2031-2040", 2025. 01.

71. Spryker, "The Automotive Playbook: A Survival Guide for the Future of the Industry", https://read.spryker.com/automotive-playbook#:~:text=,We%20previously

72. McKinsey & Company, "Autonomous driving's future: Convenient and connected", 2023. 01. 06.

73. Goldman Sachs, "Partially autonomous cars forecast to comprise 10% of new vehicle sales by 2030", 2024. 08. 19.

74. McKinsey & Company, "Autonomous driving's future: Convenient and connected", 2023.01.06.

75. PR Newswire, "Exploring the $188 Billion Opportunity: Why AI is Set to Transform Global Healthcare by 2030", 2024. 11. 12.

76. Fortune, "Artificial Intelligence in Manufacturing Market Size, Share & Industry Analysis, By Offering(Hardware, Software, and Services), By Technology(Computer Vision, Machine Learning, Natural Language Processing), By Application(Process Control, Production Planning, Predictive Maintenance & Machinery Inspection), By Industry(Automotive, Medical Devices, Semiconductor &Electronics), and Regional Forecast, 2020-2032", 2025. 04. 14.

77. Markets and Markets, "AI in Finance Market worth $190.33 billion by 2030", 2024. 10. 28.

78. Markets and Markets, "Artificial Intelligence in Retail Market Size, Share, Growth, Industry Trends", 2025. 01.

79. Adel Zaalouk, "The AI Cybersecurity Market: Navigating Opportunities and Risks;Understanding the key trends and opportunities", The Technomist, 2024. 10. 14.

80. Polaris, "AI in Cybersecurity Market Size, Share, Trends, Industry Analysis Report: By Type, Application, Technology, Offering(Hardware, Software, and Services), Vertical, and Region(North America, Europe, Asia Pacific, Latin America, and Middle East & Africa) – Market Forecast, 2025-2034", 2025. 02.

81. Grand View Research, "Artificial Intelligence In Robotics Market Size, Share & Trends Analysis Report By Offering(Hardware, Software), By Deployment(On-Premise, Cloud), By Robots Type, By Technology, By End-use, By Region, And Segment Forecasts, 2024 – 2030".

82 NMSC, "Artificial Intelligence(AI) Chip Market by Chip Type(AI Accelerator Units and General-Purpose Chips), by Architecture(System on Chip(SOC), System in Package(SIP), Multi Chip Module, and Other Architecture), by Processing Type(Edge and Cloud), by Application(Natural Language Processing(NLP), Robotic Process Automation, Computer Vision, Network Security, and Others) and Others–Global Opportunity Analysis and Industry Forecast, 2025-2030", 2025. 02. 01.

83 Nathan Eddy, "Global AI Chip Market Worth $305 Billion by 2030", Techstrong.ai., 2023. 06. 21.

84 Research and Markets, "AI Chip Market to 2035: Distribution by Type of Chip, Type of Processing, Type of Technology, Type of Function, Type of Application, Type of End-User, Type of Enterprise and Geographical Regions—Industry Trends and Global Forecasts", 2025. 04.

85 류한석, "인간 얼굴을 한 아바타, 디지털 휴먼", 주간경향, 2025. 04. 25.

86 Grand View Research, "Natural Language Processing Market To Reach $439.85 Billion By 2030", 2023. 01.

87 Fortune, "Artificial Intelligence in Manufacturing Market Size, Share & Industry Analysis, By Offering(Hardware, Software, and Services), By Technology(Computer Vision, Machine Learning, Natural Language Processing), By Application(Process Control, Production Planning, Predictive Maintenance & Machinery Inspection), By Industry(Automotive, Medical Devices, Semiconductor &Electronics), and Regional Forecast, 2020-2032", 2025. 04. 14.

88 Jacques Bughin, Jeongmin Seong, James Manyika, Michael Chui, Raoul Joshi, "Notes from the AI frontier: Modeling the impact of AI on the world economy", https://www.mckinsey.com/featured-insights/artificial-intelligence/notes-from-the-ai-frontier-modeling-the-impact-of-ai-on-the-world-economy, McKinsey & Company, 2018. 09. 04.

89 Vanguard, "AI's impact on productivity and the workforce", 2025. 03. 04.

90 Dylan Walsh, "A new look at the economics of AI", MIT Management, 2025. 01. 21.

91 Jennifer Mattson, "These jobs will disappear fastest by 2030 as AI rises, according to the World Economic Forum", Fast Company, 2025. 01. 08.

92 Manufacturing Leadership Council, "THE FUTURE OF INDUSTRIALAI IN MANUFACTURING; Manufacturing in 2030 project", 2023.

2장

1 Jaron Lanier, "The dangerous fantasies driving the quest for super-intelligent AI", Nature, 2025. 04. 14.

2 https://en.wikipedia.org/wiki/Artificial_general_intelligence#:~:text=Creating%20AGI%20is%20a%20primary,9

3 Meredith Ringel Morris, Jascha Sohl-Dickstein, Noah Fiedel, Tris Warkentin, Allan Dafoe, Aleksandra Faust, Clement Farabet, Shane Legg, "Levels of AGI: Operationalizing Progress on the Path to AGI", 2024. 07. 21.

4 Dave Bergmann, Cole Stryker, "What is artificial general intelligence(AGI)?", IBM, 2024. 09. 17.

5 Staff reporter, "Baidu CEO slams China's 'War of a Hundred Models' as resource-wasting", Digitimes Asia, 2024. 07. 10.

6 Hanna Dohmen, "Assessing China's AI development and forecasting its future tech priorities", Atlantic Council, 2024. 09. 18.

7 Sascha Brodsky, "Beyond big models: Why AI needs more than just scale to reach AGI", IBM, 2025. 03. 17.

8 Reed Albergotti, "Google DeepMind CEO on the AI tricks up the company's sleeve", Semafor, 2025. 01. 25.

9 Raghu Raman, "Navigating artificial general intelligence development: societal, technological, ethical, and brain-inspired pathways", Nature, 2025. 03. 11.

10 상동.

11 https://www.gov.cn/zhengce/content/2017-07/20/content_5211996.htm

12 国务院, "国务院关于印发新一代人工智能发展规划的通知_科技", https://www.gov.cn/zhengce/content/2017-07/20/content_5211996.htm, 中国政府网, 2017. 07. 20.

13 新华社, "人工智能+": 硬核科技加速走进产业竞技场, https://www.gov.cn/yaowen/liebiao/202503/content_7011011.htm, 中国政府网, 2025. 03. 06.

14 cset.georgetown.edu, https://cset.georgetown.edu/wp-content/uploads/CSET-Spotlight-on-Beijing-Institute-for-General-Artificial-Intelligence-1.pdf, accessed 2025. 05. 03.

15 Wm. C. Hannas and Huey-Meei Chang, "China's "New Generation" AI-Brain Project", National Defense University Press, 2021. 11. 18.

16 Dale Arasa, China Unveils World's First AI child, INQUIRER.NET, 2024. 02. 08.

17 科技日报, "全球首款通用智能人"通通"亮相", 国际科技创新中心, 2024. 04. 26.

18 Yujia Peng, Jiaheng Han, Zhenliang Zhang, Lifeng Fan, Tengyu Liu, Siyuan Qi, Xue Feng, Yuxi Ma, Yizhou Wang, Song-Chun Zhu, "The Tong Test: Evaluating Artificial General Intelligence Through Dynamic Embodied Physical and Social Interactions", ScienceDirect, 2024. 03.

19 "Memos to the Artificial General Intelligence(AGI)", https://www.scsp.ai/wp-content/uploads/2025/01/AGI-Memo.pdf?utm_source=substack&utm_medium=email, SCSP, accessed 2025. 03. 03.

20 CSIS, "Survey of Chinese Espionage in the United States Since 2000", 2023. 03.

21 Jonathan Stempel, "Ex-Google engineer faces new US charges he stole AI secrets for Chinese companies", Reuters, 2025. 02. 06.

22 Benjamin Jensen, "Protecting Our Edge: Trade Secrets and the Global AI Arms Race", CSIS, 2025. 05. 07.

23 Amalia Huot-marchand, "US House Select Committee Report Accuses DeepSeek of Spying and Circumventing Export Controls on Chips", Tech Policy, 2025. 05. 01.

24 CSIS, "Significant Cyber Incidents".

25 Benjamin Jensen, "Protecting Our Edge: Trade Secrets and the Global AI Arms Race", CSIS, 2025. 05. 07.

26 Jessica Lyons, "China is using AI to sharpen every link in its attack chain, FBI warns", The Register, 2025. 04. 29.

27 Billy Perrigo, "Exclusive: Every AI Datacenter Is Vulnerable to Chinese Espionage, Report Says", Time, 2025. 04. 22.

28 Tom Kertscher, "Trump administration just FIRED 54 scientists & cut off 77 grants at Fauci's NIH for not disclosing their ties to Communist China!", PolitiFact, 2020. 06. 15.

29 상동.

30 Ling Xin, "Why a rising AI star left a promising US academic career to return to China", myNEWS, 2025. 03. 25.

31 TOI Tech Desk, "Nvidia CEO Jenson Huang Challenges AI assumptions following DeepSeek success", The Times of India, 2025. 03. 19.

32 Davide Castelvecchi, "The AI-quantum computing mash-up: will it revolutionize science?", Nature, 2024. 01. 02.

33 Antonia Hmaidi, Jeroen Groenewegen-Lau, "China's long view on quantum tech has the US and EU playing catch-up", Merics, 2024. 12. 14.

34 상동.

35 H Hao, "China Achieves Superconductivity Breakthrough at Ambient Pressure, Reshaping the Future of Energy and Quantum Tech", CTOL Digital Solutions, 2025. 02. 18.

36 The Times of India, "US team withdraws superconductor study after Chinese researchers contest findings", 2023. 11. 20.

37 Gemma Conroy, "Superconductivity hunt gets boost from China's $220 million physics 'playground'", Nature, 2024. 04. 29.

3장

1 Steve Greenfield, "Elon Musk bets Tesla's future on humanoid robots", CBT News, 2025. 05. 14.

2 Unitree G1(Contact us for the real price)-UnitreeRobotics, https://shop.unitree.com/products/unitree-g1, accessed 2025. 05. 14.

3 Ryan Gibson, "Tesla's Optimus Gen 3: Revolutionizing Robotics with Human-Like Hands", https://www.webpronews.com/teslas-optimus-gen-3-revolutionizing-robotics-with-human-like-hands/, WPN, 2025. 05. 07.

4 https://www.teslaoracle.com/2022/10/02/elon-musk-unveils-optimus-tesla-bot-produced-at-high-volume-low-cost-brain-to-navigate-the-world/#google_vignette

5 https://www.unitree.com/g1

6 Simon Alvarez, "Tesla shares Optimus' improved walk in new update video", Teslarati, 2025. 04. 02.

7 Andrew Liszewski, "You'll need to teach this $16,000 humanoid robot how to make breakfast", Treverge, 2024. 08. 20.

8 Sujita Sinha, "Photos: Unitree's flexible and skillful G1 humanoid robot set for mass production", Interesting Engineering, 2024. 08. 19.

9 Alan Truly, "What is Tesla Optimus? Your pressing questions, answered", Digitaltrends, 2023. 03. 24.

10 Maria Merano, "Tesla recruits data collection operators for Optimus bot development", Teslarati, 2025. 05. 14.

11　Hangtao Zhang, "adRobot: Jailbreaking Embodied LLMs in the Physical World", arXiv, 2025. 02. 04.

12　Max A. Cherney, "Nvidia adds generative AI to power humanoid robots", Reuters, 2024. 05. 19.

13　Nvidia, "NVIDIA Accelerates Humanoid Robotics Development", 2024. 07. 29.

14　Nigel Pereira, "NVIDIA's Isaac GR00T N1: From Lab Prototype to Real-World Robot Brain", Sify.com, 2025. 04. 28.

15　Nvidia Korea, "전 세계 휴머노이드 로보틱스 개발 이끄는 NVIDIA", 2024. 07. 30.

16　Scott Martin, "Figure Unveils Next-Gen Conversational Humanoid Robot With 3x AI Computing for Fully Autonomous Tasks", Nvidia, 2024. 08. 08.

17　Max A. Cherney, "Nvidia adds generative AI to power humanoid robots", Reuters, 2024. 03. 19.

18　최지영, "한국 제조업 GDP, 美中 의존도 24.5%… 일본·독일보다 높아", 문화일보, 2025. 05. 21.

19　Torsten Sløk, "US Wages vs Wages in China and India", Apollo, 2024. 09. 16.

20　Bahr, Kevin, "U.S. Manufacturing Employment: A Long-Term Perspective", University of Wisconsin Stevens Point, 2025. 01. 29.

21　Stephanie Ferguson Melhorn, Makinizi Hoover, "Understanding America's Labor Shortage: The Most Impacted Industries", U.S. Chamber of Commerce, 2025. 04. 18.

22　NAM News Room, "2.1 Million Manufacturing Jobs Could Go Unfilled by 2030", The Manufacturing Institute, 2021. 05. 04,

23　Ruth Strachan, Sebastian Shehadi, "Who killed US manufacturing?", Investment Monitor, 2021. 05. 12.

24　상동.

25　https://www.jec.senate.gov/public/_cache/files/94bf8985-1e87-438b-9a3a-e3334489dd30/background-on-issues-in-us-manufacturing-and-supply-chains-final.pdf#:~:text=of%20investing%20in%20domestic%20manufacturing,has%20reduced%20economic%20opportunity%20for

26　Joseph Politano, "America's Manufacturing Productivity Problem", Apricitas Economics, 2024. 05. 15.

27　Matthew Putman, "Reviving American Manufacturing: The AI And Nano Revolution", Nanotronics, 2025. 05. 12.

28 Mike, "The Reshoring Movement in American Manufacturing", Allamerican.org, 2025. 04. 16.
29 Gail McGrew, "Lights-Out Manufacturing", Manufacturing Technology, 2021. 05. 06.
30 Tim Gaus, "2025 Smart Manufacturing and Operations Survey: Navigating challenges to implementation", Deloitte Insights, 2025. 05. 01.
31 Matthew Finio, "How is AI being used in manufacturing?", IBM, 2024. 11. 15.
32 Eaglematic.com, "The Impact of AI in Manufacturing", 2025. 02. 25.
33 Gray Matter Robotics, "The Future of Manufacturing: Trends in Industrial Robotics", 2025. 03. 18.
34 Saranac Hale Spencer, "Trump's Growing Exaggeration of U.S. Investments", FactCheck.org, 2025. 05. 19.
35 Josh Boak, Zeke Miller, "Trump highlights partnership investing $500 billion in AI", AP News, 2025. 01. 23.
36 https://openai.com/index/announcing-the-stargate-project/
37 Eliza Stricklandemily Waltzdina Genkina, "Experts Weigh in on $500B Stargate Project for AI The Trump-announced initiative to build data centers will have big impacts", IEEE Spectrum, 2025. 01. 25.
38 Certrec, "Energy Demands for OpenAI's Stargate Project", 2025. 03. 31.
39 Steve Holland, "Trump announces private-sector $500 billion investment in AI infrastructure", Reuters, 2025. 01. 22.
40 Yifan Zhou, "Trump's $500 Billion "Stargate Project" Bet Sparks U.S.-China AI Race", Pacificties, 2025. 03. 31.
41 Lorenzo Chiappani, "Stargate: How Donald Trump's AI project is changing the tech world", Kicompany, 2025. 02. 01.
42 https://m.caizhongshe.cn/article-7330459009843656586.html
43 IFR, "China's New Growth Strategy Backed by Robots", 2024. 08. 29.
44 임대준, "중국, 올해 휴머노이드 로봇 1000대 생산⋯ 미국 추월 현실화", AITimes, 2025. 05. 24.
45 Brenda Goh, Eduardo Baptista, Qiaoyi Li, "China's AI-powered humanoid robots aim to transform manufacturing", Reuters, 2025. 05. 13.
46 Morgan Stanley, "Humanoids: A $5 Trillion Market", 2025. 05. 14.
47 Serena Lin, "Inside A Chinese Robot Town", Medium, 2018. 05. 02.

48 https://www.shanghai.gov.cn/nw4411/20231110/9eb622248a7649809650136b641f fc78.html#:~:text=上海机器人产业园打造"龙头企业引领%2B中小企业共生"集群上下游 企业%20

49 Liang Yilian, "Hangzhou Advances AI, Robotics Innovation", STdaily.com, 2025. 03. 19.

50 https://worldview.stratfor.com/article/lingering-risk-protests-china

51 https://worldview.stratfor.com/article/lingering-risk-protests-china

52 https://www.bloomberg.com/news/articles/2025-04-17/china-s-economic-protests-spiked-to-record-ahead-of-tariff-shock?embedded-checkout=true

53 김창성, "중국산이 점령한 국내 서비스 로봇", MoneyS, 2023. 11 .02.

54 Arendse Huld, "Investing in the Future: Opportunities in China's Humanoid Robotics and Embodied AI Industry", China Briefing, 2025. 04. 07.

55 이유경, "뛰놀고 춤추는 2천만 원짜리 中 로봇… '2035년 세계 1위'", MBC뉴스, 2024. 08. 21.

56 유다원, "중국 음란사이트에 유출된 산부인과·왁싱숍 영상… IP캠 해킹 주의", YTN, 2024. 09. 30.

57 University of Maryland, "Researchers hacked a robotic vacuum cleaner to record speech and music remotely", TechXplore, 2020. 11. 18.

58 Pierluigi Paganini, "HACKERS CAN TAKE OVER ECOVACS HOME ROBOTS TO SPY ON THEIR OWNERS", Securityaffairs, 2024. 08. 24.

59 윤주영, "딥시크 막아도 홈캠·로봇청소기 찌릿… 한국 휘젓는 중국 '정보 사냥꾼 들'", 뉴스1, 2025. 02. 19.

60 이유경, "뛰놀고 춤추는 2천만 원짜리 中 로봇… 2035년 세계 1위'", MBC뉴스, 2024. 08. 21.

4장

1 Ani Kelkar, Kersten Heineke, Martin Kellner, Timo Möller, Robert Brennecke, Saral Chauhan, "Will autonomy usher in the future of truck freight transportation?", McKinsey & Company, 2024. 09. 25.

2 Rika Melissa, "GLOBAL WAREHOUSE ROBOT MARKET TO KEEP GROWING AT A CAGR OF UP TO 13.9%", Statzon, 2024. 06. 07.

3 Grand View Research, "Autonomous Last Mile Delivery Market To Reach $5,930.2

Million By 2030", 2025. 05.

4 Aja Melville, "Drone Wars: Developments in Drone Swarm Technology", Defense and Security Monitor, 2025. 01. 21.

5 Colonel Mandeep Singh, "The Coming Chinese Drone Swarm", Delhi Defence Review, 2018. 07. 30.

6 The Economic Times, "Drones, not diplomats: China's new warfare strategy is loud, fast, autonomous—and already war-ready", 2025. 04. 11.

7 이지예, "'우주 핵전쟁 각본'… 북·중·러, 트럼프 골든 돔 구상에 일제 반발", 뉴스1, 2025. 05. 28.

8 Bernd Debusmann Jr, "Trump unveils plans for 'Golden Dome' defence system", BBC, 2025. 05. 21.

9 Tara Copp, "Trump selects concept for $175 billion 'Golden Dome' missile defense system", APnews, 2025. 05. 21.

10 Mike Stone, "Trump selects $175 billion Golden Dome defense shield design, appoints leader", Reuters, 2025. 05. 21.

11 James D. J. Brown, "What Will the U.S. Golden Dome Missile Defense Mean for Russia?", Carnegie Politika, 2025. 05. 19.

12 https://www.mfa.gov.cn/fyrbt_673021/202505/t20250521_11629950.shtml#:~:text=毛宁：所谓"金穹"计划，旨在构建不受任何约束的全球性'多层次'多领域导弹

13 Reuters, "Kremlin suggests 'Golden Dome' could lead to resumption of Russia-U.S. arms control contacts", 2025. 05. 21.

14 https://www.worldjournal.com/wj/story/124279/8756649?zh-cn#:~:text=俄国的回应似乎比它先前采取的立场来得温和；中国和俄罗斯5月初曾发表联合声明表示，「金穹」计划「本质上极具破坏性」，将把太空变成「武装对抗的舞台」%E3%80%82

15 James D. J. Brown, "What Will the U.S. Golden Dome Missile Defense Mean for Russia?", Carnegie Politika, 2025. 05. 19.

16 Micah McCartney, "New Chinese Military Technology Could Defeat Trump's 'Golden Dome'", Newsweek, 2025. 05. 28.

17 James D. J. Brown, "What Will the U.S. Golden Dome Missile Defense Mean for Russia?", Carnegie Politika, 2025. 05. 19.

18 Reuters, "Russia says U.S. Golden Dome project undermines strategic stability", 2025. 05. 27.